Ernst Förster

Denkmale deutscher Baukunst, Bildnerei und Malerei

von Einführung des Christentums bis auf die heutige Zeit

Ernst Förster

Denkmale deutscher Baukunst, Bildnerei und Malerei
von Einführung des Christentums bis auf die heutige Zeit

ISBN/EAN: 9783742895028

Hergestellt in Europa, USA, Kanada, Australien, Japan

Cover: Foto ©Thomas Meinert / pixelio.de

Manufactured and distributed by brebook publishing software (www.brebook.com)

Ernst Förster

Denkmale deutscher Baukunst, Bildnerei und Malerei

DENKMALE

DEUTSCHER

BAUKUNST, BILDNEREI

UND

MALEREI

VON EINFÜHRUNG DES CHRISTENTHUMS BIS AUF DIE
NEUESTE ZEIT.

HERAUSGEGEBEN

VON

ERNST FÖRSTER.

ELFTER BAND.

LEIPZIG,
T. O. WEIGEL.
1867.

INHALT DES ELFTEN BANDES.

I. BAUKUNST.

	Seite
Das Arsenal zu Wien, mit 2 Bildtafeln	1
Der Dom zu Brandenburg a. d. H., mit 2 Bildtafeln	5
Die Klosterkirche zu Memleben, mit 2 Bildtafeln	9
Die Klosterkirche zu Hamersleben, mit 2 Bildtafeln	13
Die Frauenkirche in München, mit 3 Bildtafeln	17
Die Stiftskirche St. Petri zu Fritzlar, mit 4 Bildtafeln	25
Der Dom zu Frankfurt a. M., mit 2 Bildtafeln	35
Das Museum in Berlin, mit 2 Bildtafeln	41
Die Kirche der h. Barbara in Kuttenberg in Böhmen, mit 2 Bildtafeln	45
Der Dom zu Krakau, mit 2 Bildtafeln	49
Die Kathedralkirche von Zips in Ungarn, mit 2 Bildtafeln	55

II. BILDNEREI.

Das Denkmal Kaiser Ludwigs d. Bayern in der Frauenkirche zu München, mit 1 Bildtafel	1

III. MALEREI.

Das Altarbild des Hugo van der Goes in Sta. Maria Nuova zu Florenz, mit 3 Bildtafeln	1
Die Verkündigung in S. Maria di Castello zu Genua, mit 1 Bildtafel	7
Die Ausstellung der heil. Abendmahls von Justus von Gent in der Kirche S. Agata zu Urbino, mit 1 Bildtafel	9
Die Geburt Christi im Museo Nazionale zu Neapel, mit 1 Bildtafel	15
Die Anbetung der Könige, Triptychon im Museo Nazionale zu Neapel, mit 2 Bildtafeln	17
Madonna mit S. S. Hieronymus und Antonius im Municipalpalast zu Genua, mit 1 Bildtafel	21
Der Tod Maria in der Galerie Sciarra-Colonna zu Rom, mit 1 Bildtafel	23
Der Codex Grimani in der St. Marcus-Bibliothek zu Venedig, mit 6 Bildtafeln	25
Die Kreuzabnahme von Roger van der Weyden im Museum zu Madrid, mit 1 Bildtafel	55
Christus unter der Kelter. Holzschnitt von 1380—1390, mit 1 Bildtafel	59
St. Maria als Himmelskönigin. Kupferstich vom Meister P. 1451, mit 1 Bildtafel	61
Glasgemälde aus der Frauenkirche in München, mit 2 Bildtafeln	63
Die Verkündigung von Lucas von Leyden, mit 1 Bildtafel	67
Aus dem Leben der h. Elisabeth von Moritz von Schwind, mit 2 Bildtafeln	69

ERSTE ABTHEILUNG.

BAUKUNST.

DAS ARSENAL ZU WIEN.

Hierzu 2 Bildtafeln.

Wenn man die geistloseste Bauweise bezeichnen will, so nennt man sie „Caserneustyl"; es wird dabei nichts, als Zweckmässigkeit verlangt. Wie hoch müssen wir das Verdienst von Männern schätzen, die solchen Zweckmässigkeitsbauten, ohne ihre prosaische Aufgabe im mindesten aus den Augen zu verlieren, einen vollkommen monumentalen Charakter zu geben verstanden! Das k. k. Artillerie-Arsenal in Wien ist eine Baugruppe von militärischen Wohn- und Waffenhäusern nebst Waffenwerkstätten — allerdings von sehr grossen Dimensionen — ein Casernenbau; aber zugleich, fern vom „Caserneustyl", ein künstlerisches Werk, ein hochehrenvolles Denkmal der deutschen Baukunst unsrer Zeit.

Das Arsenal ist hinter dem Belvedere nahe beim grossen Südbahnhof auf der die Hauptstadt beherrschenden Höhe erbaut und bildet eine Waffenniederlage, eine Waffenfabrik und zugleich eine Furcht einflössende Festung.

Der Grundplan (No. 1) der Gesamtanlage zeigt uns ein Viereck von 230 Wiener Klafter Breite und 350 W. Kl. Länge. Die Gebäude des Arsenals bestehen zum Theil aus Umfassungsgebäuden, zum Theil aus den Gebäuden des umschlossenen Raumes. Die Umfassungsgebäude sind zum Theil Mittelgebäude (1. 2. 3. 4), zum Theil Eckpavillons (5. 6. 7. 8), zum Theil Zwischenbauten (9), deren wir 8 zählen. Das Mittelgebäude 1 ist die Commandantur und Kanzlei; 2 u. 3 sind für die Primaplanisten und für vier Zeugs- oder Artillerie-Compagnien bestimmt; 4 ist das Artillerie-Spital und hat in seinem Hof die Kirche zum Gebrauch für sämmtliche Bewohner des Arsenals. Die Depots (9) sollen Kriegs-Materialien und Requisiten aller Art aufnehmen, sind gewölbt, ohne Dach mit Plateau und mit Schiessscharten versehen.

Zu den innern Gebäuden des Arsenals gehört zuerst das Waffenmuseum (10), dann das Zeughaus (11), mit welchem durch zwei geschlossene Gänge die beiden Gebäude der Gewehrfabrik (11') in Verbindung stehen. Diese Gänge schliessen den Hof a ab, der zur Aufstellung von Kanonenläufen bestimmt ist, und dienen dazu, die in der Gewehrfabrik erzeugten Waffen trocken ins Zeughaus bringen zu können. Die Kanonenwerkstätten (12) umschliessen eine grosse Anzahl von Gebäuden, von denen die Kanonengiesserei (b) und die Geschützbohrwerke (c) die hervorragendsten sind.

Die Ausführung dieser Bauten wurde an sechs Architekten in Wien in folgender Weise und zwar nach eigner Wahl und Uebereinkunft vertheilt: Die Umfassungsgebäude 1 – 9 übernahmen die k. k. Architekten van der Nüll, Sicardsburg und Rösner; die innern

Gebäude 10 u. 11 die Architekten Förster und Hansen; die Baugruppe 12 ward allen gemeinschaftlich zugewiesen. Die oberste Leitung des Gesammtbaues war dem Artillerie-Director Feldzeugmeister Freiherrn v. Augustin und einem Comité von Artillerieofficieren, Geschäftsmännern und den eben genannten Architekten übertragen worden.

Vorzugsweis monumentalen Charakter haben das Commandantur-Gebäude von van der Nüll und das Waffenmuseum von Th. Hansen. Von dem ersten giebt unsre Bildtafel 2 einen geometrischen Aufriss der Vorderseite.

Das Gebäude besteht aus 4 Flügeln, die einen Hofraum einschliessen, und ist von Nordwest gegen Südost orientirt. Aus der Mitte des südöstlichen Flügels erhebt sich ein Thurm, der auf der Bildtafel mit einem schwächern Ton angegeben ist.

Der nordwestliche Flügel ist dreitheilig. Der Gesammteindruck ist der eines ebenso festlichen als festen Gebäudes. Grösstentheils überwiegt die Mauermasse; energisch ist der Mittelbau durch 2 polygone Erkerthürme in Schutz genommen, welche die Möglichkeit böten ungehindert allseitig nach aussen hin ein wachsames Auge zu haben. Die Eckthürmchen zu beiden Seiten verstärken gleichfalls den Eindruck, der bei ihnen wie bei den Erkerthürmen gehoben wird durch einen von unten nach oben sich verjüngenden Sockel, dem man es sogleich ansieht, wie sicher er seine Last trägt, wie fest er auf seinen Füssen steht.

Der ganze Unterbau mit den kleinen Doppelfenstern und der weitüberwiegenden Mauermasse nimmt an diesem Ausdruck der Festigkeit und Sicherheit Theil und das in rundbogiger Hufeisenform gebaute Thor stimmt mit seinen nach unten sich kräftig zusammenziehenden Linien trefflich in den angeschlagenen Ton.

Die Bestimmung der einzelnen Stockwerke spricht sich fast schon in der äussern Anordnung aus: die Drei-Fenstergruppen im ersten Stockwerk des Mittelbaues mit ihrem verzierten Fries und den Bogen tragenden Säulchen, und der Urkundentafel darüber deuten auf einen besonders ausgezeichneten Raum im Innern: es ist der Conferenzsaal, der wohl auch gelegentlich zu festlichen Zusammenkünften dient. Nächstdem sehen wir die Fenster des ersten Stockwerks der Seitentheile durch Grösse und Verzierung von den übrigen verschieden: sie gehören (links) zur Wohnung des Commandanten und (rechts) eines Stabs-Officiers. In den obern Stockwerken sind Officiers-Wohnungen und die Bibliothek; im Erdgeschoss Wachstuben und Dienstwohnungen.

Ein Kranzgesims mit Tragsteinen und einer Attika, an den Thürmen mit einer Mauerkrone, schliesst das Gebäude nach oben ab, das flach gedeckt ist. Besonders reich ausgestattet ist das Kranzgesims der Erkerthürme; ja diese haben noch eine eigne Zierde erhalten durch rundbogige Nischen, in denen Statuen berühmter österreichischer Feldherrn aufgestellt sind.

Der Thurm am südöstlichen Flügel hat eine höhere Attika, 4 Eckthürmchen daran und eine grosse Nische mit der Colossalgestalt der Austria. Mauerblenden und kleine, zum Theil gekuppelte Rundbogenfenster beleben die Wandflächen.

Fragen wir nach dem Styl, in welchem das Gebäude aufgeführt ist, so wird man demselben eine klar ausgedrückte Eigenthümlichkeit nicht absprechen können, namentlich was die Conception im Ganzen, die Massenvertheilung, die architektonische Wirkung durch die Anordnung und die Proportionen betrifft; die Motive aber für einzelne Formen und Decorationen gehören dem Uebergangsstyl vom Anfang des 13. Jahrhunderts an: der Hufeisenbogen, der überhöhte Rundbogen zwischen zwei andern; die Mauerkrone mit dem Tragsteingesims; die Anwendung gothischen Masswerks (obschon sie in dieser Weise erst später vorkommt).

Wir können, ohne der Wahrheit zu fehlen, von diesem Gebäude sagen, dass van der Null daran ebensowohl seine Kenntniss mittelalterlicher Baukunst, als seinen Beruf in eigener Weise zu schaffen, bewährt und der Gegenwart einen sprechenden Beweis von den ihr innewohnenden schöpferischen architektonischen Kräften geliefert hat.

In gleicher Richtung ausgezeichnet, in ähnlichem Style gehalten, nur reicher in der Ausführung ist das Waffen-Museum (Grundriss 10) von Th. Hansen. Das Mittelgebäude ist ebenfalls dreitheilig, auch hier überwiegen die Mauermassen und vornehmlich am Unterbau, dessen Fenster sehr eng und hoch sind.

Die mittlere Abtheilung hat drei gleiche, rundbogige, nur durch Pfeiler geschiedene Portale. Ihr festungsartige Charakter hat hier einem artistischen Platz gemacht. Die Thore laden mehr ein zum Eintritt, während das äussere Thor den Eintritt erschwert oder verwehrt. Noch deutlicher sagen uns die Fenster darüber und der breite Balcon, dass hier festlich geschmückte Räume sind, in denen Sinne und Gemüth auf mannichfache, aber friedliche Weise sich erheben und stärken können.

Dass die kreisrunden Fenster über den halbkreisrunden nicht einem besondern Stockwerk angehören, dass vielmehr der innere Raum ein grosser, gewaltig hoher Saal sein müsse, sagt uns die Kuppel, die über die Mauerkrone emporragt. Es ist der grosse Waffensaal, in welchem die Rüstungen des Mittelalters in Prachtexemplaren aufgestellt sind, und der bestimmt ist, mit Schlachten-Gemälden von Blaas geschmückt zu werden.

Die Nebenräume rechts und links sind zur Aufnahme von Waffen der spätern und neuern Zeit bestimmt. An den Pfeilern zwischen den drei Portalen stehen auf kurzen Säulen vier ritterliche Gestalten; auf den grossen und vielgegliederten Capitälen dünner schlanker Säulen zwischen den grossen Fenstern des ersten Stockwerks sitzen vier weibliche allegorische Gestalten, (wenn ich nicht irre) von Stärke, Treue, Glauben und Weisheit.

Der Styl spricht sich vornehmlich auch hier in den Formen und Ornamenten aus. Er hat noch mehr Merkmale des Uebergangsstyls, als beim Commandanturgebäude; namentlich geht der Rundbogen an den Ueberlagen der Portale sichtbar in den Spitzbogen über. Die überhöhten Bogen in den Fenstereintheilungen nebst der Form der Capitäle und dem Masswerk der kreisrunden Fenster erinnern lebhaft an den Prachtbau der Alhambra. Auch an dem Masswerk des Altans sind die der arabischen Baukunst eigen geometrischen Verzierungen angewendet.

Starke Eckpilaster schliessen die mittlere Abtheilung ein; ähnliche Wandpfeiler bezeichnen die Abtheilungen der anstossenden Räume. Beide Arten enden nach oben über der Mauerkrone mit Nischen, in denen Trophäen aufgestellt sind. Die Wände sind von rohem Ziegelbau, der aber durch regelmässig eingestreute Kreuze von lichterem Backstein heiter belebt ist.

Der Gesammteindruck ist sehr imposant; aber durch die Verbindung verschiedenartiger Elemente weniger harmonisch, wie z. B. die runde Kuppel und ihr viereckter Unterbau ohne entsprechende Widerlager sich sehr fremd anzusehen scheinen.

Die Kirche von Rösner ist in einem sehr einfachen romanischen Styl gehalten.

DER DOM ZU BRANDENBURG A. D. H.

Mit zwei Bildtafeln. *)

Wir haben in Brandenburg dicht neben einander zwei Kirchen, beide mit dem Anrechte an den Namen „Dom", beide mit dem h. Petrus als Schutzpatron. Die eine ältere dieser beiden Kirchen hat inzwischen nur den Umfang einer Capelle, war ursprünglich Eigenthum der Markgrafen von Brandenburg, und wurde, wenn sie bei ihrer Gründung wirklich der beabsichtigte Domhau gewesen, bei dem bald darauf erfolgten Bau der andern, grösseren den HH. Petrus und Paulus geweihten Kirche, zur blossen St. Peters-Capelle. Die Gründung dieser Capelle fällt in die Jahre 1160 bis 1166; zur grösseren Kirche, dem Dom, wurde der Grundstein im J. 1170 gelegt.

1173 war der Dom bereits so weit vorangeschritten, dass Markgraf Otto I. seiner Gemahlin Juditha darin die ewige Ruhestätte anweisen konnte. Aus Schenkungs-Urkunden vom J. 1179 geht hervor, dass der Dom damals noch „im Bau begriffen" war. Erst 1187 nach einer Urkunde Ottos II. war die Kirche in ihren wesentlichen Theilen vollendet und wurde zwischen 1188 und 1194 eingeweiht — der Zeitpunkt ist noch nicht genau ermittelt. Für 1194 scheint der Umstand zu sprechen, dass erst von diesem Jahr die das Domcapitel betreffenden kirchlichen Decrete „im Namen S. S. Petri und Pauli" ausgefertigt werden, während sie bis zu diesem Jahr nur den Apostel Petrus als Gewährsmann voranstellen.

1235 wird der Altar in der Krypta zu Ehren der h. Jungfrau, ferner der HH. Johannes Baptista, Magdalena, Katharina und Levinus vom Domherrn und späteren Bischof Rutger eingeweiht. — 1295 und 1296 deuten Ablassbriefe auf eine neue Bauthätigkeit am Dom. 1377 war das Gebäude so schadhaft geworden, dass Bischof Dietrich von Schulenburg sich zu einer umfassenden Reparatur entschloss.

Dieser Bau scheint sehr langsam von Statten gegangen zu sein; auch ist seine Beendigung unbekannt. 1426 wird sogar einer neuen Restauration an „Türmen und Kirchen" gedacht, die bis 1435 gedauert und vornehmlich den nördlichen Thurm betroffen haben muss, wie die Urkunden in dem 1834 herabgenommenen Knopfe andeuten. 1562 und 1669 bis 1672 sind ebenfalls Ausbesserungen am Thurme vorgenommen worden. Seine jetzige Gestalt aber hat der Dom durch die Restauration von 1834 erhalten, die unter Schinkels Oberaufsicht begonnen und 1836 beendet worden.

*) Benutzt wurde: Mittelalterliche Backstein-Bauwerke des Preussischen Staates von F. Adler. Berlin, Ernst und Korn 1859.

Der Dom ist dreischiffig, hat ein stark ausladendes Querschiff und in der Verlängerung des Mittelschiffs einen Chor mit polygonem Abschluss; an der Westseite — wenigstens der Anlage nach — zwei Thürme (t t?), und an der Nordseite des Chors eine Capelle s, die zur Sacristei benutzt wird. Das hohe Mittelschiff ist von den niedrigen Seitenschiffen durch zweimal sechs Pfeiler getrennt, deren Ecken gegen das Mittelschiff einfach, gegen die Seitenschiffe doppelt abgefast und ohne Verzierungen sind. Zweimal sechs Fenster sind in den Seitenschiffen, eben soviel im Mittelschiff, sieben im Chor angebracht.

Chor und Querschiff bilden ein geschlossenes Ganze gegen das Langhaus, aus welchem seit der Restauration von 1834 eine breite Treppe zum Chor emporführt, was sich als eine sehr wirkungsvolle Anordnung erweist. (S. Taf. 2.) In den Chorwänden sieht man unterhalb der spitzbogigen Fenster rundbogige Nischen (Fig. B. auf Taf. 2), auch, dass die Gewölbdienste nicht zum Boden reichen, sondern auf Consolen aufsitzen.

Alle Räume sind überwölbt, im Spitzbogen mit hochbusigen Kappen. Der Haupteingang (u) ist an der Westseite und hat durch die Strebepfeiler des Thurmes eine tiefe Leibung erhalten. Durch die Vorhalle (v) tritt man in die Kirche.

Unter dem Chor in seiner ganzen Länge befindet sich eine Krypta. Da man sie — wahrscheinlich des Wasserstandes wegen — nicht sehr tief legen konnte, ward sie Veranlassung zu der sehr hohen Choranlage. Sie ist, wie der Grundriss (Taf. 1. B) zeigt, zweischiffig, trägt ihre Gewölbe auf Säulen von Sandstein und empfängt ihr Licht durch fünf spitzbogige Fenster im Chorabschluss. Vor dem Chorabschluss steht auf zwei Säulen eine durchbrochene Querwand, gegen welche sich die Gewölbschildbogen beider Theile legen.

Wie im Innern so herrscht im Aeussern grosse Einfachheit der Formen und Schmucklosigkeit. Wohl sind die Fenstereinfassungen mit Rundstäben versehen, im Querschiff spitzbogige Mauerblenden angebracht; auch einige Rosetten und etwas Laubwerk fehlen nicht; aber den Hauptschmuck bildet das zu Verzierungen geordnete mehrfarbige Backsteinwerk.

Nur im Portal scheint die Kunst sich ihre besondere Wirksamkeit wenigstens einigermassen gewahrt zu haben, und zwar merkwürdiger Weise, abweichend vom Herkommen, für den — obendrein nicht honigsüssen — Humor. Denn hier sehen wir den Eingang zur Kirche besetzt von zwei Predigern nicht sowohl in als aus der Wüste; links den Fuchs in der Kapuziner-Kutte scheinbar in Studien versunken, alsdann den Gänsen predigend, ihnen hinterrücks auflauernd, und sie würgend; worauf die Betrogenen den Fuchs verklagen, der seine Strafe erhält, während sie ins Paradies eingehen. Rechts sitzt der Wolf im Schafskleid, und verfolgt in Gemeinschaft mit einem Adler eine Heerde Lämmer und eine Taube, die bei gerüsteten Männern Schutz findet, Darstellungen, deren Witz weniger sinnenfällig und verständlich ist, als die Satire auf den Reinecke Mönch. Zur Erklärung der Satire über Geistliche an dieser Stelle dient vielleicht der Umstand, dass das Domstift von Prämonstratenser Mönchen besetzt war und dass zwischen den verschiedenen Mönchorden nicht immer grosse Zärtlichkeit bestand. Der weichherzige fromme Dominicaner-Mönch Fiesole bevölkert seine Höllen stets reichlich mit Franciscanern.

Im Innern ist es vornehmlich die Krypta, in welcher architektonischer Schmuck angebracht ist. Zwar sind die scharfkantigen Gewölbrippen darin ziemlich rohe Arbeit, und sitzen unvermittelt auf den Kämpfern der Pfeiler auf, während die Schlusssteine sauber im romanischen Styl ausgeführt sind. Gleichfalls in diesem Styl sind die Säulencapitäle und Basen geformt und sorgfältig gearbeitet. Hier wechseln Blattornamente mit phantastischen Thiergestalten; auch halbmenschliche Figuren kommen vor, z. B. bewaffnete Krieger, die in Thierfüsse und Fischleiber ausgehen und bei denen die Absicht in den Formen genau zu charakterisiren unverkennbar ist. Die Wandpfeiler und ihre Ornamente sind viel einfacher in der Zeichnung. Sie sind zum Theil Haupt-, zum Theil Zwischenpfeiler, je nach den darauf ursprünglich ruhenden Gewölbgurten. Es sind doppelte Halbsäulen von verschiedener Stärke auf hohem Sockel, mit einer Pfeilerkante zwischen sich. Capitäle und Basen sind nach dem System der Würfelcapitäle gebildet und aus Backsteinmassen ausgehauen. Die Deckplatten sind von Sandstein.

Eine durchaus andere Behandlung zeigt der polygone Abschluss der Krypta, dessen Gewölbrippen auf glatten aber mehrseitigen Wandsäulen (Diensten) aufsitzen.

Nördlich neben der Krypta auf gleichem Boden befindet sich eine Capelle („die bunte Capelle") von rechteckigem Grundplan. Ihre vier Kreuzgewölbe werden von einer kurzen stämmigen Säule mit gothischem Laubwerk gestützt. Die Gewölbgurte sind ganz glatt, die Diagonalrippen abgeschrägt, beide auf unverputzten Backsteinen mit Ornamenten bemalt. Die Dienste, auf denen die Gewölbrippen aufsitzen, gleichen ganz denen in dem Chorabschluss der Krypta. Die Fenster sind im gedrückten Rundbogen geschlossen, die Leibungen bemalt. Auch die Wände waren bemalt, und zwar mit Heiligen-Figuren, die grösstentheils erloschen sind, die Gewölbkappen mit Rankenverzierungen.

In der über dieser Capelle liegenden Capelle (s. des Grundrisses) wiederholt sich ein Theil dieser Anordnung, namentlich die Mittelsäule, selbst deren gothische Form, während die Dienste in den Ecken romanisch, die Kreuzgurte von einem halben Stein gebildet, die Diagonalrippen keilartig zugeschnitten sind.

An der Nordseite der Domkirche befindet sich der Kreuzgang, in dessen östlicher Abtheilung die eben genannten Formen wiederkehren.

Schon der flüchtige Augenschein lehrt, dass das gegenwärtige Gebäude nicht in allen Theilen einer und derselben Zeit angehört. In Vergleichung der architektonischen Thatsachen mit den geschichtlichen Nachrichten kommt Adler a. a. O. zu folgenden Ergebnissen:

Vom romanischen Bau 1170—1194 (auf Taf. 1 durch dunkle Schraffierungen bezeichnet) stehen noch die Arcadenpfeiler des Langhauses mit den Bogen, die Innenwand der Westseite, die Mauern des Querschiffs, des Chors und der Krypta (jedoch ohne den polygonen Abschluss), alles etwa 40 F. hoch, die nördliche Seitenschiffmauer etwa 16 F. hoch. Zum Beweis dienen die — ungeachtet der spätern Vermauerung — noch deutlich sichtbaren 4' 3" breiten und 12' 9" hohen) romanischen Rundbogenfenster der Seitenschiffe, die gleichen Spuren von Fenstern und Lesinen am Chor, die ebenso deutlichen Zeichen, dass die gothischen Fenster in die alte Mauer eingebrochen sind.

Dem Uebergangsstyl und somit dem Bau von 1235 gehören die Gewölbe der Krypta (die Wandpfeiler gehören dem alten Bau), die bunte Capelle, die Ostseite des Kreuzganges. Diess beweisen die spätromanische Form der Dreiviertelrundstäbe, die niedrigen, stark abgeschrägten Spitzbogenfenster an der Krypta und der bunten Capelle, wo auch noch die Ecksäulen mit dem darauf ruhenden, im Spitzbogen geschwungenen Rundstab angebracht sind. Unentschieden bleibt, ob die Säulen der Krypta dieser Periode, wie es wahrscheinlich, oder einer frühern angehören.

Die Nordseite des Kreuzganges ist vor 1295 erbaut. Nach dieser Zeit beginnt der erste gothische Umbau, der bis 1310 dauert, im Grundriss durch blassere Schraffierungen bezeichnet. Dahin gehört der polygone Abschluss des Chors im Dom und in der Krypta; die Pfeilervorlagen in den Seitenschiffen, die Erhöhung der Mauern des Chors, des Querschiffs und der nördlichen Mittelschiffmauer um etwa 20 F. Unverkennbar sprechen dafür die Profilierungen der Fenster an dem nördlichen Seitenschiffe, die Consolen der Gewölbedienste des Mittelschiffs, an den untern Theilen der Vorhalle, an den Vierungsbogen, den Wänden und Fenstern des Chors.

Einem zweiten gothischen Bau vom J. 1377 gehören sämmtliche Gewölbe, die wahrscheinlich aus Mangel an Widerlagern baufällig geworden waren, die südliche Seiten- und Mittelschiffmauer, der nördliche Kreuzgiebel, die westliche Aussenwand mit dem Portal.

1426 wurden die Mitteltheile des nördlichen Thurmes und der achteckige Treppenthurm auf der Südseite gebaut, auch einige Fenster erneuert. In der Wendeltreppe sind Stufen aus Backstein von 8 Zoll Höhe und 19 Zoll Breite aus einem Stück gebrannt.

Der Reparatur von 1669 bis 1672 gehören die Fensterprofile am nördlichen Thurm, einige Domherrn-Wappen und die Spitze, die aber einer andern im J. 1834 hat weichen müssen.

Die Ausführung in gebrannten Steinen ist sowohl an den romanischen, als an den gothischen Theilen von vorzüglicher Güte. Nur grosse Mannichfaltigkeit der Formen erwarte man nicht! Dagegen sind an dem Chor und Kreuzschiffwänden Muster durch Abwechslung von einfach gebrannten und glasierten Steinen hervorgebracht, wie sie den Backsteinbauten der Mark und des deutschen Nordens überhaupt eigen sind.

Zu erwähnen dürfte noch sein, dass die Strebepfeiler des Chors auf Fundamenten von Granit emporgeführt sind.

In der Krypta steht ein alter Bischofsstuhl, dessgleichen ein kolossales hölzernes Crucifix, das ehedem (wie auf Taf. 2, A) vor dem Altar hing. Am Altar im hohen Chor bewundert man mit Recht ein treffliches Bildschnitzwerk: Madonna auf dem Thron mit Petrus und Paulus, mit gemalten Flügeln, den HH. Magdalena und Benedict, Bernhard und Ursula, aussen den Kirchenvätern mit der Jahrzahl 1518, wahrscheinlich von Matthias Grünewald.

Der älteste Grabstein ist der des Domherrn Peter v. Thurn vom 1281; der Taufstein ist aus spätgothischer Zeit. — In einer Antiquitätenkammer (Zither) werden einige Gemälde aus der märkischen Schule des 15. Jahrh. aufbewahrt; dazu verschiedene, selbst alttestamentliche Reliquien.

DIE KLOSTERKIRCHE ZU MEMLEBEN.

Hierzu 2 Bildtafeln.

Als im J. 1837 Dr. Puttrich in Leipzig in seinem verdienstvollen (von mir hier benutzten) Werke „Denkmale der Baukunst des Mittelalters in Sachsen" zuerst wieder auf die denkwürdigen Ruinen der Klosterkirche von Memleben durch genaue Abbildungen die Aufmerksamkeit der Alterthumsfreunde lenkte, und in seiner sie begleitenden Abhandlung ein ungewöhnlich hohes Alter (10. Jahrh.) für sie in Anspruch nahm, entstand in den kunstgeschichtlichen Kreisen eine merkliche Bewegung, die sich steigerte, als Dr. C. R. Lepsius für Puttrichs Meinung in die Schranken trat. Die Baugeschichte des Mittelalters, die eben erst angefangen hatte, Gestalt zu gewinnen, war mit der Auflösung in Widersprüche bedroht, aus denen keine Rettung in Aussicht stand. Kein Gebäude gothischen Styls in Deutschland — das war feste Annahme — reicht hinter das 13. Jahrhundert zurück. Kommt der Spitzbogen, das charakteristischste Merkmal dieses Baustyls dennoch früher vor, so ist es in Verbindung mit spätromanischen Elementen, und nur kurz vor Einführung der Gothik, ein Uebergang zu ihr. Da taucht plötzlich die Behauptung auf: der Spitzbogen war bereits im 10. Jahrhundert eine Bauform in Deutschland und ist wieder verlassen worden, bis er im 13. Jahrhundert von Neuem aufgenommen wurde. Die Geschichte des Klosters Memleben musste die Beweise liefern. Und so müssen wir uns zunächst um diese bekümmern.

Das Dorf Memleben liegt in der „Goldenen Aue" am rechten Ufer der Unstrut, in einer reizvollen, mit Ortschaften, Burgen und Schlössern reich ausgestatteten Gegend. Schon zur Zeit der Karolinger bekannt als „Mimileba" erhält es eine geschichtliche Bedeutung durch Heinrich I. der hier eine Burg hatte, auf welcher er am 2. Julius 936 aus dem Leben schied. Dass damals Memleben bereits eine Kirche hatte, wissen wir daher, dass die Kaiserin Mathilde, während ihr Gemahl im Sterben lag, betend in der der heil. Jungfrau gewidmeten Kirche war und auf die Todesnachricht zugleich eine Seelenmesse daselbst lesen liess. — Wie Heinrich, so erlebte auch sein Sohn Otto in Memleben seine letzte Stunde am 7. Mai 973 und zwar in der Kirche selbst. Sein Nachfolger Otto II. gründete in Memleben 975 eine Benedictiner-Abtei „zum Heile seiner Gemahlin Theophania's Seele so wie zum Heile der Seele seines Vaters" und beschenkte sie mit vielen Gütern und Einkünften. Nach Otto II. 983 zu Rom erfolgtem Tode ward sein (damals erst dreijähriger) Sohn als Otto III. als deutscher König anerkannt, und auch er überhäufte später die Abtei Memleben mit Reichthümern, die wahrscheinlich das Mittel zu ihrem Untergange geworden; denn Ottos Nachfolger, Heinrich II., nahm ihr im J. 1015 ihre Freiheit und unterwarf sie der Oberaufsicht der Abtei Hersfeld.

Von diesem Zeitpunkt bis zum Anfang des 13. Jahrhunderts fehlen in den Urkundenbüchern alle Nachrichten über Kloster Memleben; im 13. Jahrhundert aber häufen sich die Beweise einer im Zunehmen begriffenen Verarmung, da zur Deckung der Schulden ein Gut des Klosters nach dem andern verkauft worden. 1304 hatte Landgraf Albrecht von Thüringen den Ort Memleben in Lehen bekommen; und nun scheint Besserung eingetreten zu sein. Es kommt ein vom Erzbischof von Mainz ausgestellter Ablassbrief vom J. 1359 zu Gunsten der Kirche von Memleben vor; 1365 eine Schenkung von Zehnten. 1404 war Kurfürst Friedrich der Streitbare Lehnsherr von Memleben geworden; 1471 nimmt es Herzog Wilhelm von Sachsen in seinen Schutz. 1503 wird wiederum von dem Erzbischof zu Mainz zum Besten eines Thurmbaues ein Ablass ausgeschrieben. — 1525 im Bauernkriege ward das Kloster geplündert und theilweis zerstört und 1545 gänzlich aufgehoben. Die Klosterkirche war 1729 wohlerhalten bis auf die beiden westlichen Thürme; selbst der Altar stand noch in dem öden Raume unbeschädigt; selbst 1791 stand noch der grösste Theil des Gebäudes, das man 1794 bis auf die jetzt noch übrigen Mauerreste für andere bauliche Zwecke abtrug.

Betrachten wir nun zunächst die Anlage der Kirche mit Hülfe des Grundrisses A auf Taf. 1. Dieser zeigt uns ein Langhaus von drei Schiffen d, e', e'', mit einer Eingangshalle f im Westen, an welche zwei Thürme g, h, sich lehnen, deren Mauern beträchtlich über die Umfassungsmauern des Langhauses hervortreten. Oestlich folgt ein weit ausladendes Querschiff c c', mit der Kreuzung b und einem Chor mit polygoner Absis in der Breite des Mittelschiffs. Das südliche, e', wie das nördliche Querschiff c haben gegen Osten Absiden, die gleich der des Chors polygonal abgeschlossen sind.

Der Haupteingang (i) ist an der Westseite; seine Laibung ist mit 2 Säulen an jeder Seite besetzt. Aus der Vorhalle führt nach jedem der beiden auf starkem quadratischen Unterbau aufgeführten Thürme eine Thür. 10 ganze und vier halbe Pfeiler bezeichnen die Theilung des Langhauses in drei Schiffe; vier stärkere Pfeiler der Kreuzung den Unterbau eines Mittelthurmes. Die Pfeiler sind im Quadrat construiert, dessen Seiten mit den Umfassungsmauern parallel gehen. An den gegen einander gekehrten Seiten haben sie Vorlagen von runden Halbsäulen. Eine kleine Thüre führte bei m an der Nordseite in den Kreuzgang. Die Oeffnungen bei k und l sind neue gewaltsame Durchbrechungen der Mauern, zum Behuf der Durchfahrt von Oekonomie-Wagen.

Bei x ist eine schmale Treppe, an der Stelle der ehemaligen, die in der Breite des Mittelschiffs ins Transsept und Chor emporführte. Die Erhöhung dieses Theils der Kirche findet ihren Grund in der Anlage der Krypta, Fig. B, die den Unterraum unter dem Chor von der Mitte der Kreuzung bis ans östliche Ende einnimmt, durch vier starke mit Halbsäulen verstärkte Pfeiler und vier schlanke Säulen in drei Schiffe getheilt wird, eine Vorhalle und einen polygonen Chorabschluss hat. Drei Fenster in der Absis, drei an jeder Langseite bringen Licht in den unterirdischen Raum, zu welchem ehedem von der Kreuzung aus eine Treppe hinabführte.

Von dem Kreuzgang sieht man noch auf dem Grundriss Fig. A. an der Nordseite die Wandsäulen, die die Gewölbe desselben getragen. Ausserdem sieht man weder an den Aussen- noch Innenseiten Spuren von Widerlagern, so dass mit Sicherheit anzunehmen ist, dass weder das Mittelschiff noch die Abseiten, noch das Querschiff und Chor mit Gewölben überdeckt gewesen, und nur die Hauptabsis ein Halbgewölbe hatte.

Trägt schon die Anlage der Kirche das Gepräge zweier verschiedener Bauformen: im Langhaus das der nichtgewölbten Basilica; im Ostende den der Gothik eigenen polygonen Abschluss, so tritt der Gegensatz noch deutlicher im architektonischen Detail hervor. Die Pfeiler des Mittelschiffes haben eine höchst einfache romanische Gestalt; ihre und ihrer Halbsäulen Basen die attische Form (Taf. 1. Fig. E.) mit Eckdeckblättern; die Schafte sind ohne Verjüngung; die Capitäle sind concav abgerundete Würfel; das Gesims besteht aus einer tiefen Hohlkehle zwischen 2 Rundstäben, und einer Platte. Die darauf ruhenden Arcaden, die Träger der Mittelschiffwand, sind spitzbogig, mit rechtwinkelig profilierten Archivolten, von denen die eine von Pfeiler zu Pfeiler, die andere von Halbsäule zu Halbsäule geschlagen ist (Taf. 1 Fig. A'.). Das Mauerwerk der Wände besteht aus ungleichen Bruchsteinen; das der Pfeiler und Arcaden aus sorgfältig behauenen Quadern. Die Pfeiler der Vierung sind auf gleiche Weise construiert, wie die Pfeiler des Langhauses; nur haben sie auch an der Innenseite Halbsäulen als Träger der diese Pfeiler verbindenden Bogen, über denen sich einst ein Thurm erhob.

Aus den Seitenschiffen führten einst offene Durchgänge nach dem Kreuzschiff. Sie waren mit Rundbogen überspannt, die auf einem Gesims von sehr lebendig entwickeltem Profil (Taf. 1. Fig. C.) aufsassen.

Die Thüre an der Westseite hat eine Laibung aus Pfeilern mit Säulen gebildet und ist im Spitzbogen geschlossen, so dass rechtwinklige Archivolten den Pfeilern, Rundstäbe den Säulen entsprechen. Das Detail stimmt mit den Pfeilern und Bogen im Innern überein; auch sind hier in gleicher Weise Quadersteine angewendet.

Der Eingang an der Nordseite (m), der aus dem Kreuzgang in die Kirche führt, ist im Halbkreis überbogt, klein und schmucklos; eingefasst nur von 2 Halbsäulen des Kreuzgangs; ein Eingang an der Südseite ist bei der Durchbrechung der Mauer verschwunden; ein vierter scheint noch an der Nordseite (bei n) gewesen zu sein, wo jetzt eine im flachen Bogen überspannte Mauerblende sich befindet.

Alle Fenster der Kirche (mit Ausnahme der äussern Einfassung der Fenster der Krypta) waren im Halbkreis geschlossen, von mässiger Grösse und ohne schmückende Gliederung. Im Giebel des Chors war ein Rundfenster; ebenso in jedem Giebel des Kreuzschiffes.

Der polygone Chorschluss hat an der Aussenseite einige Ornamentik. Die Ecken sind durch Lessinen verstärkt, die oben unter dem Gesims sich durch einen Bogenfries spätromanischer Form (Taf. 1. Fig. F.) verbinden. Gerade diese gekuppelten Bogen unter einem grössern gemeinschaftlichen weisen mit grosser Bestimmtheit auf den Uebergang zur Gothik im 13. Jahrhundert hin.

In auffallender Weise ist die Mauer des Chorabschlusses in zwei Theile getheilt, von denen der untere doppelt so hoch als der obere ist; in welchem letztern die schmalen, länglichen Rundbogen-Fenster angebracht sind, von einem weiten Rundbogen überspannt, der von Säulen getragen wird, die als Fortsetzung der Lessinen des untern Stockwerks erscheinen.

Auch an der Aussenseite des Kreuzschiffes zieht sich der Rundbogenfries unter dem Hauptgesims hin, fehlt aber am Langhaus und an den Thürmen. Sowohl die westlichen Thürme, als der ganze Ostbau haben einen gegliederten Sockel (Taf. 1. Fig. A. und D.), der dem Mittelbau fehlt.

Es bleibt uns nun noch die Betrachtung der Krypta übrig, von welcher auf Taf. 1. Fig. B., der Grundriss, und Fig. D² der Längendurchschnitt, auf Taf. 2 aber eine perspectivische Ansicht vom nordwestlichen Winkel aus neben dem Pfeiler gegeben ist. Sie liegt in der Flucht des Mittelschiffs und Chors, in der gleichen Breite, vom Ostende bis zu dem Zeichen b (Taf. 1 Fig. A). Die Krypta hat eine kleine Vorhalle, die durch zwei starke Pfeiler von dem eigentlichen Heiligthum geschieden ist. Dieses ist durch zweimal vier Säulen in drei Schiffe getheilt. Vor dem Chor stehen wieder zwei Pfeiler, an die sich, wie an die westlichen, je eine Säule lehnt. Diese Säulen stehen auf Plinthen, die hohe, abgeschrägte Sockel zur Unterlage haben; die Basen sind attisch und haben feine Eckdeckblätter. Die Schäfte steigen schlank in Verjüngung empor und sind mit Capitälen gekrönt, deren concave Flächen theils ganz glatt, theils mit Ranken und Blättern, theils mit phantastischen Thierfiguren bedeckt sind. Diese Säulen tragen rundbogige Kreuzgewölbe; rundbogig sind die Durchgänge aus den Seitenschiffen nach der Absis, und rundbogig die Fenster im Innern. Um so auffallender ist es, dass sie aussen spitzbogig geformt sind; und fast scheint es, als ob ihnen diese Gestalt, die mit allen Fenstern der Kirche in Widerspruch steht, erst durch einen spätern Einbruch und Einsatz in die Mauer gegeben worden. So wenigstens sieht es in Kirchners Zeichnung in dem angeführten Werk von Puttrich aus.

Noch ist bemerkenswerth, dass die Pfeiler der Kirche mit Gemälden bedeckt waren, die allmählich der zerstörenden Gewalt der Zeit gewichen sind. Es sind einzelne männliche und weibliche gekrönte Gestalten; eine der letzten hat einen Heiligenschein, was auf die H. Mathildis, h. Heinrichs I. Gemaldin, schliessen lässt. Demnach würden die übrigen Frauengestalten Gemaldinnen der drei Ottonen und die Männer diese nebst dem ersten Abt des Klosters, Winninger, vorstellen. Soviel man nach den Abbildungen bei Puttrich schliessen kann, sind sie zu Anfang des 14. Jahrhunderts gefertigt.

Ich habe schon erwähnt, dass Dr. Lepsius für die von Dr. Puttrich noch schwankend ausgesprochene Ansicht, der in seinen Räumen noch erhaltene Bau der Klosterkirche von Memleben gehöre ins 10. Jahrhundert, in die Schranken getreten; und zwar hat er es in der Einleitung seiner Uebersetzung von Gally Knights „Entwickelung der Architektur unter den Normannen," gestützt auf die (Eingangs dieser unserer Abhandlung aufgeführten) historischen Data, denen zufolge das Kloster Memleben schon im 12. Jahrhundert so verarmt erscheint, dass ihm keine Mittel zu einem Kirchenbau zu Gebote gestanden, von dem ohnehin keine Urkunde der Zeit spricht. Aber Dr. Kugler hat eine Urkunde aufgeschlagen (Kunstblatt 1842 no. 73), gegen die kein Pergament Einwendung erheben kann: die Formentwickelung in der Baugeschichte. Und nach dieser Urkunde ist die Klosterkirche zu Memleben ein Gebäude des Uebergangstyls vom Anfang des 13. Jahrhunderts, gleich den Domen von Naumburg, Bamberg, Limburg u. s. w., davon die „Denkmale" die Geschichte, Beschreibung und Abbildungen geliefert haben.

DIE KLOSTERKIRCHE ZU HAMERSLEBEN.

Hierzu zwei Bildtafeln.*)

Keine Kunst greift so tief ins Leben ein, und ist ein so sprechender Ausdruck des Culturzustandes einer Zeit, als die Baukunst; und so knüpft sich an ihre Denkmale in den meisten Fällen ein Stück allgemeiner Geschichte. Wenn aber bei Burgen und Schlössern und selbst bei Dom- und Pfarrkirchen die Blätter der Geschichte eine grosse Mannichfaltigkeit des Inhalts zeigen: die Erlebnisse der Klöster sind dagegen fast ohne Ausnahme leichte Variationen eines und desselben Themas: In frommer Absicht und zu Culturzwecken gegründet, geniessen sie, „um der Seelen Seligkeit willen" reichlichen Zufluss an weltlichen Gütern, ergeben sich in Folge davon dem Wohlleben, selbst der Sittenlosigkeit, und fallen endlich, nach wiederholten reformatorischen Versuchen der geistlichen Oberaufsichtsbehörde, als willkommene Beute einer weltlichen, oft sehr rohen Gewalt. Das ist in allgemeinen Zügen die Geschichte des Klosters von Hamersleben; nur dass glücklicher Weise die Zeit seines Wohlstandes neben unerfreulichen Ausschweifungen auch durch eine Kunstthätigkeit bezeichnet ist, der wir in der Kirche desselben ein sehr beachtenswerthes Denkmal verdanken.

Eine wohlhabende Ordensfrau, Thietburg, bewirkte mit dem Versprechen ansehnlicher Schenkungen, dass im J. 1112 ein 4 Jahre vorher zu Osterwiek gestiftetes Augustinerkloster nach Hamersleben verlegt wurde. Es ward 1138 von Papst Innocenz II. in aller Form bestätigt und erhielt von allen Seiten reiche Schenkungen. Eine derselben, des Basilius von Summersdorp und seiner Ehefrau vom Jahr 1174 gab den ersten Anstoss zu den nachherigen Unzuträglichkeiten und Verderbnissen. Sie hatten die Aufnahme ihrer Tochter ins Kloster als Bedingung an ihre Schenkung geknüpft; und fortan wurden Nonnen aufgenommen und lebten gemeinschaftlich mit den Mönchen im Kloster. Bei immer zunehmendem Reichthum nahm das Wohlleben, aber auch der moralische Verfall den ungehindertsten Lauf. „Keine Freude des physischen Lebens war ausgeschlossen zur Zeit, als (1212) das Jubeljahr der Gründung gefeiert wurde; bis endlich 1238 der Bischof Ludlof von Halberstadt dem schlimmen Treiben ein Ende macht und dem Probst von Hamersleben schreibt, dass das Leben in seinem Convent der Christenheit zum grössten Aergerniss gereiche und dass bei Strafe der Excommunication künftig keine Schwester daselbst wieder aufgenommen werden solle."

Inzwischen, obschon im J. 1313 die letzte Nonne des Klosters gestorben war, hatte doch das üppige Leben fortgedauert und allgemach die Glücksgüter desselben nahebei aufgezehrt,

*) Benutzt wurde: Die mittelalterlichen Baudenkmäler Niedersachsens herausgegeben von dem Architekten- und Ingenieur-Verein des K. H. Hannover III. Heft. 1856.

14   DIE KLOSTERKIRCHE ZU HAMERSLEBEN.

1452.
1512.
so dass 1452 eine gründliche Reform vorgenommen werden musste, durch welche wieder auf eine Zeitlang die Ordnung hergestellt wurde. Es konnte sogar im J. 1512 der Bau zweier Glockenthürme an der Kirche ausgeführt werden. Bald aber brachen andere Stürme, als die früheren im Innern, aus und zogen verheerend durch das Land, und warfen vor allem die Klostermauern nieder. Zwar erholte sich Hamersleben nach dem ersten Einfall der Bauern-

1525. 1547.
1548.
horden im J. 1525 wieder; aber 1547 ward es von dem Kurfürst Johann Friedrich von Sachsen schonungslos gebrandschatzt, und 1548 durch einen Raubzug Magdeburgischer Protestanten während des Gottesdienstes überfallen, wobei die Mönche aufs schmerzlichste misshandelt, Kloster und Kirche gänzlich verwüstet und ausgeplündert wurden. — Viel Schaden war dem Kloster nicht mehr zuzufügen, doch musste es im 30jährigen Kriege noch manche Unbill er-

1804.
dulden. 1804 wurde es in Folge des Luneviller Friedens gänzlich aufgehoben. Aber eine kleine katholische Gemeinde besteht noch in Hamersleben und ist im Besitz der Klosterkirche;

1557.
1486.
während die Mehrzahl der Gemeinde, seit 1557 protestantisch, sich der s. g. „Bauernkirche" bedient, die im J. 1486 gebaut worden war, da die Mönche den Bauern den Zutritt zur Klosterkirche verwehrt hatten.

Diese aber, die mit der Zeit ziemlichen Schaden gelitten, hat auf Veranstaltung der k. preussischen Regierung eine gründliche Restauration in unsern Tagen erfahren.

Aus diesen Nachrichten über Entstehung und Untergang des Klosters ist für die Baugeschichte der Kirche wenig zu nehmen. Wir werden dafür uns an die festgestellten Punkte der allgemeinen Baugeschichte halten müssen.

Beschreibung.
Die Kirche (s. Grundriss Taf. I. A.) ist eine dreischiffige Basilica mit auffallend schmalen Seitenschiffen (12 F. breit zu 29' ½ F. des Mittelschiffs) und flacher Decke, mit einem weitausladenden Querschiff von drei Quadraten (a b c) in Breite des Mittelschiffs, einem mit einem Quadrat gleicher Grosse (d) verlängerten und mit einer halbkreisrunden Absis (e) geschlossenen Chor, an dessen beiden Seiten je eine, gleichfalls mit einer Absis geschlossene Capelle (f. g.) liegt, die, breiter als das Seitenschiff, nicht als dessen Verlängerung zu betrachten, ausserdem auch noch mit einem Tonnengewölbe überdeckt ist. Das Kreuzschiff, beträchtlich niedriger, als Chor und Langhaus (s. Fig. C. D.), ist durch Schranken in Verlängerung des Chors derart getheilt, dass nördliches und südliches Kreuzschiff gesonderte Räume bilden, die Kreuzung aber nur zum Chor gezogen ist. In der Mitte der Schranken steht eine Säule, der Träger zweier Bogen, auf denen die Scheidewand ruht (s. Fig. E.). — Je 6 Säulen und 1 stärker Pfeiler trennen Mittel- und Seitenschiffe und tragen auf halbkreisrunden Bogen die Mittelschiffwand (s. Fig. A. und E.). Da wo die Seitenschiffe an das Querschiff stossen, bei h und i, bilden die Pfeiler den Unterbau für 2 Glockenthürme (s. Fig. C.), wie sie wohl ursprünglich auch an der Westseite gewesen sind, ohne dass eine Spur von ihnen übrig geblieben. Aber die kahle jetzige Aussenseite in Westen (Taf. I Fig. B.) deutet mit Entschiedenheit auf eine Veränderung an dieser Stelle in späterer Zeit; wie denn auch der Rest der halbkreisförmigen Oeffnung einer Loggia oder Empor gegen die Kirche hin angehört haben mag, wo die Nonnen dem Gottesdienst beiwohnen konnten, ohne mit den übrigen Andächtigen in Be-

rührung zu kommen; und so mag denn wohl hier ehedem eine von zwei Thürmen flankierte Vorhalle gestanden haben.

Das durch einen breiten Pfeiler mit abgefasten Ecken und Halbsäulen in zwei Eingänge getheilte Portal führte demnach ehedem aus der Vorhalle in die Kirche. Jetzt ist es vermauert. Seinen Formen nach stammt es vom Ende des 12. oder dem Anfang des 13. Jahrhunderts. Das Fenster darüber, eingesetzt in die halbkreisförmige, aber vermauerte Oeffnung könnte uns ersten Aufschluss über die Bauveränderung geben. Es hat die Bauformen des 14. Jahrhunderts, und da von 1313 an keine Nonne mehr im Kloster, der Nonnenchor mithin überflüssig geworden war, ist es nicht unwahrscheinlich, dass nach der Zeit die Westseite ihre jetzige Gestalt erhalten hat.

Die Längenansicht (Taf. 1.) zeigt uns eine eigenthümliche Verschiedenheit in den Fenstern, indem die 5 mittleren Seitenschiffe grösser sind, als die zwei letzten und das erste, welche drei mit denen der Chorcapelle übereinstimmen. Chor aber und Mittelschiff haben Fenster in der Grösse der Seitenschifffenster. Betrachtet man nun den Bau im Ganzen, so sieht man sogleich, dass der durchgehende Bogenfries über den grossen Seitenschifffenstern fehlt; denn bei genauerer Untersuchung erkennt man, dass bei diesen letztern Fenstern die Bogen gemauert, bei jenen aber, den grossen wie den kleinen, aus Einem Stein gehauen sind. Dieser Umstand drängt zu der Annahme, dass die Seitenschiffmauern einer spätern theilweisen Umwandlung unterworfen worden sind. Der sogenannte Bogenfries nebst seinem mit Blättern und Ranken verzierten Gesims trägt deutlich die Merkmale aus der Zeit von 1180 — 1200.

Die Ostseite mit dem äussern Chorabschluss (D) lässt gleichfalls auf verschiedene Bauperioden schliessen. Die mittlere Chornische hat einen Sockel mit einfacher Wasserschräge; von diesem, oder eigentlich aus diesem verzierten, einwärts abgeschrägten Gurtgesims und verkröpft sich mit demselben derart, dass das ganze untere Stockwerk der Chornische dadurch wie in einem Rahmen gefasst ist, übrigens aber ganz schmucklos bleibt. Das obere Stockwerk hat drei Fenster, deren mittelstes grösser ist, als die beiden andern; ein jedes aber steht zwischen 2 Säulen mit attischer Basis und Würfelcapitälen, von denen aus sowohl Bogen über die Fenster als nach der nächsten Säule geschlagen sind, so dass gewissermassen Arcaden und neben den Fenstern Mauerblenden entstehen. Ein unruhiges Ansehen gewinnt diese Anordnung dadurch, dass die Höhe der Säulen und somit der Bogen nach der Verschiedenheit der Fensterhöhe verschieden ist. Von den Säulencapitälen steigen Lessinen auf zu dem Dachgesims, das in der Verzierungsweise genau dem Dachgesims am Mittelschiffe gleicht. Da nun die Nebenabseiten den durchgehenden Bogenfries haben, wie Chor und Mittelschiff, die Verzierungen aber am Gesims der Hauptabsis mit demselben übereinstimmen, so dürfen wir hier auf eine gemeinsame Bauzeit, und zwar zu Ende des 12. Jahrhunderts rechnen.

Im gleichen Styl sind auch die Lunetten über den Thüren der Südseite gehalten, von denen die eine zwei Löwen, die andere zwei Drachen mit Palmetten, Ranken und Blättern enthält.

Beim Eintritt in das Innere überrascht uns der Eindruck des 30 F. weiten, 62 F. hohen Mittelschiffs mit seinen auf schlanken Säulen ruhenden Arcaden (Taf. 1. Fig. E.). Steigen wir sodann zur Vierung des Kreuzschiffes hinauf, so haben wir einen hohen, nicht erleuchteten viereckten Raum über uns, und dann den höher gelegenen und lichten Chor mit seinem halbkreisrunden Abschluss. Die Säulenbasen sind von attischer Form und haben unausgearbeitete Eckdeckblätter; die Capitäle sind von schwerfälliger Würfelform und mit phantastischen Thier- und Menschengebilden nebst Blatterranken im spätromanischen Styl verziert (Taf. 2. Fig. 1. 2. 3. 4.). Von den Capitälen steigen geflochtene Wandstreifen auf, die sich mit dem horizontal über den Arcaden hinlaufenden Würfelgesims verbinden; wobei nur auffallen muss (Taf. 1. Fig. E.), dass dasselbe über der letzten Arcade gegen Osten tiefer liegt, als in seiner Fortsetzung, ohne dass an dieser Stelle eine Verschiedenheit der Bauzeiten sich bemerklich macht.

Um ein Merkliches zierlicher und reicher ist die Ornamentik an den Chorschranken und den über sie sich erhebenden Säulen (Taf. 2. n.), die demnach wohl schon dem Anfang des 13. Jahrh. angehören. Die Wulste der Basis sind mit Arabesken und Perlenschnüren bedeckt; jede Seite eines Capitals hat ein Medaillon mit einem Heiligen-Bildniss, und jede Ecke einen Engel, der, nach zwei Seiten die Arme ausstreckend, immer zwei derselben zu halten scheint. Die Deckplatte ist vielfach und fein gegliedert.

Die Chorschranken waren mit Figuren in Stucco verziert, in der Weise, wie wir es bei der Liebfrauenkirche in Halberstadt gesehen. Doch sind die Hamerslebener Heiligen, wie man an dem vorgerückteren Styl sieht, etwas später. Von den 12 Aposteln, die ehedem (aller Wahrscheinlichkeit nach) hier zu sehen waren, sind uns noch die drei vorhanden, die unsere Bildtafel zeigt. Durch die Schranken ist eine halbkreisförmige abgeschlossene Thüre nach den beiden Kreuzschiffen geführt.

Im südlichen Kreuzschiff (Taf. 1. m) treffen wir auf ein Kunstwerk, das dem Styl nach noch etwas später, als die Chorschranken zu sein scheint. Es ist dies eine steinerne, von 4 Säulen getragene, im Kreuz gewölbte Ueberdachung des hier errichteten Altars. Die Säulen haben ein zweigliedriges Postament mit platter Schräge unter ihrer schon mit einer tiefen Hohlkehle versehenen Basis; ihre Capitäle gehen in die Kelchform über. Die Ueberdachung steigt in vier senkrechten, an den Ecken entweder mit einer Zwergsäule abgefassten, oder mit einer Lessine verzierten, mit einem abgefasten Spitzbogen ausgeschnittenen Flachen empor, von einem horizontalen Gesims und romanischen Bogenfries bekrönt.

In der grossen Absis sind bei der jüngsten Restauration die Spuren eines alten Wandgemäldes vom jüngsten Gericht zum Vorschein gekommen.

Von den Klostergebäuden ist nichts erhalten als ein Rest vom Kreuzgang mit einem Raum (Taf. 1. k.), der als Sacristei benutzt wird. Die Kirche ist aus Sandsteinquadern gebaut, was ihr, in Verbindung mit dem romanischen Styl, ein besonders würdiges Ansehen giebt.

DIE FRAUENKIRCHE IN MÜNCHEN.

Hierzu drei Bildtafeln.

Im 13. Jahrhundert stand an der Stelle der jetzigen Metropolitankirche „Unser Lieben Frauen" zu München eine kleine Marien-Capelle. Der Platz hiess das „Haberfeld" und lag ausserhalb der Stadt. Der Gottesdienst wurde darin durch einen Geistlichen aus St. Peter gehalten, der damals einzigen Pfarrei von München, deren Kirche auf einem Weideplatz mit einem Crucifix erbaut war und darum „zum Herrgott auf der Wiese" hiess — beinah bis in unsere Tage. Im Jahr 1270 war die Bevölkerung der Isarstadt bereits so gross geworden, dass sich eine Theilung in zwei Kirchspiele als eine Nothwendigkeit herausstellte. Und so ward unter Herzog Ludwigs des Strengen Regierung in Einverständniss mit dem Pfarrer von St. Peter der Bau einer zweiten Kirche, und zwar an der Stelle der kleinen Marien-Capelle beschlossen; 1271 begonnen, 1284 vollendet und durch den Bischof Konrad von Freising eingeweiht. Diese Kirche, von deren Gestalt und Bauweise sich keine bestimmten Nachweisungen erhalten haben, die aber — ihrer Entstehungszeit nach — im frühgothischen Styl erbaut gewesen sein wird, ward zugleich von den Mitgliedern des bayrischen Fürstenhauses zur ewigen Ruhestatt erwählt, sowie der Platz um die Kirche der Friedhof für die zu ihr gehörende Gemeinde wurde, und noch heut davon den Namen „Frauenfriedhof" trägt.

Schon unter Ludwig dem Bayer hatte sich die Bevölkerung von München derart vermehrt, dass nach der Vergrösserung der Stadt eine Vergrösserung der — durch die Fürstengruft — zur Hauptkirche gewordenen Marienkirche folgen musste; zumal da dieselbe mehre bedenkliche Baufälligkeiten zeigte.

Nach Herzog Albrechts III. Tode führten seine beiden ältesten Söhne Johann und Sigmund die Regierung gemeinschaftlich: Johann starb 1462 und Sigmund übernahm die Regierung allein; sollte aber — nach des Vaters letztwilliger Verfügung — vom Jahr 1466 an den nächst ältesten Bruder Albrecht zum Mitregenten annehmen. Entweder die Verfügung oder das Regieren hat ihm missfallen: er gab alsbald (1467) die ganze fürstliche Gewalt in des Bruders Hände und bezeichnete die eigene Lebensbahn vornehmlich durch den thätigen Schutz, den er den schönen Künsten angedeihen liess. Und so war Er es, der den Plan fasste, der fürstlichen Residenzstadt eine neue grosse Kirche an der Stelle der kleinen Marienkirche zu erbauen. Er selbst legte am 9. Februar im Jahr 1468 den ersten Stein dazu, erlebte ihre Vollendung 1488, und feierte ihre Einweihung am 14. April 1494. Eine Chronik von München (mitgetheilt in Westenrieders Beiträgen Bd. V. p. 200.) enthalt die nachfolgende Urkunde über diesen in vieler Beziehung merkwürdigen Bau.

„Von unser frauen Sonntag nach Liechtmess von Apolonia des 9 tags Februarij (1468).

Item an den benanten Tagen hat unser genadiger Herr Herzog Sigmund von Bayrn gelegt den ersten stain des löblichen paus unser lieben frauen Pfarrkirchen zu München denselben pau man Gott zu Lob ehre vnd In die ehre der Lobsamen Junkhfrauen Marie angefenkt hat von Neuen vnd ain grossern Khirchen von merung wegen des Volkhs denn die alt Khirchen zu enng wass Zu vollbringen Gott der Allmechtig verleiche vnd gebe Menigklich die Gnad das der löblich vnd säligklich vund allermenigelich zu schaden des Leibs vollbracht werde. Amen vnd waren die Zeit Pfarrn der benannten Pfarrkirchen Maister ernst Potzich vnd Khirchprobst Martin Khazmayr von Innerem Rath andern (Andrea) Sänftl von äussern rath vnd zu dem stain zu legen wurde löblich geleit vnd kam dazu vil Menig des Volkhs Zwischen Zwain vnd dreien vhren nach mittags es kam auch dazu der Pfarrer mit seiner Priesterschafft löblich mit dem Weichbrunnen vnd rauch Zu sprengen vnd zu rauchen dem grunt vnd gestain."

Thurm zu unser Frauen Prima Augusti. Item den hat man vndergraben vnd pfut vnd an dem tag nidergeworffen vnd gieng durch schlechts auf einander nider zu schaden des pfarrhofs vnd wurde ain gross khot vnd gestain ob einander vnd wurde dasselb durch die menig des Volkhs Mannen vnd frauen vast Edlem vnd Vnedlem Arm vnd Reich Burgerin vnd ander frauen vnd Jungfrauen Jung vnd alt clain vnd gross mit vil güngen mie vnd arbeit andechtigklich alles ob der Hofstatt geraumt vnd getragen alles bey 10 tagen."

Als die Werkmeister des Baues sind genannt der Maurer Georg Gankoffen von Halspach und ein Zimmermeister, ohne Angabe des Namens, der den Dachstuhl gefertigt. Beider Meister (allem Anschein nach authentische) Bildnisse sind an einem Pfeiler im Innern der Kirche aufgehängt; von ersterem auch im Glockenhaus des südlichen Thurmes der Grabstein mit der Inschrift: „Anno dm. 1488 an montag nach st. michelstag starb maister Jorg vö halsparh maurer dis gotzhaus unser fraro der mit der hilf gotz und seiner küt die erstë dë mittlli vnd fostli stain hat volfuret an diesem pau der heit hie pegrabë und margret sein elich kausfrau ... de got genadig sei." Aehnlich lautet die Inschrift unter seinem Bildniss; aber unter dem Bildniss des Zimmermeisters steht eine Unterschrift aus dem vorigen Jahrhundert ohne Angabe seines Namens und der Quelle, aus welcher die gegebene Bezeichnung geschöpft ist. Da ausser diesen Beiden ein eigentlicher Architect für die Kirche nirgend aufgeführt wird, so werden wir annehmen dürfen, dass wie die Ausführung so auch der Plan auf Rechnung des Meisters Jörg Gankoffen zu schreiben sei.

Die Frauenkirche in München gehört mit ihren gleich- oder fast gleichhohen Schiffen in die Classe der „Hallenkirchen", wie sie der späten Gothik eigen sind. Ihrer Anlage nach ist sie dreischiffig (Taf. I Fig. A.)*), wird aber durch die ringsum angebrachten Capellen

---

*) An die Stelle des bei Fig. A gegebenen Massstabes muss der hier angebrachte beigedruckte gesetzt werden.

gleichsam fünfschiffig. Ihre (lichte) Länge beträgt 336 F., ihre Breite 128 F. Das Mittelschiff ist 115 F. hoch und bis zum Dachfirst 193 F. — Zweiundzwanzig 7 Fuss dicke, achteckige Pfeiler theilen die 3 Schiffe ab und 25 Capellen, entstanden durch Hereinziehung der Strebepfeiler der Seitenschiffgewölbe ins Innere der Kirche, lehnen sich an die 5 F. dicke Umfassungsmauer an. Die Ostseite ist im halben Zehneck abgeschlossen mit sehr verstärkten Strebepfeilern. Im Westen stehen auf sehr massivem Unterbau (von 11 F. Dicke) zwei Thürme, 29 F. weit u. 333 F. hoch. Die zweimal 4 östlichen Pfeiler, deren letztes Paar mit Rücksicht auf den östlichen Abschluss näher zusammengerückt ist, umschliessen den hohen Chor (Taf. 1. A. b. c.), vor welchem das eherne Grabdenkmal des Kaisers Ludwig (a) aufgerichtet ist.

An der Westseite befindet sich ein Portal (das gewöhnlich geschlossen ist), ausser ihm führen zwei Eingänge an der Nordseite, sowie zwei gleiche an der Südseite in die Kirche. Durch 30 Fenster von 70 F. Höhe dringt das Tageslicht ins Innere. Spitzbogige vielgegliederte Archivolten, zum Theil glatt aus dem Pfeiler emporschiessend, zum Theil eine zierliche Console unter sich (Taf. 3) verbinden die Pfeiler; die Decken der Schiffe sind in Sterngewölben geschlossen, deren Rippen auf Consolen in der Höhe der Pfeiler zusammengefasst ruhen.

Von besonderem Interesse ist die Anlage einer **Krypta** unter dem hohen Chor, bei gothischen Bauten überhaupt, wenn sie nicht aus einem frühern romanischen Bau herrührt, eine Seltenheit, in so später Gothik aber vielleicht ohne Beispiel.

Vom **Aeusseren** geben wir zwei verschiedene Ansichten, beide jedoch von der Nordwestseite (Taf. 1 c. und Taf. 2). Erstere zeigt uns die Kirche in ihrer gegenwärtigen Gestalt; Tafel 2 in projectirter Vollendung. Am Langhaus wird uns die Abwesenheit der Strebepfeiler und die ungewöhnliche Höhe der Fenster auffallen. Es ist bereits erwähnt, dass die Strebepfeiler ins Innere gezogen sind, wo sie zur Anordnung von Capellen benutzt worden. Diese sind besonders überdacht und man sieht, wie das Langhaus mit seinen 3 Schiffen nur etwas darüber emporragt, mit einem Stück Mauer, darin kleine viereckte Fenster zwischen Vierpass-Blendwerk angebracht sind, die den Raum über den Gewölben erhellen helfen.

Die **Westseite** schliesst mit 2 hohen Thürmen ab, von denen die Vorderwand des Mittelschiffs mit dem Hauptportal eingerahmt ist. Die **Thürme** erheben sich auf quadratischer Basis viereckig bis zur Höhe des Daches vom Langhaus, und zwar in 5 Stockwerken. Auf starkem, zweifach abgetheiltem Sockel steht das Erdgeschoss, mit dem Sockel so hoch, wie die nächsten drei Stockwerke. Die Ecken sind durch Pilaster verstärkt, deren Flächen durch einfaches gothisches Maasswerk ausgefüllt sind. Die Abtheilung der Stockwerke ist durch Gesimse mit gothischen Bogenfriesen bezeichnet, das oberste durch eine Galerie abgeschlossen, die indessen keinen freien Umgang hat. Im Erdgeschoss hat jeder Thurm an seinen freien Seiten je ein hohes Spitzbogenfenster und ein kleines darüber. Diese kleinen Fenster, durch die die Treppen ihr Licht erhalten, wiederholen sich an jedem Stockwerk.

Ueber dem fünften Stockwerk gehen die Thürme ins Achteck über, indem die 4 Ecken des Quadrats abgeschnitten, aber durch dreieckte Wasserschläge mit den neuentstandenen

Mauerflächen verbunden werden. An diesen steigen Strebepfeiler mit Mauerblenden empor, offenbar Widerlagen für gewölbte Räume im Innern. Der achteckige Bau, der die Glocken enthält, hat 3 Stockwerke, im untern die Uhr, im mittlern die Glockenstube mit hohen, offenen gothischen Fenstern, und das dritte mit je 2 spitzbogigen, kleinen Fenstern, die eine Art Galerie bilden. Ein Gesims mit gothischem Bogenfries schliesst auch diesen Bau noch kunstgerecht ab. Nun aber liegt über dem Gesims auf jedem Thurm eine ungeheuere acht‑ eckige Kuppel in Zwiebelform! Dass dieser Abschluss nicht im Plan des Erbauers gelegen, bedarf keiner besondern Auseinandersetzung. Indess fehlt jede Nachricht über die Zeit und den Urheber dieses Kuppel‑Baues. An der Uhr ist in der Mauer die Jahrzahl 1514 ange‑ bracht, woraus anzunehmen, dass die Kuppeln um etwa 10 Jahre später und nach dem herr‑ schenden Geschmack in Nachahmung italienischer Bauformen ungeschickt auf die Thürme angewendet worden.

Neues Schluss‑ Project.
Das Unangemessene dieses Abschlusses ist häufig erörtert worden, hat auch u. a. in einer 1853 in Landshut erschienenen Beschreibung der Kirche von Dr. Joachim Sighart einen sehr lebhaften Ausdruck gefunden, und mehr noch — hat den Architekten, Prof. Ludwig Lange, veranlasst ein Project der Vollendung im Styl des Gebäudes zu entwerfen. Wir theilen es auf der zweiten Bildtafel mit, als ein Denkmal glücklicher architektonischer Bestrebungen, den Werken unserer kunstsinnigen Vorfahren zu ihrem vollen Recht zu ver‑ helfen, durch Entfernung entstellender Zuthaten und durch Ersatz derselben im ursprünglichen Charakter des Baues. An diesem Project einer Vollendung der Frauenkirche bemerken wir ausser der Galerie, die er über dem Hauptgesims der Umfassungsmauern des Langhauses auf‑ führt, und den Fialen über den — aussen nur in Pilasterstreifen sichtbaren — Strebepfeilern, an der Westseite einen von dem jetzigen sehr verschiedenen obern Abschluss, indem an die Stelle eines formlosen Daches ein Giebel mit Blendmasswerk tritt, über welchem sich in der Höhe des Langhaus‑Daches, das bis zu den Vorderseiten der Thürme verlängert ist, ein mit reichem gothischen Masswerk verzierter Giebel erhebt, der das Dach stylgemäss abschliesst.

Die kleinen Veränderungen und Verschönerungen am Viereck‑ und Achteckbau der Thürme übergehend, richten wir unsere Blicke nach dem obern Abschluss derselben. Eine durchbrochene Galerie mit Fialen an jeder Ecke und freiem innern Umgang krönt den Acht‑ eckbau, von welchem eine achtseitige Pyramide in einem so feingefühlten Verhältniss der Höhe zur Basis aufsteigt, dass man deutlich so zu sagen das Ausklingen des in dem Unterbau angeschlagenen Tones darin wahrnimmt; dass jede Abweichung — sei's nach der Höhe, sei's nach einer niedrigern Spitze als Disharmonie empfunden werden würde. Weniger passend, und auch dem Styl nicht entsprechend, ist die Verzierung der Pyramiden mit Scheingiebeln, wie denn auch die weiten Fenster darüber weder zweckmässig noch schön sind, und weder durch sie noch durch die andern Verzierungen das wohlbegründete und stylgerechte durch‑ brochene Masswerk, wodurch der Massendruck der Pyramide so bedeutend abgeschwächt wird, zu ersetzen ist.

Portale.
Ehe wir nun ins Innere treten, wollen wir uns noch die bemerkenswerthen Punkte

am Aeussern näher ansehen. Die Kirche hat 5 Portale, 2 an jeder Langseite, ein grösseres an der Westfront, jedes mit einer kleinen Vorhalle. Die Portale selbst sind im geschweiften Spitzbogen oben abgeschlossen, aber von sehr einfacher Ornamentation. Nur einige Bildnereien daran, aus der Zeit der Erbauung der Kirche, reizen in etwas die Aufmerksamkeit. Am Hauptportal sieht man eine Madonna mit dem Kinde; einen Christus, der auf seine Seitenwunde zeigt, und ein Gebet am Oelberg. An der westlichen Thür der Südseite stehen 2 Statuen, welche die Verkündigung vorstellen; an der östlichen zwei andere: ein Ecce homo! und eine Madonna mit dem Kind; sämmtlich von nur mässigem Kunstwerth. An dieser Thür befinden sich auch die in Stein gehauenen Urkunden über die Zeit der Erbauung und den Stifter der Kirche, Herzog Sigismund, der an der rechten Seite der Portal-Laibung, knieend vor einem Madonnenbild, über den nachfolgenden lateinischen Distichen abgebildet ist. In gothischer Schrift steht auf der Tafel zur Linken:

    an dni mcccc un im lxviii jar ist d. paw angefangen acht tag nach unser lieben frawen tag zu liechtmeß.

Auf der Tafel zur Rechten stehen (in derselben Schrift) eingehauen folgende Distichen:

    Clam fortuna ruit fragili pede tempus et hora
      Nostraque sint semper facta dolenda nimis.
    Ecce Sigismundus princeps serenissimus urbis
      Bawarie Reni duxque comesque diu
    Huic animi pietas virtus prudentia summa
      Alma Deo complens votaque digne pie
    Virginis excelse templum dum construi servit
      Saxum fert primum letus honore Dei
    Cristo dum libeat domus haec sibi congrua busto est
      Cui corpus confert ossaque cuncta favet.
    Spiritus astra colat volitans ad litora pacis
      Lumine sic divo vita perennis erit.
    Anno mileno quadringent sexaque geno
      Octavo domini sicque nono febrio.

Epigramma illustrissimi principis et d. d. Sigismundi anni etatis sue 29. ss. m. d. *)

---

*) Während auf schwankendem Fuss entfliehn Glück, Zeiten und Stunden,
    Ach, und beklagenswerth bleibt was wir immer auch thun,
Siehe! da zeiget der Stadt durchlauchtiger Fürst Sigismundus,
    Herzog in Bayern und Pfalz-Graf in dem rheinischen Land,
Fromm im Gemüth, das Herz voll köstlicher Tugend der Weisheit,
    Um zu erfüllen zugleich heilige Gelübde dem Herrn,
Einen Tempel zu bauen der hocherhabenen Jungfrau,
    Leget den Grundstein selbst freudig zur Ehre des Herrn!
Wenn es Christo gefällt, wird dieses Haus ihm die Ruhstatt
    Seines zerfallenden Leibs, seines Gebeins in der Gruft,

Die ältesten, im Basilikenstyl erbauten christlichen Kirchen zeichnen sich durch ein durchaus schlichtes, schmuckloses Aeussere aus, während im Innern die Kunst ihre Mittel zur Verschönerung der Räume und zur Erhebung des Gemüths in reichem Maße in Anwendung gebracht. Schon der Romanismus belebte auf mannigfache Weise die Aussenseiten, die durch die Gothik fast zum Hauptangenmerk der Architektur erhoben worden. Mit der Frauenkirche in München sehen wir die Kirchenbaukunst auf die ursprünglichen Principien in sofern zurückgeführt, als das Aeussere sehr anspruchslos erscheint und kaum auf den Eindruck vorbereitet, den uns das Innere gewährt und der jedenfalls der Bestimmung des Gebäudes und der Würde des Styls vollkommen entspricht, wenngleich die Formen die ursprüngliche Strenge und folgerichtige Entwickelung nicht mehr haben (s. Taf. 3.). Inzwischen verdanken wir doch einer in jüngster Zeit vorgenommenen Restauration (durch den Architekten Berger und eine besonders dafür ernannte Commission) die Herstellung des Innern soviel als möglich in der ehemaligen Gestalt, nach Beseitigung der Zuthaten des 17., 18. und 19. Jahrhunderts, namentlich der in Rococo ausgeführten Altäre und eines grossen Schwibbogens, der sich mit einem in Gyps gegossenen Tonnengewölbe, auf korinthischen Pilastern ruhend, über 4 Seitenaltäre ausbreitete, einen fünften unter sich hatte, die Aussicht auf das Presbyterium und den Hochaltar verdeckte und im grellsten Widerspruch mit dem Baustyl der Kirche stand. Maximilian I. hatte ihn 1601 über dem Eingang zum Chor errichten lassen.

Die Pfeiler, welche die Gewölbe tragen, sind achteckig ohne alle Gliederungen, so dass das Sterngewölbe mit seinen vielen Graten einen sehr starken Gegensatz zu den ganz einfachen Pfeilern bildet, der durch den bei der Restauration an den Gewölben angebrachten blauen Sternenhimmel noch verstärkt worden. Dessenungeachtet wirken die Höhenverhältnisse der drei Schiffe, unterstützt durch die ungewöhnlich hohen Seitenfenster wirklich erhebend auf Sinn und Gemüth.

Wesentlich begünstigt wird diese Wirkung durch die Harmonie, in welcher die Ausstattung der Kirche mit der Gesammt-Architektur derselben steht. Auf unserer Bildtafel sehen wir zunächst die Kanzel, nach den Zeichnungen des Arch. Berger ausgeführt, ein Werk der zugleich reichsten und schönsten Gothik. Sämmtliche Altäre der Seitencapellen sind in demselben Styl gehalten, zum Theil neu gearbeitet, zum Theil aus Fragmenten der alten Altäre der Kirche, wie sie im Magazin derselben sich noch vorgefunden, zusammengesetzt, neu vergoldet und gefasst; allerdings nicht durchaus ganz glücklich. Von ausgezeichneter Schönheit und Höhe ist der Hochaltar mit seinen trefflichen Holzbildnereien von Knabel (von denen die „Denkmale" Band VII. Bildnerei p. 23 eine Abbildung gebracht), und den Gemälden von

Während der Geist zu den Sternen empor im Gefühle des Friedens
Fliegt und am göttlichen Licht ewiges Leben erlangt,
Also geschehen im Jahre des Herrn eintausend verhundert
Sechzig und acht; Februar war es, der neunte des Monds.
Aufschrift des durchlauchtigsten Fürsten und Herrn, Herrn Sigismunds im 29. Jahre seines Alters. Mit seiner Hand gegeben.

M. v. Schwind, der sich mit dem Bischofsstuhl von Wirth auf das entsprechendste an die Chorstühle anschliesst, einem trefflichen Schnitzwerk aus Nussbaumholz, vielleicht von Hans Steinmetz, einem um 1490 berühmten Chorgestühlschnitzer in München. Es darf rühmend erwähnt werden, dass diese Stühle, davon Taf. 2 eine flüchtige Zeichnung gibt, in welcher auch der Bischofsstuhl zu sehen ist, bei der Restauration ihre ursprüngliche braune Farbe nebst leichten Goldverzierungen wieder erhalten haben, nachdem sie im 18. Jahrhundert weiss übertüncht und theilweis vergoldet worden waren. Ueber den Rückenlehnen der Sitze sind biblische Scenen in Relief angebracht; darüber die Brustbilder der Propheten, Apostel und anderer Heiligen, unter den in ausschweifender Gothik verzierten Baldachinen.

Vor dem Aufgang zum hohen Chor ist das Denkmal Kaiser Ludwigs des Bayern aufgestellt, das früher unter dem Schwibbogen stand, und von welchem die Abtheilung „Bildnerei" nähere Auskunft geben wird.

Eine ganz besondere Zierde der Kirche sind die hohen Fenster mit ihren Glasmalereien aus alter Zeit. Von diesen soll im Abschnitt „Malerei" näher die Rede sein, und hier nur bemerkt werden, dass es bei der Restauration gelungen, die einzelnen Stücke der Gemälde, die bei einer früheren Gelegenheit gleichgültig und ohne Ordnung in verschiedene Fenster zerstreut worden waren, glücklich wieder zusammenzufügen.

Es übrigt nun noch ein Gang in die Krypta, oder vielmehr in die Fürstengruft; denn eine Krypta im alten Kirchensinne ist dieser Raum nicht. Ihre Bedeutung und Herkunft ist bereits im IV. Bande der „Denkmale", Bildnerei p. 23 besprochen worden. Inzwischen hat sie schon unter dem Bau der Kirche Sigismunds eine Erweiterung und gänzliche Erneuerung erfahren, da sie zu klein befunden worden für die Aufnahme der fürstlichen Särge. Ihre jetzige, sehr charakterlose Gestalt mit den flachen Bogen verdankt sie einer Herstellung vom J. 1823, wie aus der Inschrift einer schwarzen Marmortafel darin ersichtlich ist. 16 Stufen führen aus dem Chorumgang hinab in einen Vorraum, hinter welchem das fürstliche Erbbegräbniss sich befindet. Es ist 11 F. hoch, 34 F. lang und 17 F. breit und hat an jeder Seite 2 Fenster nach dem Chorumgang. Eine Marmortafel aus Kurfürst Maximilians I. Zeit über der Fürstengruft hat folgende Inschrift: Hic jacent ex Prosapia antiqua inclyta Bojorum Augusti reges, Principes Christianissimi Bono Reipub. Nati, Haeresum Domitores, Religionis Avitae sinceres (sic) Propagatores Quo... gloria ne cum cinere interiret, quod vides aeternü Posteris Monumentum unaquo aere est constructum. MDCVI.*)

Bei der erwähnten Herstellung von 1823 fanden sich folgende Särge: eine zinnerne Tumba mit der Inschrift: Viscera Caroli VII Romanorum Imperatoris mortui 20 Januar. anno 1745; ferner der Sarg Herzog Albrechts V., gest. 1579, mit seinem Bildniss; des Cardinals

---

*) Hier legen der erhabenen Könige der Bayern aus dem alten ruhmreichen Geschlecht, die allerchristlichsten Fürsten, geboren zum Wohl des Staates, die Bezwinger der Ketzer, aufrichtige Verbreiter der Religion ihrer Vorfahren, zu deren Ruhm, auf dass er nicht mit ihrer Asche vergehe, für die Nachkommen, wie du siehst, dieses ewige Denkmal mit grossen Kosten ist aufgeführt worden. 1606.

Philipp, eines Sohnes von Wilhelm V., gest. 1508; des Prinzen Ferdinand, eines Bruders von Wilhelm V., gest. 1608; der Prinzessin Maximiliana, seiner Schwester, gest. 1614; des Prinzen Johann Franciscus, des Sohns von Albrecht VI., gest. 1633, und seiner Schwester Maria Renata, gest. 1630, 14 Jahr alt. — In einem grossen Sarge liegen beisammen die Schädel und Gebeine von Kaiser Ludwig dem Bayer und seiner Gemahlin Beatrix; von Ludwig dem Brandenburger, von Stephan mit der Haft; von Herzog Ernst und seiner Gemahlin Elisabeth; von Herzog Sigmund, dem Erbauer der Kirche (gest. 1501); von Albrecht IV. und seiner Gemahlin Kunigunde; von Ernst II., ihrem Sohn, Erzbischof von Salzburg; und von Wilhelm IV.; sämmtliche Gebeine auf Veranstaltung des Kurfursten Maximilian in diesen Sarg versammelt.

DIE STIFTSKIRCHE ST. PETRI ZU FRITZLAR.

(Hierzu vier Bildtafeln.*)

Die Geschichte der Stiftskirche des H. Petrus zu Fritzlar führt uns in die Zeiten der Ausbreitung des Christenthums durch Bonifacius zurück, der, nachdem er die heilige Eiche des Thor bei Geismar, einem Dorfe unweit Fritzlar gefällt, aus dem Holze derselben — wahrscheinlich in Fritzlar selbst — eine dem H. Petrus geweihte Capelle baute, von welcher indess weder ein Rest, noch eine Beschreibung auf uns gekommen. Die Oberleitung des von ihm daselbst gestifteten Klosters überliess er seinem Schüler Wigbert, der alsbald nach seinem Tode als Heiliger verehrt ward. Im J. 774 ward Fritzlar von den Sachsen überfallen und niedergebrannt, bei welcher Gewaltthat indess die Kirche auf wunderbare Weise verschont geblieben. Fritzlar erhob sich aus der Asche und wird schon im J. 836 als Stadt aufgeführt, deren Klosterschule einen weitverbreiteten Ruhm erlangte und welche sich die hessisch-conradinischen Grafen zur Residenz erwählten. Im April des J. 919 wurde in der Petrikirche zu Fritzlar der Sachsenfürst Heinrich der Finkler von den geistlichen und weltlichen Fürsten des Reichs als deutscher König ausgerufen. 953 hielt Otto I. eine Reichsversammlung in Fritzlar. Im elften Jahrhundert kam es unter die Herrschaft des Erzbisthums Mainz und aus dem Kloster wurde ein Chorherren-Stift. Im J. 1078 wurde Fritzlar, das gewogen dem Kaiser Heinrich IV gehuldigt, vom Gegenkönig Rudolph von Schwaben erobert, verheert und die Stiftskirche verwüstet; in welchem Zustand Stadt und Kirche noch 1085 vom Erzbischof Wezilo von Mainz angetroffen worden. 1115 hielt K. Heinrich V. eine Versammlung in Fritzlar, was eine Herstellung der Stadt und auch wohl der Kirche voraussetzt; 1118 ward in der Kirche der Bannfluch über ihn verkündet; 1149 hielt Erzbischof Heinrich von Mainz eine Synode in Fritzlar. 1171 aber fand Erzbischof Christian II. von Mainz bei einer grossen Kirchenvisitation die Kirche in solcher Vernachlässigung, dass das Holzwerk des Daches verfault und Vieles dem Verderben Preis gegeben war, abgesehen davon, dass der Chor zu wenige und zu enge Fenster hatte. — Im Jahr 1232 erlebte Fritzlar eine Belagerung vom Landgrafen Conrad von Thüringen, der in Fehde lag mit dem Erzbischof von Mainz. Vertheidigt von Bischof Heinrich von Worms unterlag es und fiel mit

774.

836.

919.

953.

1078.

1085. 1115.

1118. 1149.

1171.

1232.

---

*) Benutzt wurde: Mittelalterliche Baudenkmäler in Kurhessen, herausgegeben von dem Verein für hessische Geschichte und Landeskunde. II. Lieferung Kassel 1854, eine Schrift, die nebst ausführlicher und gründlicher Beschreibung, eine grosse Anzahl der sorgfältigsten Abbildungen und genauesten Detailzeichnungen hat.

der Kirche einer schonungslosen Plünderung anheim. Doch musste Conrad Schadenersatz leisten, davon Stadt und Kirche hergestellt wurden, und schon 1244 war hier wieder eine Kirchenversammlung, in welcher der über K. Friedrich II. verhängte Bannfluch verkündet wurde.*) In den andauernden Fehden zwischen den thüringischen Landgrafen und dem Erzbischof von Mainz, wozu noch Streitigkeiten zwischen Stadt und Stift kamen, litt Fritzlar fortwährend. Besonders scheint das Stift in den Kämpfen beschädigt worden zu sein zwischen Landgraf Hermann dem Gelehrten und Erzbischof Adolph von Mainz 1387, in denen letztlich der Landgraf den Kürzern gezogen, so dass er unter harten Bedingungen den Frieden erkaufen musste. Aber 1462 kam neues Unglück über Fritzlar durch den Bruderkrieg der Söhne Ludwigs des Friedfertigen, von denen Ludwig II. die Stadt dem Gegen-Erzbischof Adolph von Nassau unterwarf.

Die Reformation im 16. Jahrhundert brachte naturgemäss neue Zerwürfnisse mit dem Erzbischof, der die Verbreitung der neuen, 1522 in Fritzlar verkündeten und 1547 fast allgemein angenommenen Lehre verhindern wollte, bis 1552 der protestantische Gottesdienst unter dem Schutz des Landgrafen Wilhelm freigegeben wurde, das Stift aber katholisch blieb. In den wechselnden Kriegs-Ereignissen der nachfolgenden Zeiten schwand das Ansehen des Stiftes mehr und mehr, bis es 1803 vollkommen säcularisirt wurde. Die Stiftskirche ist aber der Mittelpunkt eines katholischen Landes-Capitels geblieben und heisst im Munde der katholischen Bevölkerung „der Dom."

Die Stiftskirche zu Fritzlar bildet, wie man schon nach den Grundrissen Taf. I beurtheilen kann, eine reiche Baugruppe, deren Bestandtheile verschiedenen Entstehungszeiten angehören. Man erkennt sogleich, dass weder die Vorhalle a im Grundriss A, noch das Seitenschiff z, noch der ganz unregelmässige östliche Abschluss, die Nebenbauten gar nicht gerechnet, der ursprünglichen Anlage angehören können. Diese war eine dreischiffige gewölbte Basilica, mit zwei Thürmen an der Westseite (t und t') mit einer Halle (y) zwischen ihnen, die durch offene Arcaden mit dem Langhaus verbunden war (Grundriss D auf Taf. I). Dieses, in drei Joche getheilt, von denen die beiden westlichen (u und u') oblong, das dritte quadratisch ist, trägt seine Gewölbe auf starken, hohen gegliederten Pfeilern, zwischen denen kleinere, ebenfalls gegliederte Pfeiler theils die Mittelschiffswand tragen helfen, theils den Gewölben der Seitenschiffe als Widerlager dienen. — An das Langhaus reiht sich östlich ein ursprünglich nach beiden Seiten vortretendes Querschiff in der Breite des Mittelschiffs, und an dieses, in der Flucht des Mittelschiffs, der quadratische Chor nebst polygonem Chorabschluss.

Als eine durchaus ungewöhnliche Neuerung müssen wir die Eintheilung des Langhauses in vier Schiffe ansehen, entstanden durch eine Verdoppelung des südlichen Seitenschiffes. Ebenso kennzeichnet sich durch eine ganz unsymmetrische Anlage die Vorhalle a, deren nördliche Mauer mit der Umfassungsmauer der Kirche die gleiche Flucht hat, während die süd-

---

*) Die Urkunden, aus denen die hier angeführten geschichtlichen Thatsachen geschöpft sind, findet man in dem u. a. Werke des „Vereins für hessische Geschichte und Landeskunde" aufgezählt.

liche auf die Mitte des südlichen Thurmes aufstösst; die ferner nördlich vom Eingang zwei Schiffe, südlich nur eines hat, als ein späterer Anbau. Dasselbe gilt von der Bonifacius-Capelle c mit ihrem (ganz modernen) Verbindungsraum d; desgleichen, wenigstens theilweis, von den Nebenbauten des Chors e und f und von dem Kreuzgang mit den anstossenden Gebäuden. Dagegen gehört die Krypta C, wenn auch nicht ganz in ihrer jetzigen Gestalt, sicher zur ursprünglichen Anlage.

Wir werden nun gut thun, zu weiterer Orientierung über die Bauzeiten, die Kirche in ihrem Aufbau, aussen sowohl als innen, näher zu betrachten und zwar wollen wir zuerst die ältern Bautheile aufsuchen. Treten wir vor die Nordseite (Taf. 2), so muss uns auf den ersten Blick die mannichfache Verbindung romanischer und gothischer Bauformen auffallen. Wiederum sehen wir ältere und spätere romanische Formen an den verschiedenen Stockwerken, und auch diese mit noch spätern Modificationen. Die vier untern Stockwerke des Thurmes sind in einem ältern romanischen Styl gebaut, als die obern; (Thüre und Freitreppe, desgleichen das Dach sind aus neuer Zeit). Die Rundbogenfriese sind einfach rechtwinklig profilirt und haben kleine Consolen; die Lessinen folgen den Abtheilungen der Stockwerke durch die Gesimse, verbinden sich aber nicht mit den Bogenfriesen. Die Doppelfenster in den obersten Stockwerken sind mit einem gemeinschaftlichen Bogen überspannt und haben sehr schlanke Verhältnisse, beides Merkmale, wodurch der Uebergang der romanischen Baukunst zu einem neuen Styl sich ankündigt.

Lassen wir einstweilen die Vorhalle, und gehen weiter nach Osten, so bemerken wir denselben Gegensatz, wie bei den Thürmen, an der Mauer des Seitenschiffs und der obern des Mittelschiffs. An der erstern sind freilich ausser den (untern) Steinlagen nur zwei Zeugen aus alter Zeit erhalten; das kleine Rundbogenfenster und weiter östlich die verstümmelte Lessäne. Von dem Bogenfries unter dem Gesims hat sich nur die Zeichnung erhalten an den Steinen, von denen man es abgehauen. Es ist reicher, als das der Thürme, doch einfacher als das der Mittelschiffwand. Die Mittelschiffwand zeigt uns 6 ziemlich hohe Rundbogenfenster, mit verjüngter an den Ecken abgefaster Laibung, mit horizontalem Fensterboden, sehr guten Proportionen, aber mit ungleichen Zwischenweiten. Zwischen je 2 Fenstern steigen Lessinen mit Sockeln und abgefasten Kanten auf und verbinden sich unter dem Hauptgesimse, dessen unterstes Glied das deutsche Band bildet, mit einem reich gegliederten Bogenfries.

Die Fenster der Mittelschiffwand wiederholen sich an der West- und Ostwand des Querschiffes (mit spätern Veränderungen); das der Nordseite nehmen wir später in Betracht. Das Rundfenster im Giebel mit dem Vierpass ist ursprünglich, sowie der Bogenfries, der mit dem des Mittelschiffs übereinstimmt, nur dass er stumpf an die Ecklessinen anstösst, anstatt sich mit ihnen zu verbinden.

Gehen wir zur Ostseite, so werden wir auch hier auf denselben Unterschied der Bauformen stossen, wie bisher. Die zunächst an das Querschiff anstossende, halbkreisrunde Abtheilung mit dem hölzernen Ueberbau aus später Zeit, dürfte mit ihren einfachen, rechtwinkelig vortretenden Lessinen ohne Bogenfriese einer früheren Zeit angehören, als das polygone Stockwerk darüber mit seinen schlanken halbkreisrunden Fenstern. Offenbar aber aus noch späterer Zeit ist der fünfseitige Chorabschluss, dessen starke Ecklessinen mit dem reichgegliederten Bogenfries verbunden sind, das sich — geschmückt mit dem deutschen Band — über den Fenstern (die späteren gothischen natürlich nicht gerechnet) hinzieht, die den Mittelschifffenstern gleichen, nur dass sie eine vielfach gegliederte Einfassung haben. Die Lessinen stehen auf dem verkröpften, schräg aufsteigenden Sockel des Chorabschlusses und haben über demselben 2 Rundstäbe, die sich als Einfassung über den mässig hohen untern, zur Krypta gehörenden Fenstern fortsetzen. Unter dem Dachgesims zieht sich eine (leider durch die eingebrochenen gothischen Fenster unterbrochene) Zwergsäulengalerie (Grundriss F auf Taf. 1) mit zierlichen Würfel- und Blattercapitälen und kleinen Tonnengewölben hin. Sie hat ein reichverziertes Gesims unter sich, ein fein profiliertes über sich und reliefierte Köpfe an einigen Scheidesteinen der Bogen. Am Giebel des über den Chor emporragenden Kreuzschiffs hat der Rundbogenfries die eigenthümliche Gestalt, dass seine Schenkel nicht senkrecht, sondern schräg niedergehen.

Suchen wir die diesen verschiedenen Bauformen entsprechenden Stellen an der Westseite auf (Taf. 3); so werden wir zuerst den Unterschied bemerken zwischen dem nördlichen Thurm und dem südlichen, mit Ausnahme des untersten Stockwerks, das am südlichen wie am nördlichen von der ganz gleichen Einfachheit ohne alle Gliederungen ist. Von derselben Einfachheit ist auch noch das zweite Stockwerk am nördlichen Thurm, während am südlichen schon Lessinen mit Bogenfries angebracht sind. Das dritte Stockwerk am nördlichen Thurm hat Lessinen, aber ohne Bogenfries, der nun auch am vierten Stockwerk hinzugefügt ist. Ein grosser Unterschied aber besteht noch in der Profilierung der Gesimse, die am südlichen Thurm und am Verbindungsbau zwischen beiden Thürmen mannichfach mit Schnüren und Zahnschnitten verziert sind, während sie am nördlichen Thurm nur die einfache Zusammensetzung von Platten, Rundstäben und Hohlkehlen oder Wellen zeigen. Die obersten Stockwerke beider Thürme sind nicht wesentlich von einander verschieden; ihre Doppelfenster mit den gemeinschaftlichen Ueberbogungen stimmen sowohl mit der Galerie des Zwischenbaues, als mit derjenigen des Chors überein. Der Unterschied aber der Bogenfriese von denen des Langhauses und Querschiffs tritt, wie bereits an der Nordseite bemerkt worden, deutlich hervor.

Sämmtliche Bautheile mit romanischen Bauformen tragen sehr das Gepräge zweier verschiedenen Zeiten, von denen die eine bis in die Mitte des 12. Jahrhunderts reicht, die andere am Ende desselben steht. Fragen wir nun die Geschichte des Stifts, so finden wir, dass nach der gänzlichen Zerstörung der Kirche im J. 1078 zuerst 1115 muthmassliche, im Jahr 1118 sichere Kunde da ist von ihrer Wiederbenutzung; dass aber 1171 sie in sehr baufälligem Zustande befunden worden. Diese beiden Zeiten glaube ich als diejenigen bezeichnen zu können, aus denen die romanischen Theile der Kirche stammen: Die ältesten, weil einfachsten (Thurmunterbauten, ein Theil des nördlichen Thurmes, die nördliche Umfassungsmauer, u. zum Theil die nördliche und mittlere Abtheilung der Krypta), vom Jahr 1100 (wo nicht noch früher, da die Kirche schwerlich 20 Jahre wüst gelegen) bis 1118; die reichern und bedeutenderen (südlicher Thurm, Langhaus, Querschiff, Chor) aus der Zeit nach 1171.

Bei der fortgesetzten Prüfung der Aussenseite begegnen wir spätern Baustylen, aber ebenfalls aus verschiedenen Zeiten.

Die Vorhalle (Taf. 3) hat ausser einem rundbogigen Portal spitzbogige Fenster- öffnungen, verbunden mit Rundbogen, unter welchen je drei spitzbogige, auf schlanken Säulen ruhende Arcaden ein mit Blättern in Relief verziertes Mauerstück tragen. Die Säulen haben attische Basen mit Eckdeckblättern und Knospencapitäle; die Gliederung des Bogens besteht aus Rundbogen und Hohlkehle. Auch der spitzbogige Bogenfries hat nur einfache Rundstäbe für seine Dreipässe, Knospenform für seine Tragsteinverzierung, und einfache Abschrägung für die Bogen und Lessinen. Sämmtliche Formen — mit Einschluss des Portals und seiner mit Ringen versehenen Rundstäbe, und mit Knospencapitälen ausgestatteten Säulen gehören mithin dem Uebergangstyl vom Ende des 12. Jahrhunderts an. — Diese Vorhalle diente dem öffent- lichen Gericht, das in frühern Zeiten auf dem Friedhof an der Westseite der Kirche abgehalten wurde, bei ungünstiger Witterung zur Unterkunft. Wahrscheinlich ist sie mit der Zeit zu klein befunden worden man hat aber bei der Erweiterung dem Portal, das auf den Eingang zum Mittelschiff traf, seine alte Stelle gelassen, vielleicht auch zuerst eine gleichmässige Er- weiterung nach beiden Seiten des Portals beabsichtigt gehabt, hat sie aber dann wieder auf- gegeben oder ist — nach anderer Meinung — daran durch eine Capelle gehindert worden, die hier angebaut war. Denn dass ein Architekt ohne zwingende Veranlassung einen so un- harmonischen Bau aufgeführt haben sollte, ist doch nicht wohl anzunehmen.

Wenden wir uns zur Nordseite der Kirche, so sehen wir östlich und westlich von dem kleinen Fenster des Seitenschiffs aus alter Zeit zwei ziemlich breite Spitzbogenfenster, welche die Merkmale später Gothik an sich tragen. Wie diess eine kleine Rundbogenfenster einem grössern in der Wand des Mittelschiffs darüber entspricht, sowie auch weiter östlich die Lessine des Seitenschiffs in Uebereinstimmung steht mit einer Lessine des Mittelschiffs über ihr, so ist anzunehmen, dass das System der correspondierenden Fenster und Lessinen an Mittel- und an Seitenschiff ursprünglich durchgeführt war. Das erste Fenster nächst dem Querschiff ist durch die Capelle des H. Bonifacius verbaut; das zweite ist ein spitz- bogiges, schmales, dessen Maswerk weggebauen worden; das dritte entspricht nicht vollständig der obern Ordnung; das vierte ist das ursprüngliche; an die Stelle des fünften ist eine Thür gekommen mit einer Vorhalle vom Jahre 1735, die den sonderbaren Namen führt: „der rothe Hals." Das sechste Fenster ist eine erst neuerdings gefertigte Copie des dritten. Neu sind ferner an dieser Seitenschiffwand die obersten Steinschichten, die an die Stelle des ur- sprünglichen Bogenfrieses, der wenigstens östlich vom fünften Fenster an dagewesen, einge- mauert worden sind.

Die angebaute kleine Capelle des H. Bonifacius, die einen Theil des Seiten- und des Querschiffes verdeckt, rührt mit ihren reinen gothischen Proportionen und Formen aus der Mitte des 14. Jahrhunderts her. Urkundliche Nachrichten fehlen darüber. Sie scheint die fromme, dem Andenken des ersten Gründers der Kirche von Fritzlar gewidmete Stiftung eines Einzelnen zu sein.

Querschiff. Am Querschiff sehen wir an der Nordseite ein grosses Spitzbogenfenster mit ganz primitivem, gothischem Maasswerk, wie es an der St. Elisabethkirche im benachbarten Marburg (Denkmale Band II, p. 19) vorkommt; während die Fenster der Ost- und Westseite die romanische Form behalten haben. Es ist, wie man deutlich erkennt, später an die Stelle des ursprünglichen Rundbogenfensters eingebrochen worden. Dasselbe gilt auch von dem *Chor.* östlichen und dem südöstlichen Fenster des Chors, die neben den romanischen Fenstern allerdings sehr disharmonisch — eingesetzt worden, nur dass ihr Maasswerk einer spätern Zeit angehört.

Südseite. An der Südseite des Langhauses gehen vier breite Spitzbogenfenster im Styl der schönsten Gothik nach dem „Grashof" (B im Grundriss Taf. 1) und zwei spitzbogige Thüren mit reicher Gliederung desselben Styls führen zum Kreuzgang. Sowohl die Kirchenfenster als die Oeffnungen des Kreuzganges gegen den Grashof füllen den ganzen Zwischenraum *Bauzeit.* zwischen den Widerlagern der inneren Gewölbe aus. Wir können mit Sicherheit diesen Bau nach seinen Formen aus Ende des 14. Jahrhunderts und in Verbindung mit dem vom Erzbischof von Mainz über Landgraf Hermann den Gelehrten erfochtenen Sieg setzen. Einer viel spätern Zeit, die sich durch die in das Fenstermaasswerk eingemischten Rundbogen verräth, vielleicht schon dem Ende des 15. Jahrhunderts, muss man das Einbrechen der gothischen Fenster in den Chorschluss schuldgeben, so wie die maasswerklosen, unregelmässigen, breiten Spitzbogenfenster, die man in die Umfassungsmauer des nördlichen Seitenschiffes eingesetzt hat. Dagegen weist die auffallende Aehnlichkeit des Maasswerkes der in die Querschiff-Vorderseiten eingebrochenen Fenster mit dem Maasswerk der ältern Fenster der Elisabethkirche zu Marburg auf das erste Drittel des dreizehnten Jahrhunderts hin. Dazu würde der für die Plünderung von 1232 — von einer Zerstörung der Kirche ist dabei ja nicht die Rede geleistete Schadenersatz wohl ausgereicht haben.

Für den Bau der Vorhalle brauchen wir keinen Anhaltspunkt in der Geschichte von Fritzlar. Der Uebergangsstyl ist so klar und consequent darin ausgesprochen, dass wir ihre Erbauung ohne Weiteres an den Hauptkirchenbau anreihen und ums J. 1200 setzen; als Motiv für die Erbauung aber einfach das Bedürfniss eines grösseren bedeckten Raumes an dieser Stelle annehmen können.

Inneres. Nach der Betrachtung des Aeusseren der Kirche wenden wir uns zu ihrem Innern. *Vorhalle.* Treten wir durch das Portal der Westseite in die 8 Stufen tiefer liegende Vorhalle, so sehen wir sie von 8 Kreuzgewölben mit spitzbogigen Gurten, aber ohne Rippen überdeckt, die durch drei freistehende Pfeiler gestützt sind, und von denen jene zwischen dem Portal der Vorhalle und dem Kirchenportal gelegenen beträchtlich breiter sind, als die andern. Die 3 Pfeiler sind aus dem Quadrat construirt mit sehr starken, vortretenden Halbsäulen, auf denen die rechtwinkeligen, ungegliederten Gurtbogen aufsitzen. Die Basen sind attisch, mit Eckknollen;

die Capitäle mit knospenartigem Blattwerk und mit Vögeln besetzt, niedrig und mit einem dicken Wulst zur Aufnahme des Gewölbes überdeckt. Die Wandpfeiler, die die Gewölbe tragen helfen, treten rechtwinkelig vor; ihre Ecken sind mit Säulchen abgefasst; ihre Basen haben die attische Form ohne Eckblatt oder Knollen; ihre Capitäle sind von niedriger concaver, auch geschweifter Gestalt, mit Thier- und Menschenfiguren und halbantikisierendem, halbnatürlichem Blattwerk verziert; die dicke wulstige Deckplatte haben auch sie. Das Innere entspricht in allen Theilen dem Aeussern; auch die Schlusssteine der Gewölbe zeigen (mit einer einzigen rohen Ausnahme) denselben ornamentistischen Sinn: es ist mit seinen Uebergängen in den Spitzbogen und zu neuen Ornamenten ein Bauwerk vom Anfang des 13. Jahrhunderts. In constructiver Beziehung erscheint die Verbindung des tiefer gelegenen Innern mit der Form der Fenster und des Portals besonders beachtenswerth, und hauptsächlich vermittelt durch die denselben in ihrem eigentlichen Abschluss gegebene Rundbogenform, über welcher der Spitzbogen nur zur Verzierung dient.

Entschieden ältere und reinere Formen zeigt das Portal, das aus der Vorhalle in die Kirche führt. Es stösst an beiden Seiten unmittelbar an Wandpfeiler der Vorhalle mit seiner Laibung, in deren rechtwinkeliger Verjüngung je zwei Säulen stehen, deren korinthisierende Capitäle, nebst dem ausdrucksvoll mit Platten und Hohlkehlen gegliederten Capitälaufsatz, von ganz guter Proportion und Zeichnung sind.

Der Eindruck, den das Innere der Kirche (Taf. 4) dem Eintretenden gewährt, ist, im Vergleich mit der Aussenseite, weniger günstig. Man erblickt überall widersprechende Elemente, nicht geglückte Versuche harmonischer Auflösung, überhaupt eine grosse Unsicherheit der Ausführung. Wirkt schon die ungleiche Basis der drei Joche störend, so thut es die ungleiche Höhe der Gewölbe noch mehr, die von Westen nach Osten sehr fühlbar abnimmt. Gleich unangenehm fallen die in Folge der Jochlänge gedrückten halbrunden Schildbogen über den Fenstern der Mittelschiffwand auf, während im quadratischen Joch neben dem Querschiff der reine Rundbogen dafür angewendet ist. Noch auffallender indess ist die Form der Bogen, die von Pfeiler zu Pfeiler zur Entlastung der Mittelschiffwand geschlagen sind, und die im letztgenannten Joch halbkreisrund, in den beiden andern Jochen, wiederum in Folge ihrer Weite, in den ausgeschweiften, aber einfach rechtwinkelig vortretenden Spitzbogen übergegangen ist.

Die Hauptpfeiler haben rechtwinkelige Vorlagen für die Entlastungsbogen; die Gewölbträger durchschneiden die Arcadencapitäle mit rechtwinkeligen Vorsprüngen zur Aufnahme der Schildbogen und je 3 Halbsäulen für die Gurtbogen und Kreuzrippen; eine Anordnung, die unzweideutig auf Wölbung des Mittelschiffs ursprünglich angelegt ist; während die auffallende Schwäche der nördlichen Seitenschiffwand — die wir als ältern Bautheil erkannt — auf die frühere Anlage einer flachen Decke hinweist. Aehnlich sind die Vorlagen gegen das nördliche Seitenschiff mit den gegenüberliegenden Diensten geformt. Die Pfeiler zwischen den Hauptpfeilern sind im Quadrat mit einer Halbsäule an jeder Seite construirt, denen indess kein Dienst ausser für den Gurtbogen im Seitenschiff aufgebürdet ist. Die Arcaden zwischen den Haupt- und Zwischenpfeilern sind spitzbogig, haben aber ungleiche Schenkel so dass ihre Spitze nicht in der Mitte steht. Alles trägt das Gepräge eines Versuchs, sich in neue Bauformen zu finden.

An der Südseite des Langhauses sind, wie erwähnt, an die Stelle des einen Seitenschiffes zwei getreten, deren spitzbogige Gewölbe von je 5 starken runden Säulen mit niedrigen, wenig nach oben ausladenden, von Blättern in naturähnlichen Formen bedeckten Capitälen getragen werden, jedoch so dass die Rippen der Gurtbogen nicht unmittelbar auf ihnen aufsitzen, sondern aus der cylindrischen Verlängerung der Säule über ihnen gleichsam herauswachsen. Jedem der 4 mittlern Joche entspricht ein, den ganzen Raum zwischen den Diensten einnehmendes Spitzbogenfenster mit einfach aus Vierpass- und Dreipass geformtem Masswerk. Aus den beiden Jochen in Osten und Westen führen Thüren nach dem Kreuzgang. Die Reinheit und Schönheit des Styls entspricht den gothischen Bauformen vom letzten Drittel des 14. Jahrhunderts. Am Hauptpfeiler des nördlichen Seitenschiffs nächst der Kreuzung steht ein ausserordentlich reich und zierlich ausgeführtes Sacramenthaus aus feinkörnigem weissem Kalkstein, das zwar das Gepräge des spätgothischen Styls aber ohne seine Ausschreitungen, namentlich ohne die gewundenen Fialen der Nürnberger hat.

Aus dem letzten Joch des Mittelschiffs führen 4 und 7 Stufen, mit einem Treppenspiegel zwischen sich empor zu dem mit drei quadratischen Gewölbefeldern überdeckten Querschiff; gleichhohe Treppen führen aus den Seitenschiffen dahin. Ausser den in Norden und Süden eingebrochenen hohen Spitzbogenfenstern hat das Querschiff an den Ost- und Westseiten noch seine ursprünglichen Rundbogenfenster, wie die Mittelschiffwand, mit ihrem nach aussen horizontalen, nach innen abgeschrägten Fensterboden, aber tiefer liegend und ohne die bei jenen und im Chor angebrachten zierlichen Gliederungen; auch sind die östlichen vermauert und über ihnen kleine Lichtöffnungen in gezackter Rosettenform angebracht. Aus dem nördlichen Kreuzschiff führt eine Treppe in die Bibliothek (Taf. 1 F. h.), den hölzernen Aufbau über A. e. derselben Tafel. Die sehr starken Pfeiler der Kreuzung, mit der über ihren Gewölben fortgesetzten starken Mauer deuten auf die ursprüngliche Absicht eines massiven Thurmes, der man keine Folge gegeben und die man in spätern Zeiten durch einen hässlichen Holzbau auch zu erfüllen geglaubt hat. Zu bemerken ist noch, dass der östliche Gurtbogen der Kreuzung tiefer gespannt ist, als der westliche und grössere Breite hat. Die aus Platten, Wellen und einem flachen Wulst zusammengesetzten Capitälgesimse aber der Kreuzung, des Chors und der Chornische liegen sämmtlich in gleicher Höhe; die Sockel von steilem attischen Profil sind höher als die Pfeilersockel des Mittelschiffs und fehlen im südlichen Kreuzschiff, was seine Erklärung darin findet, dass es ursprünglich in gleicher Ebene mit dem Mittelschiff stand, dann eine Erhöhung zur Ebene des nördlichen Flügels erfuhr, wobei die Sockel in die Tiefe verschwanden. Die breiten Gurtbogen des Chors im Querschiff sind rechtwinkelig ohne alle Gliederung, nur der östliche Gurtbogen vor der Chornische hat einen Rundstab, so wie die Schildbogen im nördlichen Querschiff. Die Kreuzrippen sind in beiden Flügeln des Querschiffes rechtwinkelig geformt; in der Kreuzung haben sie ein prismatisches Profil und im östlichen Chorraum einen Rundstab.

Die Chornischenwand hat eine schmuckvolle Ausstattung durch Mauerblenden mit Säulen und Bogen im reichverzierten Rundbogenstyl erhalten. Die Chornische selbst ist ohne Gewölbkappen, mit einem nach der polygonen Grundform derselben gebildeten Nischengewölbe mit Eckrippen und mit kleinen hässlichen Lichtöffnungen überdeckt.

An der Nordseite des Chors steht ein 20 F. hohes, gothisches **Sacramenthaus**, dessen schöne Composition, sehr glücklichen Verhältnisse und reinen Formen in das vierzehnte Jahrhundert zurückweisen. Auch die **Chorstühle** von künstlichem Holzschnitzwerk gehören noch dem gothischen Baustyl an.

Wenden wir unsre Augen vom Chor gegen Westen, so sehen wir theils in die durch drei rundbogige, auf Säulen mit Würfelcapitälen getragene **Halle zwischen den Thürmen**, als auf die in gleicher Weise gegen das Mittelschiff geöffnete Empor, in deren Rückwand 4 Rundbogenfenster angebracht sind, die mit dem obern Stockwerk der Vorhalle in Verbindung stehen.

Steigen wir nun zur Krypta hinab, die den ganzen Raum unter der Kreuzung, dem Chor und der Chornische einnimmt! Sie ist mit starken, unterhalb der obern Pfeiler noch besonders verstärkten Mauern umgeben und durch zweimal sechs Säulen in drei Schiffe getheilt. Die fünf ersten Säulenpaare stehen in gleichweiten Zwischenräumen von einander und sind durch Rundbogen verbunden, die zugleich mit den anstossenden rippenlosen Kreuzgewölben gegen Osten hin an Höhe zunehmen. Der Zwischenraum zwischen dem fünften und sechsten Säulenpaar ist beträchtlich weiter als bei den andern, was eine gedrückte Form für Bogen und Gewölbe, auch vornehmlich von der letzten Säule zum entsprechenden Wandpfeiler, zur Folge gehabt. Die Säulen sind stark nach oben verjüngt, haben attische Basen mit Eckknollen, und einfache, nur mit Bändern verzierte Würfelcapitäle, mit Capitälaufsätzen, die aus Platten und wenig ausladenden Wellen zusammengesetzt sind. Von ähnlicher Einfachheit ist die Zeichnung der Wandpfeiler; dagegen sind die Capitäle und Capitälaufsätze des sechsten Säulenpaars aufs reichste und schönste mit Blattwerk im spätromanischen Styl verziert. In gleicher Weise reicher gegliedert sind auch die Wandpfeiler in der Chornische der Absis, deren polygone Gestalt die genaue Fortsetzung der obern Chornische ist. Wir haben hier einen so klar ausgesprochenen Formenunterschied vor uns, dass wir mit Bestimmtheit sagen können, der östliche Abschluss der Krypta gehört zu dem spätromanischen Gesammtbau vom letzten Drittel des 12. Jahrhunderts, während der westliche Theil derselben, wenn er nicht älter ist, von dem Bau aus dem Anfang des Jahrhunderts übrig geblieben. Die Fenster stimmen vollkommen mit denen des Hauptbaues überein.

Zwischen der 5. und 6. Säule nach der Südseite steht der Sarkophag des H. Wigbertus, mit seiner Gestalt in flachem Relief auf der Deckplatte, ein gutes Werk des 14. Jahrhunderts.

An der Nordseite führen 6 Stufen zu einer Abtheilung der Krypta hinauf, die unter dem nördlichen Querschiff liegt, und deren sechs Kreuzgewölbe von 2 kurzen, dicken, stark verjüngten Säulen mit Würfelcapitälen gestützt sind, die einige alterthümliche Verzierungen haben. Die übrigen architektonischen Theile dieses Raumes, die Halbsäulen der nördlichen, die rechtwinkeligen Vorlagen der südlichen Gewölbträger stimmen so sehr mit dem nördlichen Kreuzschiff darüber überein, dass wir an eine Gleichzeitigkeit des Baues glauben können, bei welchem die Säulen aus früherer Zeit benutzt wurden.

Dieser Raum ist durch eine Mauer von einem östlich gelegenen getrennt, in welchen man durch eine enge Thüre über 2 Stufen hinabsteigt, und mit einem rippenlosen, quadratischen Kreuzgewölbe, aber ohne Schildbogen, überdeckt. Die Gesimse der ganz niedrigen Wandpfeiler haben die Form einer umgekehrten attischen Basis; ihre Sockel liegen unter dem Boden. Ein kreisrundes Fenster erhellt diesen Raum, der im Osten mit einer halbkreisrunden Nische abschliesst, in der wir aller Wahrscheinlichkeit nach einen Rest des ursprünglichen Abschlusses der Krypta haben. Die alten Fenster sind vermauert, ein spitzbogiges in späterer Zeit eingebrochen.

Dem viereckten Raum der nördlichen Krypta (gb' Taf. 1) entsprechend findet sich

südliche Krypta Sacristei. ein ganz gleicher an der Südseite g', der als Sacristei benutzt wird, gleich dem vor ihm liegenden g, der durch eine Wand in 2 Räume getheilt wird, davon der eine den Vorplatz bildet, zu welchem eine Thüre von aussen und eine andere aus dem Kreuzschiff führt. Obschon keine Spur einer Chornische vorhanden, so ist sie doch wohl in derselben Weise, wie in der nördlichen Krypta vorhanden gewesen. Der Raum über g', neben dem Chor (A f.) ist als „Custodie" bezeichnet und führt bei p eine Treppe hinauf zum Dachboden.

Archiv Der Raum e aber über der nördlichen Krypta, mit einem Tonnengewölbe überdeckt, enthält das Archiv und hat östlich eine siebenseitige Nische als Abschluss, die mit halbkreisförmigen Kappen und starken, spitzen Rippen überwölbt und vom nördlichen Kreuzschiff aus zugänglich ist. Darauf ist in der Zeit des 16. Jahrh. ein Holzbau aufgesetzt, mit starkem Tragbalken-

Bibliothek. Schnitzwerk. Derselbe (Fig. E. h.) wird als Bibliothek benutzt; n bezeichnet die Treppe dazu.

Kreuzgang. An der Südseite der Kirche liegt der Kreuzgang, der den Grashof von drei Seiten umgiebt, während die vierte von der Mauer des südlichen Kreuzschiffes begrenzt wird. Jede der drei Seiten ist in 8 quadratische Gewölbfelder getheilt, zu denen noch zwei Eckfelder kommen. An die südliche und westliche Seite stossen noch Räume, die mit dem Kreuzgange unter demselben Dache stehen. Die Ostseite hat die freie Umfassungsmauer. Die Gewölbrippen von ausgebildetem gothischen Profil ruhen theils auf polygonen Wandpfeilern ohne Capitäle, theils auf Consolen, und enden oben mit reich und wunderlich verzierten Schlusssteinen. Ausser den beiden Thüren des Seitenschiffes führen noch 2 Thüren gothischer Form an der Ostseite in den Kreuzgang. Jedem Gewölbfeld entspricht — die der Thüren abgerechnet — ein Fenster nach dem Grashof. Sie sind alle mit vortrefflichem Maasswerk von Drei- u. Vierpässen versehen u. geben der ganzen Anlage das Gepräge des 14. Jahrh. An der Ostseite ist eine kleine Capelle gegen die Strasse hin angebaut u. eine kleinere an der Westseite gegen den Grashof. Beide sind aller Wahrscheinlichkeit nach Familien-Grabcapellen. Auch sie gehören in die Zeit des 14. oder den Anfang des 15. Jahrh. — Der Raum im Süden umschliesst ein Wirthschaftsgebäude, der im Westen ist die Kelter, unter welcher die Keller sich befinden.

DER DOM ZU FRANKFURT A. M.

Hierzu zwei Bildtafeln und ein Holzschnitt.

An der Westseite der jetzigen Domkirche stand noch im 13. Jahrhundert die unter Ludwig III. um 880 erbaute Salvators-Capelle, deren Baufälligkeit zu einem Neubau die Veranlassung gab, der 1236 begonnen und 1239 bereits vollendet war. Die neue Kirche ward den 24. August d. J. eingeweiht, als auf den Tag des H. Bartholomäus, dessen Namen die Salvatorskirche schon früher angenommen, wie aus dem Bildniss in ihren Kirchensiegeln schon vom J. 1215 ersichtlich ist, deren Umschrift lautet: Serri forma Dei presens est Bartholomei. Diese St. Bartholomäuskirche war eine dreischiffige kleine Kirche mit 6 Pfeilern, einer vieleckigen Chornische, zwei Nebencapellen u. vier Thürmen. Um 1315 ward an der Kirche eine bedeutende Erweiterung vorgenommen.

Zur Veranlassung derselben diente folgendes Ereigniss. Nach dem Tode Heinrichs VII. 1313 bewarben sich gleichzeitig Friedrich von Oestreich und Ludwig der Bayer um die deutsche Königskrone. Beide zogen mit Heereshaufen zur Krönungsstadt Frankfurt, die aber ihre Thore nur dem gesetzmässig gewählten Könige öffnen zu wollen verkündete. Die Stimmenmehrheit entschied für Ludwig, der nun mit den Kurfürsten und ihrem Gefolge in die Stadt zog, nach der Bartholomäuskirche, wo er nach altem Brauch auf den Altar gehoben wurde und die Huldigung empfing. Aber die Kirche war zu klein, die Menge des Volks zu fassen, das der Feierlichkeit beiwohnen wollte; es musste vor der Kirche ein Gerüst errichtet werden, mit dem Thron, von welchem Ludwig dem Volk sich als erwählten König zeigen konnte. Diess ist aller Wahrscheinlichkeit nach die Veranlassung zur Vergrösserung der Kirche, in deren Innerem, von Vollendung desselben an, die Feierlichkeiten der Wahl und Krönung stattfanden. Auch wird der Adler in den Schlusssteinen des Baues vom 14. Jahrhundert als Zeichen angesehen, dass die Kosten desselben aus Reichsgeldern bestritten worden sind. Im Jahr 1315 wurden der östliche Chor mit den beiden Thürmen abgetragen; das Langhaus blieb unberührt; am 14. Mai d. J. wurde der Neubau desselben begonnen und am 9. August 1338 als vollendet eingeweiht; doch erhielt der Hauptaltar des H. Bartholomäus seine Weihe erst am 13. April 1349.

Das nördliche Kreuzschiff wurde von 1346 bis 1351, das südliche 1352 gebaut; der Kreuzgang 1348 angefangen. Einem neuen Zuwachs erhielt die Kirche im J. 1355 in Folge der in der Goldenen Bulle Carls IV. festgesetzten Wahlordnung. Nach dieser sollten die Kurfürsten am Morgen nach ihrem Einzug zur Königswahl in der St. Bartholomäuskirche eine Messe hören, alsdann zur Wahl schreiten und die Stadt nicht eher verlassen, als bis sie den König gewählt hätten. Dazu war mithin ein gesonderter Raum nöthig und man fügte ihn an die Südseite des Chors, unter dem Namen Kurkammer oder Conclave electionis, auch Kaiserchor und Liberey. In dieser Capelle wurde nicht nur die Wahl vollzogen, sondern auch der gewählte König gesalbt, wonach er durch die westliche Thüre in die Maria-Magdalenen-Capelle, die jetzt den Namen Heilige Grab-Capelle führt, eintrat.

Noch zwei Capellen aus alter Zeit sind in dem Dom zu nennen, die St. Marien-Capelle, die unter dem Namen „Salve-Chor" schon 1399 genannt wird; und die Scheidscapelle, die Vergrösserung des übriggebliebenen Theils der 1352 abgebrochenen St. Wolfgangs-Capelle, 1487 durch Nicolaus Scheid bewerkstelliget.

Zu Anfang des 15. Jahrhunderts wurde der Kreuzgang erweitert; 1459 die West- und Südseite begonnen, und das Ganze 1468 eingeweiht; Gewölbe wurden aber erst 1477 hinzugefügt.

Man darf sich wohl über die Langsamkeit wundern, mit welcher der Bau des Frankfurter Domes und seiner Nebenbauten betrieben worden; mehr aber noch über die Ursachen dieser Verzögerungen. Das jetzige reiche Frankfurt, der Mittelpunkt der deutschen Geschäftswelt, und Vaterstadt ihres Crösus – allerdings eines Nichtchristen! – die Krönungsstadt der deutschen Kaiser, muss so erbarmungswürdig arm an Mitteln gewesen sein, wie jetzt kaum eine deutsche Mittelstadt, so dass es immer an Geld fehlte für den Kirchenbau, und dass die dafür bewilligten Ablässe die Kräfte der Bürger „bis zur Erschöpfung" in Anspruch genommen hatten. Dennoch ergab sich ein weiterer Anlass als unabweislich: ein Glockenthurm.

Im Jahr 1415 ging man ans Werk und baute daran fort bis 1512, seit welcher Zeit an der unvollendeten Gestalt des Thurmes nichts weiter geschehen ist. Der erste Baumeister desselben ist Madern Gertner, schon seit 1411 beim Dombau angestellt. Sein Jahresgehalt betrug 10 Gulden Fixum und 2 Gulden Geschenk! Es ist ein weiterer Beleg für das eben Gesagte, dass — um Geld für den Bau zu gewinnen — der Bürger Jeckel Budler zu Bodenstein der Kirche — was? schenkte: ein Crucifix! mit der Bestimmung, dass darunter ein Opferstock errichtet werde, dessen Erträgnisse dem Thurmbau zu Gute kommen sollten. Wirklich flossen nun Gaben von allen Seiten und nach allen Orten; wie denn ein bei Frankfurt ergriffener Verbrecher vor seiner Hinrichtung seine Habe dem Thurmbau vermachte. Am 6. Juni 1415 ward der Grundstein gelegt. — 1432 tritt ein neuer Baumeister auf, Leonhard, der aber schon nach 2 Jahren stirbt und durch Meister Michel ersetzt wird. Auch dieser folgt seinem Vorgänger bald nach und 1440 wird Josten Werkmeister des Baues und kommt als solcher mit 6 fl. Jahresgehalt bis 1464 vor. Bis 1468 wird an seiner Stelle Meister Bartholome genannt. Wer von da an den Bau geleitet, ist nicht bekannt; aber 1489 wurde Hans von Ingelheim als Werkmeister mit 10 fl. Jahresgehalt angestellt, welchem Amt er bis 1491 vorgestanden. Von ihm ist der Plan des Thurmes, der im Stadtarchiv aufbewahrt, von Moller veröffentlicht und unserer Bildtafel zu Grunde gelegt ist.

Wie weit der Bau damals gefördert gewesen, ist schwer zu ermitteln; wahrscheinlich nicht weit, und mag ganz ins Stocken gekommen sein aus Mangel an Geld. Aber 1483 treten Rath und Geistlichkeit zusammen und fassen einen kräftigen Entschluss für den Weiterbau aus eigenen Mitteln und frommen Spenden. Zunächst wird der Baumeister des Ulmer Münsters, **Matthäus Böblinger** von Esslingen berufen, wegen der Fortführung des Thurmbaues seinen Rath zu ertheilen; alsdann der **Meister Hans** in Pflicht genommen und nun geht es wieder einige Jahre leidlich vorwärts, so dass 1490 der achteckige Theil des Thurmes steht. Aber damit waren wieder Mittel und fromme Theilnahme erschöpft; Meister Hans nahm seinen Abschied; der Bau ruhte. Endlich am 21. Jul. 1494 wird wieder ein neuer Baumeister angestellt: **Niclas Quecke** aus Mainz mit 20 fl. Jahrgehalt, der sich aber an den Plan von Meister Hans zu halten verpflichtet wurde. Der Vertrag mit ihm war auf 5 Jahre abgeschlossen, nach deren Verlauf er mit beiderseitiger Unzufriedenheit auch als abgethan betrachtet wurde. Meister Niclas hatte sich wenig um den Bau bekümmert, vornehmlich seit sein Vorschlag eines neuen Planes nicht angenommen worden und hatte sogar den alten Plan des Meister Hans von Ingelheim zurückzugeben sich geweigert.

Im J. 1503 wird Meister **Jacob von Ettingen** als Werkmeister des Domes eingesetzt. Er scheint Lust gehabt zu haben, an dem Thurm weiter nach einem Plan zu bauen, der mit dem Gutachten des Meister Niclas übereinstimmt und der sich mit Randnoten des Meister Jacob noch im Stadtarchiv befindet, nach welchem eine achteckige Plattform ohne Pyramide, Helm, oder Kuppel den obern Abschluss bilden sollte, mit emporstehenden Fialen an den 8 Ecken. Inzwischen wurde nach Hans von Ingelheims Plan fortgearbeitet. Freilich auf sehr lässige Weise! Denn schon am 15. Dec. 1505 richtet der Werkmeister ein Schreiben an den hochweisen Stadtrath, in welchem er sich über die gänzliche Vernachlässigung des Baues beklagt, und die grossen Gefahren für die Kirche und ihre Umgebung schildert, wenn man keine Mittel aufbringe für den Weiterbau. Wie wenig Vorsorge auf diese Mahnung erfolgte, geht daraus hervor, dass Meister Jacob im J. 1507 die Klage erneuern musste, worauf einige Besserung eintrat, sogar derart, dass das Jahrgehalt des Dombaumeisters von 15 fl. auf 30 fl. erhöht wurde. 1510—1511 wurde das Wächterhaus in Stein erbaut; als spätere Kuppel, womit man den Bau beschloss und die wir noch jetzt ohne Helm oder Pyramide als den obern sehr unschönen Abschluss des Thurmes vor uns haben.

Betrachten wir an der Hand der Geschichte des Dombaues den **Grundplan** desselben, so erkennen wir im Langhaus a den Rest der ursprünglichen Bartholomäuskirche von 1236, mit ihren 3 Schiffen (zu denen später südlich ein Anbau gekommen) und 3 Jochen. Daran schliesst sich in der Richtung von Norden nach Süden das verhältnissmässig lange Querschiff f - e, und in der Richtung von Westen nach Osten der Chor b - c. Neben diesem gegen Süden liegt die **Kurkammer** (Kaiserchor) k mit der **Marien-Magdalen-Capelle** i; gegen Norden die **St. Marien-Capelle** h und die **Sacristei** g. An der Südseite liegt die **Scheidscapelle** m von 1487; an der Nordseite, begrenzt von Querschiff und Langhaus der **Kreuzgang** l, und in Westen wird das Langhaus durch die mächtigen Substructionen des **Glockenthurmes** d geschlossen.

Schon aus dem Grundriss erkennt man, dass diesem Gebäude ein grosser, einheitlicher Gesammteindruck fehlen muss. Aber auch, was ihm an Wirkung geblieben sein würde, ist ihm genommen durch die Umbauung mit Trödelbuden, Hütten und Häusern, die wohl der wieder-

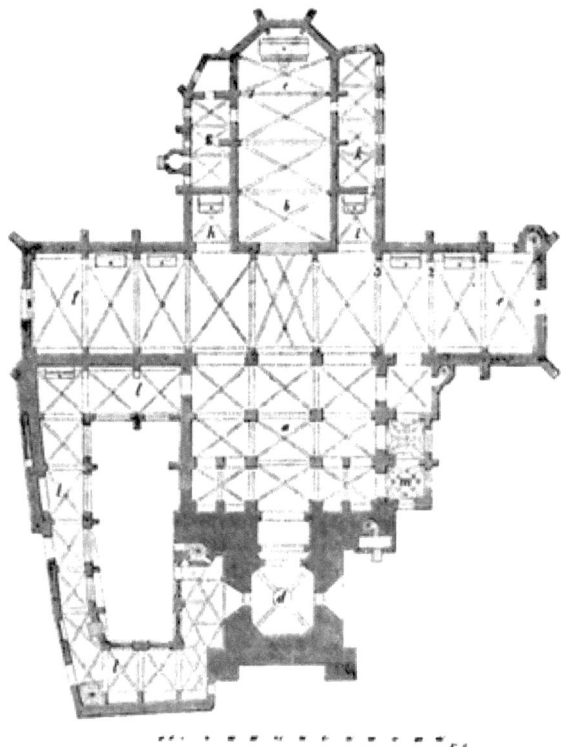

gekehrten Achtung vor den Denkmalen religiöser Kunst unsrer Vorfahren auch in Frankfurt einmal zum Opfer fallen werden.

Es sind demnach nur drei Punkte der Aussenseite, die für uns in Betracht kommen: das nördliche und das südliche Portal und der Glockenthurm.

Das nördliche Portal (Taf. II), auch Marienthüre genannt, stammt — wie wir gesehen — aus der Mitte des 14. Jahrhunderts und ist ein Beispiel vollendet schöner Gothik. Es ist in zwei Eingänge getheilt durch einen Pfeiler, auf welchem die Heil. Jungfrau mit dem Jesuskind steht, eine treffliche Arbeit gleichzeitiger Bildnerei, eine Gestalt von guten Verhältnissen, edler, naturgemässer Haltung, weichfaltiger Gewandung und feiner Ausführung. Die vielgegliederte Portallaibung steigt über die Doppeltheilung des Eingangs empor, erweitert sich durch neuhinzutretende Gliederungen und schliesst im wohlproportionierten Spitzbogen, dem eine Prachtrosette zum Masswerk dient, das aus einer höchst einfachen und doch in der Wirkung sehr reichen Verbindung von Drei- und Vierpässen besteht. Schmale Nischen zu beiden Seiten enthalten je 2 Postamente für Statuen — vielleicht der Evangelisten —, die nicht mehr vorhanden.

An der Stelle der sonst üblichen Krabben auf der Bogeneinfassung sehen wir hier kleine Figuren in Form von Tragsteinen, sechs an jeder Seite, und anstatt der Kreuzblume ebenfalls den Raum für eine Statue. Sämmtliche Tragsteine correspondieren mit Nischen, die gleichmässig mit den Tragsteinen aufsteigen und zur Aufnahme von Statuen bestimmt gewesen, die nicht mehr vorhanden sind, von denen wir aber wissen, dass sie Christum mit den zwölf Aposteln vorgestellt haben. Besondere Aufmerksamkeit verdienen die Tragsteine mit ihren seltsamen Figuren, die mit ihrer halb menschlichen, halb thierischen Gestalt der Familie der Centauren angehören, nichts desto weniger aber die Apostel auf ihrer Stufenleiter zum Himmel mit allerlei Instrumentalmusik begleiten. Auch weiter links noch unten werden noch ein Paar Plätze von Centauren eingenommen, von denen der grösste einen Stein gegen die andern über ihm zu schleudern scheint, als ob er der von ihnen dem Christenthum dargebrachten Huldigung zürnte. Auf der rechten Seite aber sehen wir den offnen Höllenrachen, mit zwei Verdammten, die, wie es scheint, übermässigen Durst abzubüssen haben. Ein ganzes Stück Hölle nebst deren gequälten Insassen — darunter sogar ein Papst — thut sich unterhalb des Rachens auf. Der aufsteigende Giebel, dessen Nischen mit Baldachinen von verschiedener Form gedeckt sind, ist rechtwinklig umschlossen; die zugleich mit umschlossene Mauerfläche durch Blendmasswerk belebt, zwischen dessen Lessinen Tragsteine für Statuen angebracht sind.

Etwas später, aber noch ganz rein im Styl, ist das südliche Portal des Querschiffs; obschon bereits Eselssattel und Fischblase im Masswerk der Eingänge vorkommen, die auf einen spätern Einsatz derselben deuten. Auch hier theilt es ein Pfeiler in zwei Eingänge, und seine Laibung endet hoch über denselben vielgegliedert mit Rundstäben und Hohlkehlen im Spitzbogen. Dieser aber schliesst keine Rosette ein, sondern eine durch Bildnerien und Blendmasswerk verzierte Mauerfläche. Hier steht unter einem Baldachin Maria mit dem Christkind im Arm, zu ihrer Linken St. Joseph. Zu ihrer Rechten kniet der älteste der Dreikönige mit einem Weihgeschenk; in zwei Nischen neben ihm stehen seine beiden königlichen Begleiter; hinter Joseph aber Petrus und Jesaias. Ueber dem dritten der Könige steht der Titelheilige der Kirche, St. Bartholomäus und über Jesaias der erste Patron derselben, Karl der Grosse, wenn nicht — was mir wahrscheinlicher ist — der Gründer des Kaiserchors: Karl IV. mit dem Modell der Kirche in der Hand. Diese Bildnereien sind nicht gerade sehr vorzüglich; doch aber immer noch von gutem Styl; während der Gekreuzigte über ihnen mit Maria und Johannes und den Stiftern (Mann und Frau in kleinen Figuren) der sehr manierirten Kunst, mit ihren weitausgebogenen Figuren, vom Ausgang des Jahrhunderts anzugehören scheinen. Im obern rechtwinkeligen Abschluss sind zwei Rundbilder angebracht mit sitzenden Gestalten zweier Propheten mit Spruchbändern.

Am Glockenthurm (Taf. I) nehmen wir drei Hauptabtheilungen wahr, über deren oberster die Kuppel sich erhebt. Es ist ein eigenthümlicher Zug dieses Bauwerks, dass sein Styl je höher hinauf, je mehr sich bessert; während in der Regel der Fortgang der Gothik im 15. Jahrhundert keinen wirklichen Fortschritt zeigt. Das dürftige Untergeschoss mit seinen in Rundbogen abgeschlossenen Fenstern erregt für den Weiterbau sehr geringe Erwartungen; aber schon das zweite Stockwerk mit seinen Lessinen und Bogenfriesen und den reich ausgestatteten Eckpfeilern nebst den hohen Spitzbogenfenstern nimmt sich stattlich genug aus. Wo aber der Thurm ins Achteck übergeht, mehrt sich die Mannichfaltigkeit und Schönheit der Ornamentik mit hohen Strebepfeilern, Strebebögen und Fialen derart, dass wir damit an die stets sehr arme Baucasse sicht erinnert werden. Die Giebelkrone freilich hat der Thurm bisher noch nicht erhalten.

Im Innern der Kirche sind noch zu erwähnen die beiden Sacramenthäuschen, no. 1 neben der Sacristeithüre aus der ersten Hälfte des 15. Jahrh. und das etwas spätere no. 2. Sehr schön, und mit guten Bildnereien versehen ist der bei 3 aufgeführte Baldachin aus derselben Zeit. — Unter den Denkmälern zeichnen sich aus: das Grabmal des Königs Günther von Schwarzburg von 1352; des Ritters Rudolf von Sachsenhausen von 1370; des Joh. von Holzhausen und seiner Frau von 1393 (s. Denkmale Bd. IX. Bildnerei p. 3).

Im J. 1854 wurde eine gründliche Restauration des Frankfurter Domes beschlossen und dem Architekten Rügemer übertragen. Es ist mit einem Rückblick auf die Baugeschichte des Domes nicht uninteressant, zu wissen, dass dafür von der Gemeinde 13,300 fl. und vom Staat 25,577 fl. angewiesen wurden, und dass Kaiser Franz Joseph von Oestreich 25,000 fl. beigesteuert hat.*)

---

*) Ein schönes photographisches Werk über den Dom steht in Aussicht.

DAS MUSEUM IN BERLIN.

Hierzu zwei Bildtafeln.

Die Neuheit der Anlage ist es, auf die wir bei der Werthschätzung der Werke der neueren Baukunst das Hauptaugenmerk zu richten haben, da in Betreff der Bauformen der Architekt sich nicht als Erfinder zeigt, und es nur darauf abgesehen zu haben scheint, von den bekannten und als gültig anerkannten Formen die dem Charakter seines Gebäudes am meisten entsprechenden gewählt und in reinster Durchbildung und geschmackvoller Anordnung angewendet zu haben. Die überlieferten Bauformen sind desshalb für unsere Architektur etwas unwandelbar Objectives, wie die Menschengestalt nach den Gesetzen der Schönheit für Malerei und Bildnerei, und nur in dem Gebrauch, den sie von ihnen machen, sehen sie ihr Recht künstlerischer Eigenthümlichkeit.

Zu dieser Ansicht müssen wir kommen, wenn wir sehen, wie der genialste Architekt der Neuzeit, Carl Friedrich Schinkel in Berlin, obschon ursprünglich ein Neuerer auf dem Wege romantischer Baukunst, in seinen spätern und vorzüglichsten Werken nur auf Neues und Eigenthümliches in Plan, Anordnung und allgemeiner Gestaltung bedacht gewesen, im Styl aber sich mit möglichster Strenge an die classischen Bauformen gehalten hat.

Bei keinem seiner ausgeführten Gebäude tritt uns diess so einleuchtend entgegen, als bei dem Museum in Berlin. Der „Lustgarten" dieser Haupt- und Residenzstadt Preussens war bis zum Jahr 1824 eine wüste Sandfläche zwischen dem Schloss und dem Dom und durchschnitten von einem Spreekanal. Schinkel schloss ihn dem Schloss gegenüber durch die Anlage des Museums ab, gab ihm eine regelmässige Form, und wandelte die Steppe in Garten-Anlagen um mit einem grossen Springbrunnen und einem colossalen Granitbecken. Den Schluss dieses nun nicht mehr sogenannten, sondern wirklichen Lustgartens bildet das Gebäude in einer Breite von 276 F. 3 Zoll, einer Tiefe von 170 F. 4 Z. und einer Höhe bis zum Hauptgesims von 61 F. 1½ Z.

Die ganze Breite der Vorderseite wird von einem Porticus von 18 Säulen, an beiden Seiten durch Anten abgeschlossen, eingenommen. Er hat einen Unterbau von 12 F. 5 Z. Höhe, der in der Mitte seiner Breitenausdehnung von einer 91 F. breiten Treppe unterbrochen wird, auf der man über 21 Stufen zwischen 2 vortretenden Wangen zu ihm aufsteigt. Er ist bei einer Tiefe von 21 F. 37 F. hoch. Zwischen den 5 mittlern Intercolumnien vertieft sich der Porticus zu einer Halle von 91 F. 5 Z. Länge und 31 F. 10 Z. Breite, bei einer Höhe von 45 F. 3 Z., bestimmt zur Aufnahme der doppelarmigen Treppe. Metallne Gitterpforten schliessen den Eingang ins Innere. 5 Thüren in jedem Stockwerk vermitteln die Communication mit den Sälen. Ueber dem Porticus ragt ein viereckter Mittelbau in der Breite der grossen Treppe und der Höhe von 91 F. empor, auf dessen Ecken Gruppen von Erzguss stehen.

Uebersehen wir den Plan des Gebäudes, so finden wir, dass seine Umfassungsmauern ein Rechteck umschreiben, aus dessen Mitte der Mittelbau aufsteigt und das neben demselben noch zwei viereckte Höfe einschliesst. Ausserdem entsprechen den vier Seiten des Rechtecks vier durch Säulen oder Zwischenwände abgetheilte lange Säle, deren vorderer durch das Treppenhaus unterbrochen ist.

Zum Verständniss dieser Anordnung muss man sich die dem Architekten gestellte Aufgabe vergegenwärtigen, ein Gebäude herzustellen zur Aufstellung von Werken antiker Sculptur und einer Sammlung von Gemälden der verschiedenen ältern Malerschulen.

Da es anerkannter Massen die Wirkung der Kunstwerke schwächt, wenn Bildnereien und Malereien in demselben Raume aufgestellt sind — wie z. B. in den Uffizien zu Florenz — so hat der Architekt das Erdgeschoss für die erstern, das obere Stockwerk für die Gemälde bestimmt. Dem Zweck des Gebäudes wäre damit Genüge geleistet gewesen; aber das künstlerische Verlangen des Architekten war damit nicht befriedigt. Ein Museum, das die werthvollsten Kunstschätze des Königreichs aufnehmen sollte, erlaubte wenigstens noch einen besondern Schmuck, wenn es ihn auch nicht forderte, und Schinkel benutzte die Gelegenheit, der Architektur dabei eine gewissermassen selbständige Rolle zuzutheilen: er fügte eine durch das Bedürfniss allein nicht motivierte Rotunde ein, führte sie durch beide Stockwerke durch, deckte sie mit einer Kuppel und machte sie durch Anordnung und Ausführung zu einem Prachtwerk und zum eigentlichen Haupt- und Mittelpunkt des Gebäudes. Dass damit allerlei Unzuträglichkeiten verbunden sein mussten, kann nicht überraschen. Schon der in ein Quadrat eingeschlossene Kreis führt, wie der Grundriss zeigt, zu Räumen von sehr unarchitektonischen Formen; aber zu einer wirklichen Unbequemlichkeit wurde die Rotunde im obern Stockwerk, wo sie Aufgang und Eingang zur Gemäldegalerie trennt und die Eintretenden nöthigt, sie auf einer schmalen Galerie im Halbkreis zu umgehen. Wir werden später unser Augenmerk auf das richten, was Schinkel gethan, um uns mit diesem Kind seiner Künstlerbegeisterung und dem, was wir daran aussetzen möchten, zu versöhnen, und wenden uns nun zu eingehender Betrachtung seines Werkes.

Gegenüber den in grossartigen Verhältnissen wirkenden Massen des königlichen Schlosses und als Abschluss eines grossen freien Raumes, dessen eine Seite noch vom Zeughaus, einem durchaus edelgeformten Gebäude begrenzt ist, während die andere für den Neubau eines Domes (im Stillen wenigstens) bestimmt war, musste es dem Architekten daran liegen, dem Museum das Gepräge der Einfachheit und Grösse aufzudrücken. Darum gab er der Facade des zweistöckigen Gebäudes, statt zweier Säulenstellungen übereinander, einen Porticus von einer einzigen, die beide Stockwerke deckt. „Diese Säulenhalle bezieht sich im architektonischen Zusammenhange des Ganzen zunächst auf den grossen Mittelbau der Rotunde, welcher die Höhe der beiden neben liegenden Geschosse und mehr noch einnimmt, wodurch das Verhältniss der Höhe der Halle zu der des Rundbaues gerechtfertigt ist. Das Gebäude, von demselben ionischen Gebälk und dem Unterbau der Säulenhalle rings umgeben, und an den vier Ecken mit Pilastern derselben Ordnung versehen, bildet in diesen Theilen eine einfache, grossartige, seinen Verhältnissen angemessene Hauptconstruction, in welche die Etagenbaue untergeordnet eingefügt sind. Der viereckige Schutzbau für das Kuppelgewölbe, der sich über die Hauptmasse des Gebäudes erhebt, giebt demselben eine ausgezeichnete Mitte, und musste deshalb auch einen bedeutenden Schmuck haben. Die Dioscuren mit ihren Rossen und Sternen über den Häuptern, als Schutz und Heil bringende Wesen aus der Mythologie bekannt, schienen hier deshalb ganz am Platz zu sein." (Schinkel, Sammlung architektonischer Entwürfe, zweite Lieferung.)

Auf den Wangen oder Sargsteinen der breiten Treppe, die nach dem Porticus führt, sollten — dem Wunsche Schinkel's nach — die Reiterstatuen von Friedrich Wilhelm III. und seinem Nachfolger zu stehen kommen. Das ist nicht geschehen. Dafür sind daselbst zwei Gruppen in Erzguss aufgestellt worden; der Kampf einer Amazone zu Pferd mit einem Tiger von A. Kiss und der Kampf eines Jägers, ebenfalls zu Pferd, mit einem Löwen von A. Wolff.

Der Porticus, bestimmt zur Aufnahme von Denkmalen von Männern, die sich um die Kunst besondere Verdienste erworben (wie denn bereits die Statuen Schinkel's von Fr. Tieck, Rauch's von Drake, Winckelmann's von L. Wichmann daselbst stehen) bildet eine durch seinen hohen Sockel besonders freie, zum Auf- und Abgehen trefflich geeignete Vorhalle. Die Säulen, 18 an der Zahl, von 4 F. 6 Z. unterm Durchmesser zu 39 F. 5 Z. Höhe sind antik-ionischer Ordnung, cannelirt und haben auch die altionische Basis. Ihre Säulen-Zwischenweite von Achse zu Achse beträgt 14 F. Die Wandflächen sind „zur Gewinnung eines heitern Aussehens" (Schinkel a. a. O.) mit Frescobildern bedeckt, in denen eine Culturgeschichte der Menschheit nach mythologisch-poetischer Auffassung und zwar nach Schinkel's eigenen Entwürfen dargestellt ist. — Unwillkürlich drängt sich vor diesen Bildern (für deren Betrachtung es beiläufig gesagt keinen Standpunkt giebt, da man in der Vorhalle zu nahe, unter ihnen und im Lustgarten zu fern von ihnen steht) eine Bemerkung auf, die das Eingangs erwähnte Verhältniss der Malerei zur Architektur in der Gegenwart scharf bezeichnet: während Schinkel für Säulen und Gebälk und alles Zubehör mit grösster Genauigkeit sich an die reinsten Formen der classischen Baukunst hält, gestattet er sich in den Gemälden eine Freiheit, die gar kein Gesetz der Composition des Styls und der Darstellweise zu kennen scheint, und wenigstens nicht die entfernteste Verwandschaft mit einer dem ionischen Baustyl entsprechenden Kunst hat.

Die Säulen tragen ein horizontales Gebälk, dessen Fries aber, entgegen dem ionischen Styl, ohne Relief-Verzierung ist. Auf der Attike über dem Gesims sind als Schmuck Adler angebracht, einer oberhalb jeder Säule, und über jeder Ecke eine Figur mit einem Candelaber, anstatt der früher projectirten Opferschalen.

Der Unterbau (Grundriss A) ist für die ökonomischen Erfordernisse des Gebäudes bestimmt; für die Wohnung des Castellans und der Unteraufseher, für Arbeitszimmer von Gelehrten und Künstlern, für Vorlesungen, Geschäftslocale des Directoriums; auch für Remisen etc. Er ist mit Bezug auf das Niveau der zunächst liegenden Brücken ziemlich hoch gelegt, und weil er die Heizungs-Anstalten für das ganze Gebäude enthält, gegen Feuersgefahr durchaus gewölbt.

DAS MUSEUM IN BERLIN.

Im ersten Stockwerk treten wir aus der Vorhalle in die Rotunde des Mittelbaues (Grundriss Taf. 1. B, Durchschnitt Taf. 2). Ihr Durchmesser beträgt 67 F., ihre Höhe bis zur Basis der Kuppel 41 F., ihre ganze Höhe 72 F. S. Z. und die oben angebrachte Lichtöffnung hat einen Durchmesser von 23 F. Die Kuppel ist durch einen 22 F. hohen viereckigen Aufbau eingeschlossen, der in der Höhe ein von Bronze- und Eisenstaben und sehr starkem Glas zusammengefügtes Fenster trägt. Die ganze Anordnung erscheint wie eine Consequenz des Grundrisses und des daselbst in ein Quadrat gebauten Kreises, dessen Rechtfertigung mit Hülfe classischer Architektur auf Schwierigkeiten stossen dürfte.

Höchst erfreulich ist aber der Eindruck, den die Rotunde im Innern macht. 20 Säulen korinthischer Ordnung reinsten Styls und von vollkommener Schönheit der Ornamentik tragen die 9 F. breite Galerie; Götterstatuen stehen zwischen den Säulen; an den Wänden des obern Umgangs sind die Nachzeichnungen nach den Raphaelischen Tapeten befestigt. Die Kuppel ist mit einer reichen Casettirung glänzend ausgeschmückt. Man hat den Eindruck eines Heiligthumes der Kunst! — Hat man die Rotunde durchschritten, so kommt man in die grosse Galerie der antiken Sculpturen, 123 F. 4 Z. l. 30 F. br. Zehn Säulenpaare tragen die Deckenbalken und theilen zugleich die Galerie in Compartimente zu besonderer Aufstellung und Gruppirung der Bildwerke mit Benutzung der günstigen Seitenbeleuchtung, da jeder Abtheilung ein Fenster entspricht. Dieselbe Anordnung wiederholt sich in den kleineren Galerien zu beiden Seiten. Zu beliebigem Gebrauch sind noch Nebenräume angefügt, und in den Ecken der Hinterseite die Vorrichtungen zum Aufwinden von Kunstwerken.

Gehen wir aus der Vorhalle die Haupttreppe hinauf, so erfreut uns zunächst deren freie Anlage, die uns den Durchblick durch die Säulenreihe des Porticus gestattet nach dem Lustgarten und seiner Umgebung. Die Bilderfolge des Porticus findet an den Wänden des obern Vorraumes ihre Fortsetzung. Dann treten wir auf die Empor der Rotunde und im Halbkreis sie umgebend in die Gemälde-Galerie. Den Säulenstellungen des untern Geschosses entsprechend sind hier auch schön verzierte Schirmwände von Holz aufgestellt, 18 F. hoch und um 10 F. von der innern Wand abstehend, so dass die Verbindung nicht gehemmt ist (S. Taf. 1. C). Der Architekt hat diese Anordnung getroffen, um möglichst viel Bilder-Raum (97,910 ⁛) bei möglichst guter Beleuchtung zu erhalten; um nicht zu viel Bilder auf einmal vor das Auge zu bringen, was leicht die ruhige Betrachtung beeinträchtigt; um leichter die Werke der verschiedenen Malerschulen getrennt halten zu können; auch weil auf Holzwänden die Bilder mehr vor Feuchtigkeit geschützt sind als auf Mauern. Mit Recht ist hier Alles vermieden, was die Aufmerksamkeit von der Betrachtung und dem Studium der Gemälde auf Nebensächliches, etwa auf allerhand Ornamentik an Mauern und Decken lenken könnte.

In diesem Stockwerk sind nur wenige Nebenräume. Doch sind Zimmer vorhanden für Gemälde-Restaurationen, sowie für das Aufwinden von Kunstwerken.

DIE KIRCHE DER H. BARBARA
IN KUTTENBERG IN BÖHMEN.
Hierzu 2 Bildtafeln.

Schon öfter habe ich die Gelegenheit wahrgenommen, Denkmale alter deutscher Kunst im Ausland aufzusuchen und in Bild und Schrift in diesem meinem Werke Mittheilung über sie zu machen. Sie sind Zeugnisse für die Achtung, in welcher der deutsche Geist einst auch ausserhalb seiner Heimath stand, von der weitverbreiteten Wirksamkeit einer Kunstthätigkeit, die erst überflügelt wurde, als das Alterthum mit seiner übermächtigen Schönheit aus Gräbern und Trümmern auferstand und von einem vor Allen kunstbegabten Volke neubelebt über den Erdkreis getragen wurde. Durch die dankbarst zu rühmende Gefälligkeit der k. k. österreichischen Central-Commission zur Erforschung und Erhaltung der Baudenkmale bin ich in den Stand gesetzt, einige der wichtigsten Zeugnisse für die Verbreitung des gothischen Baustyls in östlichen Ländern in die Reihenfolge meiner „Denkmale" aufzunehmen.

Indem wir uns nach Böhmen wenden, finden wir in der Stadt Kuttenberg eine beträchtliche Anzahl Kirchen, als Beweise einer sehr belebten höhern Bauslust und Kunstübung im 14. und 15. Jahrhundert.*) Die Stadt ist ursprünglich eine deutsche Bergwerks-Colonie, zu der sich bald auch böhmische Ansiedler gesellten; die reiche Ausbeute der ergiebigen Silberbergwerke führte zur Erweiterung der Stadt und zu ihrer Verschönerung. Unterbrochen durch die hussitischen Unruhen zeigt die Kunstthätigkeit daselbst zwei verschiedene Perioden, von denen die eine bis 1419 reicht, die andere nach 1458 beginnt; die erste ein süddeutsches Gepräge, die andere entschieden böhmische Züge angenommen hat. In die ältere Periode gehören die St. Bartholomäuskirche zu Kolin, St. Jacob und das Untergeschoss von St. Barbara, zum Theil auch die Marienkirche, die Burg und die Wenzelscapelle in Kuttenberg, und die Anlage der Stiftskirche zu Sedletz. Der zweiten Periode gehören der Oberbau der Barbarakirche, sowie grossentheils die Marienkirche zu Kuttenberg, die Pfarrkirche und mehre weltliche Bauten in Gang an. Wir beschränken uns auf die Kirche der H. Barbara.

Die ältesten Urkunden über diese Kirche, einzelne Altarstiftungen, sind aus den Jahren 1366, 1388 und 1389, und setzen also einen frühern Anfang des Baues voraus, der ums Jahr 1380 stattgefunden haben mag. Um diese Zeit hatte Peter Arler von Schwäbisch

---

*) Ich halte mich für den gegenwärtigen Aufsatz an die treffliche Abhandlung von Bernhard Grueber in Prag, in den „Mittheilungen der k. k. Centralcommission" etc. Bd. VI. p. 223 ff.

Gmünd den Bau des Chors der Bartholomäuskirche in Kolin beendigt; die Uebereinstimmung im Styl derselben mit der Barbarakirche lässt es ausser Zweifel, dass auch diese sein Werk ist. Ohne Unterbrechung wurde der Bau gefördert bis zum Jahr 1412, wo der Capellenkranz um den Chor vollendet war. Um diese Zeit scheint auch der Entschluss gefasst worden zu sein, die ursprünglich dreischiffige Anlage zu einer fünfschiffigen zu erweitern. Bis zum J. 1419 war der Bau bis zum 4. Pfeiler vom Chor westlich nebst ihren Arcaden gelangt, als der Hussitenkrieg dem Unternehmen Halt! gebot. Erst nach sechzigjähriger Unterbrechung, am 22. August 1483 wurde der Grundstein zur Fortsetzung des Baues gelegt, der von Meister Hans (Hannsz) mit genauer Einhaltung des alten Styls bis zur Vollendung der Arcaden des Mittelschiffs und vielleicht auch der äussern Seitenschiff-Gewölbe fortgeführt worden. Nach dem 1488 oder Anfang 1489 erfolgten Tode des Meister Hans ward der Weiterbau dem von Prag aus empfohlenen Magister Matthias Rayšek übertragen. Von ihm wurde der Chor von der äussern untern Galerie bis zur obern des Daches vollendet, der Chor selbst eingewölbt und die Strebepfeiler und Strebebogen bis an die Sacristeilinie aufgeführt. Nach seiner Zeichnung ist auch die Chorschranke zwischen Presbyterium und Chorumgang errichtet. — Nach Rayšeks Tode 1506 kam der Bau einige Zeit ins Stocken, bis dafür der berühmte Architekt Benedict (oder Benesch) von Laun gewonnen wurde, der für die Vollendung der Kirche einen neuen Plan erfand, nach welchem sie eine Hallenkirche wurde. — Nach ihm war noch Meister Niclas (oder Mikulás) thätig bis 1548. Von ihm wurde das hinterste Gewölbe geschlossen.

Inzwischen versiegten die Geldquellen in den Kuttenberger Bergwerken und man sah sich allmählich gezwungen, den Weiterbau nach einem bescheideneren Maasstab fortzuführen und von der ursprünglich beabsichtigten Länge der Kirche von 316 F. sich auf 186 F. zu beschränken, und im Westen mit einer Nothmauer abzuschliessen. — Die Jesuiten, denen im J. 1626 die Kirche übergeben wurde, haben manche barocke Neuerungen daran und darin sich erlaubt; dagegen darf es rühmend erwähnt werden, dass die Strebepfeiler am Chor im J. 1734 — was für diese Zeit sehr Wunder nehmen muss! — auf Anordnung des Rectors Wessely durch den Prager Steinmetz Baumgartner im alten Styl restauriert worden sind.

Schon der Grundriss (Taf. I, Fig. A) sagt uns, dass er nicht der ursprüngliche Plan sein kann. Das nahebei quadratische Langhaus steht in keinem Verhältniss zum östlichen Abschluss. Es sollte, wie aus einem alten, allerdings nicht authentischen, Plan hervorgeht, um 7 Joche länger werden. Die Anlage der äussern Seitenschiffe erscheint bei näherer Prüfung als spätere Zuthat, bei welcher Gelegenheit das Querschiff geopfert worden zu sein scheint. Als Ueberrest seiner Anlage muss man die beiden schrägstehenden Strebepfeiler bei xx an der Nordseite ansehen. Wir werden demnach wohl zu unterscheiden haben, was von dem gegenwärtigen Bau dem Peter Arler, und was seinen Nachfolgern zuzuschreiben ist.

Das Langhaus des gegenwärtigen Gebäudes ist 122 F. breit und 133 F. lang. Es hat fünf Schiffe; das Mittelschiff (a) ist 33 F. breit, jedes der innern Seitenschiffe (b) 20 F.; jedes der äussern (c) 24½ F. — Zweimal 7 Pfeiler trennen das Mittelschiff von den innern

DIE KIRCHE DER H. BARBARA IN KUTTENBERG IN BÖHMEN. 47

Seitenschiffen, die ihrerseits im Süden durch 5, im Norden durch 3 Pfeiler von den äussern
Seitenschiffen getrennt sind. An der Nordseite nimmt die Sacristei (s) zwei Joche des äussern Seitenschiffs in Anspruch; ein weiteres Joch dient an der Nordseite zu einem Eingang
(p), an der Südseite zu einem Nebenraum.

Das Mittelschiff setzt sich in seiner ganzen Breite und unveränderten Richtung
gegen Osten fort und schliesst sich hier in einer Länge von 33 F. als innerer, mit Schranken
umgebener Chor ab (d). Dieser Chorschluss ist unregelmässig aus 5 Seiten eines Neunecks
construirt und wird von einem Chorumgang (e) umgeben, der sich im stumpfen Winkel an
die inneren Seitenschiffe als deren Fortsetzung anschliesst. Um diesen Chorumgang legt sich
ein Capellenkranz (f) von 8 Capellen, deren Pfeiler aber — entgegen der üblichen Anordnung — nicht über die Umfassungslinie vortreten. Ein Capellenpfeiler fällt in die Mitte
des Chorschlusses, so dass dieser 15 Seiten hat, und beinahe halbkreisrund erscheint.

Gegen Westen schliesst die Kirche mit einer Nothmauer ab, dem traurigen Denkmal
der Unterbrechung des Baues.

Die Pfeilerbildung weicht sehr ab von der gewöhnlichen und ist theils aus einer
Art gebrochnen Fünfecks (Fig. 1, Taf. II), theils aus einer Art Fünfzehneck (Fig. 2) mit
Hohlkehlen, einfachen und birnförmigen Rundstäben construirt. Die Capellenpfeiler (Fig. 3)
haben einen Sockel mit 5 Seiten eines Sechsecks. Es ist derselbe Formensinn, der auch
aus dem Profil der Fenstereinfassung (Fig. 4) wieder zu erkennen ist.

Die Pfeiler gehen ohne Capital, oder Kämpfer in Arcaden über, die im Langhaus nach
der Länge, wie von beiden Seiten von Pfeiler zu Pfeiler geschlagen sind. Es hat wohl nicht
im Plane Arlers gelegen, die Seitenschiffe so hoch zu machen, als das Mittelschiff. Wäre
aber auch eine Hallenkirche von ihm beabsichtigt gewesen — schwerlich hätte er durch die
Seitenschiffe eine Empor gezogen, wie wir sie (nach Durchschnitt Fig. 5 auf der zweiten
Tafel) am jetzigen Bau sehen. Hier finden wir demnach eine Halle ins obere Stockwerk
verlegt, wie es an Fig. 8 deutlicher zu sehen ist. Ihre Pfeiler stehen auf achteckigen Sockeln
und sind in Rundstäben und Hohlkehlen profilirt (Fig. 6). Das Masswerk der Fenster an
der Halle (Fig. 8) ist sehr stylos; das Gewölbe aber mit seinen verschlungenen Rippen, wie
es auch über das Mittelschiff sich ausbreitet, geradezu wunderlich, so dass der Gegensatz gegen
die schönen Sterngewölbe der Seitenschiffe unter der Empor, sowie gegen die zwar einfach,
aber in correcten Formen gehaltenen Fenster derselben auffallend genug ist. Dennoch kann
man nicht umhin, anzuerkennen, dass der Gesammteindruck dieser Empor mit ihren hohen
Arcaden und grossen Lichtöffnungen etwas Grossartiges hat.

Wenden wir uns nun zum Chor, so tritt uns die reichste Abtheilung der Kirche
entgegen. Der Durchschnitt (Fig. 7) zeigt uns seine Höhe (100 F., d. i. 5 F. mehr als beim
Mittelschiff). Die Pfeiler gehen auch hier unvermittelt in die Arcaden über (Fig. 9), aber
ihre Gewölbträger steigen zu den Gewölben empor, wo sie einen, wenn auch nur unbedeu-
tenden Capitälabschluss erhalten. Ueber den Arcaden zieht sich eine sehr zierliche Galerie
mit gothischen Zwergarcaden hin, über welcher die mit Masswerk gerandeten überladenen Fenster

die ganze Zwischenseite zwischen den Pfeilern einnehmen. Kunstreich aus Dreiecken, Rhomben und Trapezen ist das Gewölbe zusammengesetzt.

Betrachten wir schliesslich die Aussenseite (Taf. I, Fig. B), so wird uns sogleich der Unterschied einleuchten zwischen dem sehr einfach, ja trocken gehaltenen Unterbau des Chors und seinem überreichen obern Aufbau, und der ziemlich nüchternen Styllosigkeit des Langhauses. Ersterer, die Arbeit des Meister Hans, zeigt deutlich die Verwandtschaft mit der Gothik Süddeutschlands. Der ganze Oberbau des Chors, das Werk Rayseks, ist bei unverkennbaren Schönheiten nicht frei von Dilettantismus. Doch hat er auf seinen Namen als Architekt mehr Werth gelegt, als die Meisten seiner Kunstgenossen; wie er denn nicht versäumt hat, an der dem Scheidebogen zwischen Chor und Langhaus nächsten Gewölbrippe ein Spruchband anzubringen mit der Inschrift: 1499 Serissimo regnâte Wladislawo testudo hec clausa est ~ Baccalaurei Rayskonis opera. Von der Anordnung der Fenster, dem Blendmasswerk darunter und darüber und der obern Galerie gibt Fig. 10 eine Vorstellung. — Beachtenswerth ist der mittelste Strebepfeiler des Chors (Fig. 11), der von einem rechteckigen Würfel aufsteigend durch mehre achteckige Versetzungen endlich in eine runde Säule endigt. Die H. Barbara an diesem Strebepfeiler, sowie das Kuttenberger Wappen dabei zeigen uns, dass Meister Raysek einen besondern Nachdruck auf dieses Stück seiner Kunst hat legen wollen.

Dem Meister Benedict von Laun ist der Ausbau des Langhauses und dessen durch die Zeitumstände gebotene Verkleinerung zugefallen. Dass er sich soviel er konnte an das Vorhandene angeschlossen, beweisen seine Strebepfeiler und seine Strebebogen (Fig. 12). Mit seiner Empor aber, oder Oberhalle, mit welcher er den Bedürfnissen des utraquistischen Gottesdienstes, der nach den hussitischen Unruhen in Kuttenberg eingeführt war, entsprach, hat er das älteste Denkmal einer protestantischen Kirche aufgerichtet.

DER DOM ZU KRAKAU.

Hierzu zwei Bildtafeln.)

Die älteste Kirche auf dem „Wawel" (Burgberg) zu Krakau ist — der Sage nach — von Miesco und seiner Gemahlin Dabrowka, des Böhmenkönigs Boleslaus Tochter, in der zweiten Hälfte des 10. Jahrhunderts gegründet und dem H. Wenczeslaus gewidmet worden. Sie ist 1025 abgebrannt und durch eine andere ersetzt worden, die bei dem Einfall der Ungarn 1080 zu Grunde ging. Danach führte Ladislaus Hermann eine neue Kirche auf, die unter Boleslaus 1120 eingeweiht wurde. Auffallender Weise sprechen die Berichte von einem zweiten Neubau von 1126, der durch Bischof Robert im J. 1143 eingeweiht worden. Einem von diesen beiden Neubauten, die wir uns wohl in Form von Basiliken frühromanischen Styls zu denken haben, gehört die noch bestehende Krypta an. Im J. 1158 gab Papst Lucius III. den H. Florian den Polen zum Landespatron und beschenkte sie mit den Reliquien desselben für den Dom zu Krakau. Der erste Polenfürst, der in diesem Dom seine ewige Ruhestatt gefunden, war Boleslaus der Gelockte, gest. 1173. Sein Nachfolger, Casimir, gest. 1194, ward neben ihm begraben. Als im J. 1230 der Thurm der Kirche mit Blei gedeckt werden sollte, brach in Folge von Nachlässigkeit der Arbeiter ein grosser Brand aus, der inzwischen nicht das ganze Gebäude zerstört haben wird, da 1240 ein neuer Fussboden gelegt worden. Dagegen legte es die grosse Feuersbrunst von 1306, die halb Krakau verheerte, ganz in Asche. — Unter Bischof Nanker im J. 1320 ward sodann ein neuer Dom aufgeführt, und gleichzeitig durch Ladislaus Krakau zur Krönungsstadt, der Dom zur Krönungs- und Begräbnissstätte der Polenkönige erkoren. Das Grabdenkmal dieses Königs ist das älteste der noch erhaltenen; der jetzige Dom ist im Wesentlichen der damalige Neubau. — Casimir d. Gr., der mit besonderer Vorliebe deutsche Bildung pflegte, und Künstler, Handwerker und Kaufleute aus Deutschland nach Polen zog, baute 1340 die Capelle von Mariä Himmelfahrt, an deren Stelle Sigismund I. seine Grabcapelle setzte und ausmalen liess. Die Einweihung des neuen Domes erfolgte im J. 1359 und K. Casimirs Tod 1370, aus welcher Zeit auch sein

*) Ich mache auf ein Prachtwerk von A. Essenwein aufmerksam: „Die mittelalterlichen Kunstdenkmale der Stadt Krakau", das demnächst erscheinen wird, und ausführliche Mittheilungen und grosse Abbildungen auch über den Dom enthält, die mir durch die Güte des Hrn. Vf. zur Benutzung zukommen gegeben worden.

Grabmal in einfach schöner Gothik stammt. — Im Jahr 1386 war der Dom der Schauplatz einer grossen Feierlichkeit: Ladislaus Jagello, der heidnische Fürst von Lithauen, der als Bewerber um die Hand Hedwigs, der Erbin von Polen, aufgetreten war (gegen Wilhelm von Oestreich), ward hier getauft, mit Hedwig vermählt und als König der Polen gekrönt.

Im J. 1399 starb Hedwig und ward im Dom begraben, der fortan für alle Glieder der königlichen Familie, sowie für die Bischöfe und Canonici Grabstätte wurde. 1473 erbaute Casimir II. für sich und seine Gemahlin Elisabeth von Oestreich die Heil. Kreuzcapelle als Grab-Capelle. 1520 liess Sigmund I. durch Maestro Bartolommeo di Firenze die Capelle der Jagellonen im Dom erbauen; desgleichen einen neuen Ciborien-Altar, der aber 1624 einem noch moderneren Geschmack weichen musste; auch liess er durch Hans Behaim von Nürnberg die grosse Sigmunds-Glocke giessen. Im J. 1670 erhielten die gothischen Fenster ihre Umwandlung und Vergrösserung. 1703 stürzte der nördliche Thurm ein und beschädigte die Gewölbe, wurde aber durch Bischof Lubienski wieder aufgebaut. 1715 ward der Chorumgang zur Höhe des Mittelschiffs emporgeführt, büsste aber dabei seinen Charakter ein. Gleichzeitig wurden fast alle Altäre im herrschenden Ungeschmack der Zeit erneuert. Im J. 1734 ward K. August III. im Dom gekrönt; und nach ihm kein Anderer mehr.

Die Domkirche zu Krakau bildet einen Theil der auf dem Schlossberge daselbst befindlichen Gebäude. Ihr Grundriss ist eine in hohem Grade unregelmässige Anlage, ohne feste, gerade Axe, sei's nach der Länge, oder nach der Breite; ebensowenig im Verhältniss des Langhauses zum Chor, noch der Seitenschiffe zum Mittelschiff; ist aber dennoch durch den bestimmt ausgesprochenen deutschen Styl, den die üppige Modernisirung nicht ganz hat überwuchern oder vertilgen können, unserer Beachtung werth, um so mehr, als er zu den Zeugen der Ausbreitung des germanischen Geistes nach Osten gezählt werden muss.

Der Grundriss zeigt die Eintheilung der Kirche, nach der Länge in drei Schiffe, mit ringsum angebauten Capellen; nach der Breite in Langhaus, Querschiff und Chor. Hier fällt nun zuerst das Missverhältniss des Langhauses (1) von 58 F. L. mit drei Jochen zum Chor (3) von 131 F. L. mit sieben Jochen auf, das seine Ursache in der Bestimmung des Domes bei seiner Erneuerung von 1320 bis 1359 als Krönungskirche haben mag, da für diese Feierlichkeit ein bedeutender Raum für die Geistlichkeit wie für die Umgebung des Königs erforderlich war. — Die Seitenschiffe (4) haben nicht die halbe Breite des Mittelschiffs, aber die gleiche Anzahl Joche; die Form derselben ist oblong, nur natürlich bei den schmälern Seitenschiffen mit den schmalen Seiten nach Osten und Westen, während die schmalen Seiten der Mittelschiffjoche nach Norden und Süden sehen. Je vier Pfeiler stehen zwischen dem Mittelschiff und den Seitenschiffen und tragen ihre Gewölbe. Das Querschiff (2) steht bereits in abweichender Axe gegen das Langhaus, hält aber sich nicht nur nicht an seine eigene Axe, sondern wird auch zugleich in der Richtung von Norden nach Süden beträchtlich enger (um 5 bis 6 F.), so dass für seine Joche an die Stelle der quadratischen oder oblongen

Basis die Trapezform treten musste. Die Axe des gleich dem Langhaus dreischiffigen Chors neigt sich noch mehr, als die des Querschiffs, gegen Süden. Da es einen grössern Quadratdurchmesser, als das Langhaus hat, konnten seine Seitenschiffe in das richtige Verhältniss zum Mittelschiff gebracht werden. Dieses tritt mit seiner, und zwar im rechten Winkel geschlossenen Ostseite über den gleichartigen Schluss der Seitenschiffe hinaus.

Die Pfeiler der Mittelschiffwand haben eigenthümlich, fast styllos gegliederte Sockel und sind selbst in ziemlich willkürlichen Formen profilirt (Taf. I. Fig. a); sie gehen ohne Kämpfer oder Capitäl in die Spitzbogen zwischen Mittelschiff und Seitenschiffen über und umrahmen sie mit den aus ihnen heraus sich lösenden Gliederungen. In gleicher Weise steigen, birnförmig profilirt, an der Innenseite die Gewölbträger empor und verzweigen sich in die Rippen der Gewölbe, nachdem sie über dem, oberhalb der Scheidebogen hinlaufenden Gesims, kleine Nischen mit Baldachinen für Heiligenstatuetten aufgenommen. Die Mittelschiffwand über den Arcaden zwischen den Gewölbträgern, nach der Norm der ältern Gothik ganz von den Fenstern eingenommen, hat hier nur in der Mitte ein schmales, die Hälfte der Höhe einnehmendes Fenster und neben sich zwei Nischen in Fensterform, um wenigstens den Schein der Erleichterung der Mauermasse zu retten.

An der Seite der Pfeiler gegen die Seitenschiffe tritt eine Eigenthümlichkeit hervor, die sich vielleicht ausschliesslich bei den Kirchen von Krakau findet. Das ist der rechtwinklige, an den Ecken abgefasste, sonst formlose Pfeilervorsprung, der — weil die Strebebogen-Construction vermieden ist — als Widerlager für den Gewölbedruck des Mittelschiffs dient (Taf. I. a. b). Von Pfeiler zu Pfeiler ist ein breiter Bogen, parallel mit dem Scheidebogen geschlagen. — Ebenfalls von eigenthümlicher Gestalt sind die Pfeiler der Vierung (Taf. I. Grundriss c. d), deren vielfache Gliederungen ebenfalls ohne Ruhepunkt in die Scheidebogen, und in die Gewölbrippen übergehen, und von denen die westlichen die Pfeilervorsprünge nach Art der Mittelschiffpfeiler haben, während an den östlichen wegen der grösseren Breite der Seitenschiffe des Chors noch eine besondere, gegliederte Vorlage angebracht ist.

Vom Chor, das eine Umwandlung im 18. Jahrhundert erlitten, sind aus alter Zeit nur noch die Pfeiler mit ihren Arcaden und die Gewölbe des Mittelschiffs und Chorabschlusses erhalten. Die Pfeilersockel sind höher, als im Langhaus und haben eine etwas abweichende Profilirung (Fig. b).

Von den an die Seitenschiffe anstossenden Capellen haben nur wenige noch ihre ursprüngliche Gestalt. Die bedeutendste ist die den rechtwinkligen östlichen Abschluss bildende „Königscapelle" (Grundriss 5), die bei mancherlei Veränderungen ihr schönes, sinnreich construirtes Gewölbe erhalten hat; sie hat eine Empor, zu welcher aus ihr eine Treppe führt, und stand ehedem mit dem Schloss in Verbindung. Essenwein a. a. O. bemerkt hierbei, dass die Auflösung des Chorschlusses und die Anlage der Schlusscapelle sich genau ebenso am Dom von Breslau befindet, und dass diese Uebereinstimmung schwerlich als eine zufällige aufgefasst werden könne. Auch die Seitencapelle (6) des Chors ist nebst ihrem Gewölbe im ursprünglichen Zustand erhalten; desgleichen die Sacristei an der Nordseite.

Thürme. An der Südseite des Langhauses steht ein Thurm (7), der theilweis noch dem ursprünglichen Bau angehört, und der zu beiden Seiten Capellen hat, die im Laufe des 14. Jahrhunderts gestiftet worden. An der Nordseite steht ein zweiter, etwas mächtigerer Thurm (8), aus dem 15. Jahrhundert, zum Theil eingebaut in das nördliche Seitenschiff, in seinen obern Abtheilungen nach einer starken Beschädigung von 1703 vollkommen modernisiert.

Heil. Kreuz-Capelle. An der Westseite der Kirche befinden sich noch zwei bedeutende Capellen aus älterer Zeit: zuerst die Heil. Kreuzcapelle, gestiftet 1471 von K. Casimir und seiner Gemahlin Elisabeth (9) mit drei Sterngewölben, die mit heiligen Gestalten in byzantinischem Styl ausgeführt sind, mit 2 Altarwerken von Handwerksarbeit des 15. Jahrhunderts, dem Grabdenkmal K. Casimirs von Veit Stoss (s. „Denkmale" Band VI, Bldn. p. 13) und seit 1745 dem Grabdenkmal K. Ladislaus II. Jagellos, das aus der Jagellonischen Capelle hierher versetzt worden. — In der nördlichen Ecke der Westseite ist die von der 1461 gestorbenen Königin Sophie erbaute Capelle, die ihre ursprüngliche Gestalt schon 1616 durch Bischof Tylicki verloren, und durch eine modern-gothische Restauration in neuester Zeit nicht, oder als Carricatur wieder erhalten hat (10). Zu den Grabmälern, die noch im alten Styl ausgeführt sind, gehört das des Königs Carl Albert vom J. 1501. Das schönste übrigens von allen Grabmälern des Doms ist das von K. Casimir dem Grossen. Es ist ein Sarkophag von rothem Marmor, über welchem ein Baldachin von weissem Sandstein gespannt ist. Die hier angewandte Gothik ist vom reinsten Styl; die Spitzbogen zwischen den Säulen sind mit ganzen und halben Vierpässen ausgefüllt. Am Sarkophag sind Leid tragende Bürger angebracht. Der König hat Scepter und Reichsapfel in den Händen und einen Löwen unter den Füssen. — Auch das Grabmal des K. Wladislaus mit trauernden Frauen an seinem Sarkophag ist von alter, einfacher Gothik. — In diesem Dom ist auch eine Capelle mit dem Christus von Thorwaldsen, und das Grabdenkmal des 1812 gestorbenen Wladimir Potocki, ebenfalls von Thorwaldsen.

Jagellonen-Capelle. Von den übrigen Capellen, die fast ohne Ausnahme der Macht der Modernisierung erlegen, erwähnen wir nur die von Bartolommeo di Firenze 1520 erbaute Capelle K. Sigmunds I., auch Jagellonen-Capelle genannt, als ein schönes Beispiel italienischer Renaissance (11).

Gruftkirche. Es bleibt uns nun noch übrig, in die Gruftkirche hinabzusteigen, die den Raum unter dem Mittelschiff des Langhauses einnimmt. Ihre rippenlosen Kreuzgewölbe werden von vier kleinen, nicht sehr starken Säulen mit einfachen Würfelcapitälen getragen. Obschon man die Basen nicht sehen kann, da sie unter dem Boden stehen, so erkennt man doch am Ganzen das Gepräge eines älteren Baues, als der gegenwärtige Dom ist, und muss darin den Rest eines frühern romanischen Gebäudes sehen, sei es der Krypta von 1120 oder von 1126, oder einer noch frühern. Fraglich bleibt dabei nur, wie die Krypta, deren traditionelle Stelle zu der Ostseite ist, zu das Westende der Kirche gerathen sein könne? Einer Ausdehnung der ältern Kirche gegen Westen (so dass das jetzige Langhaus die Ostseite abgegeben), widerspricht das abschüssige Terrain vor der Westseite; eine Annahme zweier Chöre und Krypten in Osten und Westen hat nichts gegen sich, als den gänzlichen Mangel einer Nachricht darüber; obwohl derselbe ersetzt werden könnte durch die Thatsache, dass der älteste Dom dem H. Wenceslaus gewidmet war, und dass ihm später die Reliquien des H. Florian, als polnischen Landespatrones von Papst Lucian III. verehrt worden. Sehr häufig war die Schenkung oder Erwerbung eines zweiten heiligen Leichnams die Veranlassung zum Bau einer westlichen Krypta. Inzwischen steht uns noch eine dritte Erklärung offen, wenn wir an die Beziehungen zwischen Krakau und Breslau denken, und uns erinnern, dass die dortige H. Kreuzkirche (s. „Denkmale" Bd. VI.) eine unterirdische Kirche im ganzen Umfang der Oberkirche hat. So wäre wohl möglich, dass eine ähnliche Anlage des Domes zu Krakau früher bestanden, davon man bei der Erweiterung desselben zur Krönungskirche nur die westliche Abtheilung übrig gelassen hätte.

Was die Aussenseite des Domes betrifft, so ist sie durch die vielen Restaurationen und Zusätze aus der Zeit des 16., 17., 18. und 19. Jahrhunderts derart entstellt, dass man mit Mühe darin ein deutsches Baudenkmal des Mittelalters erkennt. Ich habe deshalb vorgezogen, eine Abbildung Essenweins nach der auf Grund genauer Studien gemachten Herstellung der ursprünglichen Gestalt des Domes zu geben (Taf. 2), bei welcher vielleicht die Gleichartigkeit der angebauten Capellen in Frage zu stellen wäre. Für den sehr eigenthümlichen obern Abschluss des südlichen Thurmes hat Essenwein — und gewiss mit Recht — die Anordnung, namentlich des Kranzes von Eckthürmchen, von der fast gleichzeitigen Katharinenkirche zu Krakau genommen. Deutlich aber spricht aus dem Gesammtbau der Charakter deutscher Baukunst, wie denn alle oder fast alle Kunstthätigkeit in Polen bis ins 16. Jahrhundert von Deutschen (Veit Stoss, Joh. Welke, M. Süss etc.) ausgeübt wurde (s. auch „Denkmale" Bd. VI; vornehmlich das Verzeichniss der Maurer, Steinmetzen, Maler, Goldschmitzer, Goldschläger, Sticker und Erzgiesser bei Essenwein a. a. O. p. XX ff.).

Die charakteristischen architektonischen Merkmale, die wir am Dom wahrgenommen, theilt derselbe — unter mässigen Modificationen — mit vier andern Kirchen Krakaus aus dem 14. und 15. Jahrhundert, die sich von ihm wesentlich nur durch das Baumaterial unterscheiden, da sie aus Backsteinen erbaut sind, während der Dom durchaus in Haussteinen aufgemauert ist. Diese vier Kirchen sind die Marien-, die Katharinen-, die Corpus Christi- und die Dominicaner-Kirche; letztere mit einem Kreuzgang, der im J. 1859 restauriert werden sollte. Ausserdem hat auch die Augustinerkirche einen Kreuzgang, so wie die Franciscanerkirche. Das Material ist durchgängig: Backsteine mit Bruchsteinen in Verbindung. Sämmtliche Kirchen in Krakau, die aus dem 14. Jahrhundert stammen, zeichnen sich aus durch sehr schlanke Verhältnisse, schmale, hohe Fenster, ausnehmend schöne und hohe Gewölbe, deutsche Profilierung der Rippen, jedoch ohne die Birnform, aber in Sternform verbunden. Von ganz besonderer Reinheit der Form sind die Dienste und Fialen in der Katharinenkirche;

doch haben die Pfeiler keinen Capitälabschluss. — Dagegen ist die S. Florianskirche ein Bauwerk verunstalteter Gothik; wichtig nur durch einige bedeutende Altartafeln mit den Geschichten Johannis des Täufers und Johannis des Evangelisten von einem oberdeutschen, vielleicht Augsburger Meister aus dem ersten Jahrzehnt des 16. Jahrh., so vollkommen in Zeichnung, Darstellung, Anordnung und Ausführung, dass sie des H. Holbein nicht unwürdig wären.

DIE KATHEDRALKIRCHE VON ZIPS
IN UNGARN.

Hiezu zwei Bildtafeln.*)

Zips ist eine Gespanschaft im ungarischen Kreise diesseit der Theiss in den Karpathen. In der Nähe von Kirchdrauf liegt Zipserhaus, der Hauptort einer Herrschaft mit einem Bergschloss auf hohem Felsen. Hier steht die Kirche St. Martin, die Kathedrale des Bischofs zu Zips, ein denkwürdiges Werk altdeutscher Baukunst, und zwar theils romanischen, theils germanischen Styls.

Die früheste erhaltene Urkunde über die Kathedrale ist die einer Schenkung des K. Andreas II. vom J. 1209, in welcher ein „Zipser Probst Adolphus" genannt und damit der Bestand des Capitels und der Kirche nothwendig vorausgesetzt wird. — 1241 erfuhr die Gegend den verheerenden Einfall der Mongolen, bei welchem die Kathedrale grossentheils zerstört worden sein mag. Die von dem Probst Matthias, der von 1239 bis 1248 regierte, vorgenommene Restauration wird sich, bei der bedeutenden Schwächung des Capitels, auf Herstellung der Kirche im alten Umfang beschränkt haben. Eine vom König Andreas III. im J. 1290 ausgestellte Urkunde besagt sodann, dass die Zipser Kathedrale von den Kumanen und Neugaren beraubt und die Urkunden des Capitels von den Hufen der Rosse zertreten worden seien; von einer Beschädigung des Gebäudes ist dabei nicht die Rede.

Dieses hatte sich nachgerade als zu beengt erwiesen; allein es fehlten zur Erweiterung immer die Mittel, bis sie durch ein Vermächtniss des frühern Probstes, nachmaligen Graner Erzbischofs, Georg von Palocz, gewonnen worden waren; so dass der Bau von dem Probste Johann Stock im J. 1462 in Angriff genommen werden konnte. Der alte Chor wurde abgebrochen und durch einen neuen geräumigen ersetzt. Aber 1464 nach des genannten Probstes Tode kam der Bau ins Stocken, da der Nachfolger Probst Caspar Back von Berent, sich zur Vollendung seiner Studien nach Bologna begeben hatte. Im J. 1472 wurden die Mauern unter Dach gebracht, und die Gewölbe und Fenster bis zum Jahr 1478 soweit hergestellt, dass die Einweihung am 25. October dieses Jahres erfolgen konnte. Einiges mag noch nach der Zeit am Bau geschehen sein; denn ein Schlussstein im nördlichen Seitenschiffgewölbe trägt eine eiserne Platte mit der Jahrzahl 1497.

In dieselbe Zeit fällt die Erweiterung der Kirche an der Südseite, durch die Fronleichnams-Capelle, die der Zipser Erbgraf Stephan Zápolya als seine und der Seinen

---

*) Der besonderen Gefälligkeit der k. k. Centralcommission zur Erforschung und Erhaltung der Baudenkmale der österr. Monarchie verdanke ich die beigegebenen Abbildungen, wofür ich hier meinen verbindlichsten Dank ausspreche.

Begräbnissstätte erbauen liess, und in der er nach seinem Tode 1498 beigesetzt worden, wobei jedoch zu bemerken, dass die Schenkungs-Urkunde seiner Wittwe und ihren beiden Söhnen erst am 10. Jan. 1510 ausgestellt worden.

Neues ist seitdem nicht hinzugekommen, ausser der Sacristei an der Nordseite des Chors, einem Anbau aus dem Ende des 17. oder vom Anfang des 18. Jahrhunderts.

Der Grundriss (Taf. 2. A) zeigt uns sogleich, dass wir nicht eine einheitliche Anlage vor uns haben: der ältere, durch schwächere Schraffierungen bezeichnete Theil unterscheidet sich deutlich von den spätern Erweiterungen und Anbauten.

Es ist der Rest der alten romanischen Kirche, den wir an der Westseite des Gebäudes vor uns haben, und der uns einen Begriff von der Beschränktheit dieser „Kathedrale" gibt. Wohl hatte ihr Langhaus drei Schiffe (s); aber von so engen Verhältnissen, dass sie kaum das Ansehen einer Capelle gehabt haben kann. (Das Mittelschiff ist 17 F., jedes der Seitenschiffe 9 F. breit.) Das Querschiff mit seinen 3 Quadraten (r) trat nur um ein Geringes an der Nord- und Südseite vor; der Chor mit einem gleichen Quadrat (t) wird bis an den Anfang des jetzigen gereicht, und nur noch eine kleine halbkreisrunde Absis gehabt haben, so dass die ganze Kirche bei einer Breite von 60 F. im Querschiff ungefähr 78 F. lang gewesen sein mag. Die Pfeiler sind aus dem Quadrat construiert und haben an den vier Seiten starke Halbsäulen, und an den rechtwinklig abgekanteten Ecken Dreiviertel-Rundstäbe; nur das westlichste Pfeilerpaar hat an deren Stelle blos im Rechteck abgestumpfte Kanten (Taf. 2. Fig. C). Die Säulenbasen haben die attische Gliederung mit einer sehr schmalen Hohlkehle, feinem Reifchen und einem überquellenden unteren Wulst oder Pfühl mit massiven Eckdeckblättern. Die gleiche Gliederung setzt sich auch an den Basen der Dreiviertelrundstäbe und der vorspringenden Ecken fort. Der ganze Pfeilerfuss steht auf einem niedrigen, mittelst einer Abschrägung nach unten verstärkten Sockel, der sich nach der Gliederung des Pfeilers profiliert. — Ein Unterschied besteht übrigens zwischen den zwei westlichen Pfeilerpaaren und dem nachstfolgenden (Taf. 2. Grundriss, A. w.), indem hier bei der Weiterführung des Baues die Gliederung der Pfeiler an zwei Seiten weggehauen und in glatte Flächen verwandelt worden.

Die innern Halbsäulen des Pfeilerpaares v steigen ohne Unterbrechung empor und gehen in die Gewölbrippen über (Taf. 2. Fig. B). An der Arcadenseite steigen sie nur 20 F. empor und werden da mit einem Knospencapitäl bekrönt, auf dem ehedem der Arcadenbogen ruhte, und von dem aus gegenwärtig der Träger des Spitzbogens senkrecht aufsteigt.

Anders verhält es sich in dem unverändert erhaltenen westlichen Theil der Kirche, deren Pfeiler vom Sockel bis zur Deckplatte des Capitals nur 14 F. hoch sind. Im ersten Joch beträgt die Zwischenweite von Osten nach Westen 14 F., im zweiten 12½ F., so dass die verbindenden Arcaden bei gleicher Höhe verschiedene Form erhalten, die westlichsten spitzbogig werden mussten. Ihre niedrigen Masse sind bestimmt durch eine über ihnen angebrachte Empor, die, durch die frühere Einrichtung der Kathedrale bedingt, den ganzen westlichen Raum bei der Erweiterung der Kirche zu einer Vorhalle gemacht hat. (S. Taf. 2 Fig. B.)

Den Pfeilern gegenüber entsprechen an den Wänden ähnlich geformte Pilaster, mit Sockel, Halbsäule und Capitäl als Gewölbträger. Die Gewölbgurte sind flach, an den Kanten rechtwinkelig; auch die Gewölbrippen sind viereckig, an den Kanten mit schwachen Kehlen abgefast. Die zwei äussern Halbsäulen an den Pfeilern der Empor entsprechen den Halbsäulen der bei der Erweiterung zerstörten Arcaden (Fig. B) und tragen hohe, flache Pilaster, die Träger der Gewölbe des Neubaues. Sie sind aber wie die übrigen Halbsäulen der Pfeiler die Zeugnisse, dass das Mittelschiff durch Gewölbe und nicht durch eine flache Decke geschlossen war, die solcher Halbsäulen nicht bedurft haben würde.

Bevor wir zur Betrachtung des Neubaues übergehen, wollen wir uns noch die Reste des romanischen Baues von aussen ansehen (Taf. 1). In gleicher Linie mit der Westfronte, zu beiden Seiten der Mittelschiffmauer und des Hauptportals stehen zwei grosse viereckige Glockenthürme von gleicher Höhe (68¾ F. bis zum Fuss der Pyramide) und von etwas ungleicher Breite, der nördliche von 19 F. 10 Z., der südliche von 18 F. 6 Z. Der südliche ist 3 Stockwerke hoch, von denen das mittlere etwas höher, das obere halb so hoch, als das untere ist; der nördliche hat 4 Stockwerke, indem die mittlere Abtheilung wieder in zwei ungleiche Hälften getheilt ist. Die Abtheilung in Stockwerke ist durch spitzbogige Bogenfriese mit dem deutschen Band und Gesimsen bezeichnet; die Ecken der Thürme sind durch Lessinen verstärkt. In die untern Stockwerke wird das Licht durch schmale, selbst kleine Rundbogenfenster eingelassen; die beiden obern Stockwerke des nördlichen und das oberste des südlichen Thurmes haben gekuppelte Rundbogenfenster mit Zwergsäulen. Die Bekrönung der Thürme ist auf Rechnung einer spätern Zeit zu schreiben, der es um den Zusammenhang und um Uebereinstimmung des Alten mit dem Neuen nicht zu thun war. Von der Plattform eines jeden Thurmes steigt eine achtseitige massive Pyramide von 50½ F. Höhe empor, so dass die Gesammthöhe eines Thurmes 119 F. erhält.

Zwischen beiden Thürmen liegt das Hauptportal; es tritt nicht vor die Mauer vor und hat keine Ueberdachung. Die Laibung stuft sich nach innen durch 3 rechtwinklig geformte Pfeilerecken ab, zwischen denen zu jeden Seiten zwei Säulen stehen, mit attischen Basen, gegliederten Sockeln, Knospencapitälen und abgerundeten Deckplatten darüber. Die Gliederung der Laibung setzt sich in den Rundbogen fort, die das Portal nach oben schliessen, und einen glatten Thürsturz einschliessen, der in neuer Zeit bemalt worden ist. In ähnlichen Formen, nur schmaler und kleiner, ist ein Seitenportal an der Nordseite angebracht (Taf. 2. Grundriss x und Fig. E).

Sämmtliche Formen dieses ältern Theiles der Zipser Kathedrale entsprechen denen, die in Deutschland zu Ende des 12. und zu Anfang des 13. Jahrhunderts üblich waren und den Uebergang bilden zu dem gothischen Styl. Namentlich tritt dieser Uebergangsstyl an den niedrigen Hohlkehlen der Säulenbasen, an den kelchartigen Capitalen mit zusammengerollten Blattspitzen (Kelchcapitälen) und an dem hie und da angewendeten Spitzbogen hervor; so dass wir dafür die Zeit vor dem Probst Adolphus und die durch Probst Matthias vorgenommene Restauration annehmen können. Dieser letztern gehören namentlich die durchaus gleichförmi-

gen Capitäle, die Gewölbe der Empor und die Thürme an. Die Arbeit der Steinmetzen zeigt
geübte Hände, wenn auch noch nicht vollkommenes Verständniss der Ornamente.

Gothischer Theil.

Gehen wir nun zu dem gothischen Bau über, den 1462 Probst Johannes Stock
begonnen, so belehrt uns der Grundriss Taf. 2, dass er sich zunächst auf die Vergrösserung
des Chors bezogen hat, durch welche eine Veränderung des Langhauses nothwendig wurde.
Die Höhe des Mittelschiffes von 29½ F. konnte nicht genügen bei einer Längenausdehnung
des Gebäudes von 136 F. (mit den Mauern). Allerdings gewann man für die 3 Schiffe des
Langhauses nur 2 Joche, mit denen die 2 Joche des alten Baues nebst der Empor in keinen
architektonisch wirksamen Zusammenhang treten konnten, wie Fig. B auf Taf. 2 zeigt. Man
betrachte nur die Arcaden des Mittelschiffs. Aber man gewann durch Erhöhung der Seitenschiffe zur Höhe des Mittelschiffes eine Hallenkirche. Wohl sind an der Chorwand die Bögen
unmittelbar in die Mauer eingelassen; aber an den Mittelpfeilern sind sie ohne rechte Verbindung mit deren Masse, indem sie mit ihren Schenkeln in die äussern Pfeilerglieder scharf
einschneiden. Sie reichen nahezu bis an die Schildbögen der Wölbung und haben flache
Laibungen. Die Arcaden nächst dem Chor sind gedrückte Spitzbogen; die andern nächst der
Empor unvollständige Rundbogen. Das Gewölbe des Mittelschiffs hat ein rautenförmiges Netz-
werk mit stark vortretenden, gekehlten Rippen (Taf. 2. Fig. D). Die scheinbar für einen
stumpfen Spitzbogen berechneten Quergurte brechen, wo sie sich in das Rautennetz vertheilen, plötzlich in einen spitzigen Bogen um, so dass die beiden Hälften der obern Kappen
nach der Länge der Kirche in einem scharfen Grate zusammen stossen. (S. den Grundriss
auf Taf. 2.) Die Sterngewölbe der Seitenschiffe sind leichter; nur gehen ihre Rippen in den
Ecken so tief herunter, dass sie das Gepräge constructiver Gewölbtheile verlieren.

Der Chor steht mit dem Mittelschiff durch einen hohen Spitzbogen mit flacher, nur
an den Kanten abgefas'ter Laibung in Verbindung, der auf 2 starken, viereckten, bis zur Mitte
der Höhe freien Pfeilern ruht. Zu beiden Seiten derselben sind schmale Durchgänge (von
6. F. 6. Z.), deren Ueberdeckung sich mit einem Viertelkreis an den Pfeiler anlehnt. Der
Chor hat eine Stufe am Eingang und deren zwei in der Mitte. Er ist mit 3 Seiten eines
Achtecks abgeschlossen und hat 5 Fenster, davon 3 an der Südseite. Sie sind dreitheilig, hoch
und haben in ihrer bis nahe an's Gewölbe reichenden Spitze feines Maasswerk. Die Gewölbe
ähneln denen des Mittelschiffs; sie ruhen auf Diensten ohne Capitäle und ohne Basen, da sie
nur bis zum Anfang der Fenster hinabreichen.

Frohnleichnams-capelle.

Die Fronleichnamscapelle (Taf. 2. Grundriss F) wurde in der Art an die Südseite der Kirche angebaut, dass dieser ihre Mauer genommen und durch einen Pfeiler mit 2
hohen Arcaden, jedoch (da der Pfeiler sich nach den Pfeilern des Mittelschiffs richten musste)
von ungleicher Spannung ersetzt wurde. Der Pfeiler ist achteckig; seine Seiten sind mit
breiten Hohlkehlen versehen; nur gegen das Mittelschiff und gegen die Capelle hat er eine
auf einem dreigegliederten, ausgekehlten Sockel stehende Dreiviertelsäule. Aehnlich sind auch
die Dienste der Capelle geformt; nur dass sie glatte Flächen ohne Hohlkehlen und an den
Kanten Rundstäbe haben. Die Gliederung der Pfeiler und Dienste setzt sich in die Bögen

und Gewölbe fort, deren Rippen aber noch eine zur Birnform neigende Spitze erhalten haben. In der Mitte der Pfeiler sind Nischen angebracht für Statuen. Die ganze Höhe der Capelle beträgt 40 F., die Breite 24 F., die Länge 55 F.

Die Gewölbrippen ruhen gegen Norden nicht auf dem Pfeiler, sondern auf der Mitte der Arcaden, wo grosse Masken Widerlalter bilden. Die 7 hohen, breiten Fenster sind (mit Ausnahme des westlichsten viertheiligen) dreitheilig, haben gefälliges spätgothisches Masswerk, und vielfach gegliederte, aussen und innen gleiche Leibungen.

Gegen Westen ist noch ein kleiner Anbau aufgeführt, mit einer offnen Empor, zierlichem Steingeländer und leichtem Sterngewölbe.

Ungeachtet ihrer späten Erbauungszeit gehört die Fronleichnamscapelle zu den rühmenswerthen Werken der Gothik und bildet, nebst den romanischen Ueberresten, den schönsten Theil der Zipser Kathedrale (s. Bildtafel I). Ihre Hauptwirkung ruht in dem wohlthuenden Verhältniss der Massen, des kräftigen Unterbaues, der imposanten und doch leichten Fenster, der starken, einsichtig gegliederten Strebepfeiler und des hohen Daches. Auch trägt unverkennbar der westliche Emporbau mit seiner grossen Mauerfläche dazu bei, ein richtiges Verhältniss der Länge zur Höhe herzustellen.

Die Fronleichnamscapelle ist ganz aus Sandsteinquadern erbaut (die übrigen Theile der Kathedrale haben nur an den Ecken, Gesimsen und Fenstereinfassungen Quadersteine, die romanischen von Kalkstein, die gothischen von Sandstein, sind aber sonst von Bruchsteinen aufgemauert). Der Sockel schliesst mit einem feinprofilierten Gesims, dessen Rundstäbe sich über Mauer und Strebepfeiler hinziehen, und selbst noch den Emporbau berühren. Eine ganz besondere Sorgfalt hat der Baumeister den Strebepfeilern gewidmet. Vom Sockelgesims bis zum Fuss der Fenster lässt er sie einfach, ohne Ornament und Gliederung, in Uebereinstimmung mit der Mauerfläche. Ganz im alten Styl steigen sie rechteckig, ohne Versetzung auf und werden durch ein Gesims mit Wasserschlag und tief unterhöhlter Hohlkehle begrenzt. Ueber diesem zählen wir noch vier Abtheilungen der Strebepfeiler, die bis zur Spitze, den rechten Winkel ohne Versetzung beibehalten. Die Flächen der nächsten Abtheilung sind mit Blendmasswerk besetzt, und schliessen mit einem Gesims, dessen unterer Rundstab an den Enden gekreuzt ist. Darüber verzweigt sich der Strebepfeiler in eine vordere und eine hintere Fiale; die vordere, niedrigere erreicht mit ihrer Pyramide die Höhe des Fensterbogens; die hintere theilt sich in der Höhe des Hauptgesimses noch einmal, indem sie die vordere Fläche noch mit einem Giebel und einer Pyramide bekrönt, den Hauptkörper aber noch höher aufschiessen lässt und mit einer kräftigen Pyramide endigt. Krabben und Kreuzblumen haben nicht die feine Durchbildung, die der Styl verlangt; doch stören ihre Fehler den Gesammteindruck nicht. Eher vermisst man jene Verbindung zwischen den Pfeilern und der Mauermasse, die die ältere Gothik immer durch Zwischenglieder herzustellen gewusst hat; auch ist die Ungleichheit der Zwischenweiten zwischen den Strebepfeilern — sie differiren von 9′ 4″ bis zu 10′ 7″ — ein wirklicher Fehler. Diess abgerechnet muss man dem Baumeister nachrühmen, dass er eine grosse Einsicht in den Styl gezeigt und namentlich die Aussetzung desselben, wie sie seiner Zeit ganz allgemein war, glücklich vermieden hat. Das hohe Satteldach ist mit bunten, glasirten Ziegeln gedeckt, die ein rautenförmiges Muster bilden; auch der Emporbau hat ein solches Dach.

Die innere Einrichtung der Kirche stammt grösstentheils aus dem 16. und 17. Jahrhundert; nur am Hochaltar, der die ganze Breite des Chors einnimmt, sind noch einige Reste aus gothischer Zeit erhalten, die sich neben den Roccoco-Säulen, Gesimsen und Consolen fremdartig genug ausnehmen. Auch an den Chorstühlen ist die Gothik noch wiederzuerkennen, doch schon mit Unterordnung unter die Renaissance. Noch stehen 3 andere s. g. Gottesschreine mit geschnitzten Figuren und gothischen Umrahmungen in der Kirche; doch reichen sie über geschickte Handwerksarbeit nicht hinaus.

Dagegen erfreut sich die Kirche eines — erst kürzlich unter der Tünche wieder hervorgearbeiteten — Denkmals der Malerei vom Anfang des 14. Jahrhunderts. Es ist ungefähr 12 F. lang und 6. F. hoch. In der Mitte thront die H. Jungfrau mit dem Jesuskinde auf ihrem Schosse. Zu ihrer Rechten kniet König Karl Robert im Waffenrock und Mantel, mit gefalteten Händen; hinter ihm sein Waffenträger mit blankem Schwert. Zur Linken kniet ein Bischof, die Königskrone in der Hand, und hinter ihm ein Geistlicher niedern Ranges, mit dem Reichsapfel. Das Gemälde ist in einem einfachen, grossen, idealen Styl gehalten und mit einer Geschicklichkeit in Fresco ausgeführt, die auf einen geübten Meister hinweist. Einer Inschrift nach, die über dem Bischof steht, ist das Gemälde von diesem, dem „Praepositus Henricus," nachmals Bischof von Veszprim und Kanzler der Königin, im J. 1317 gestiftet worden.

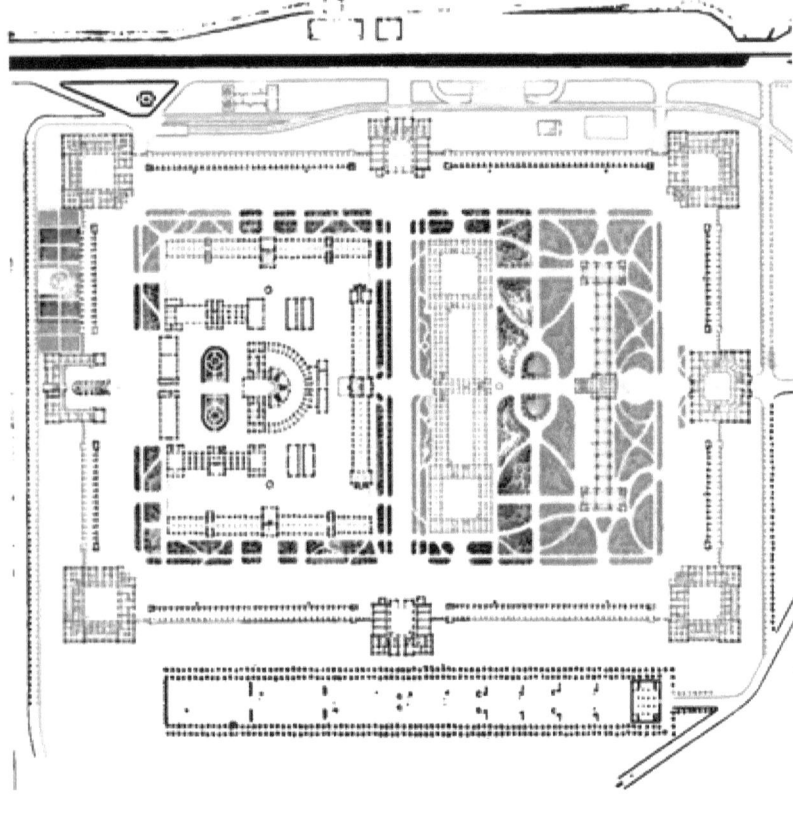

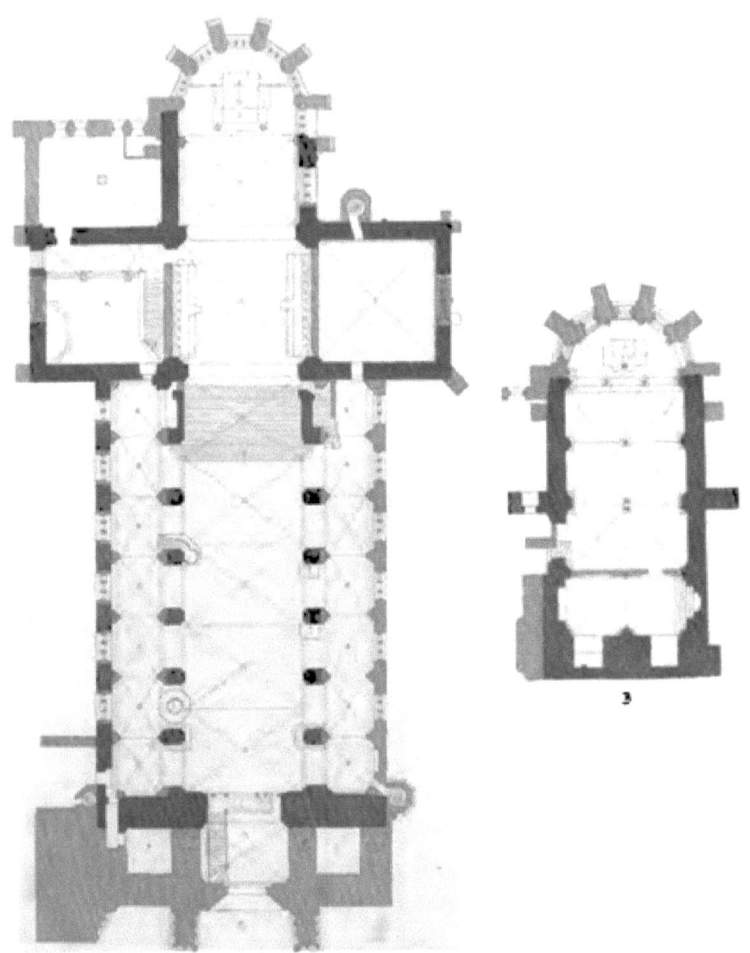

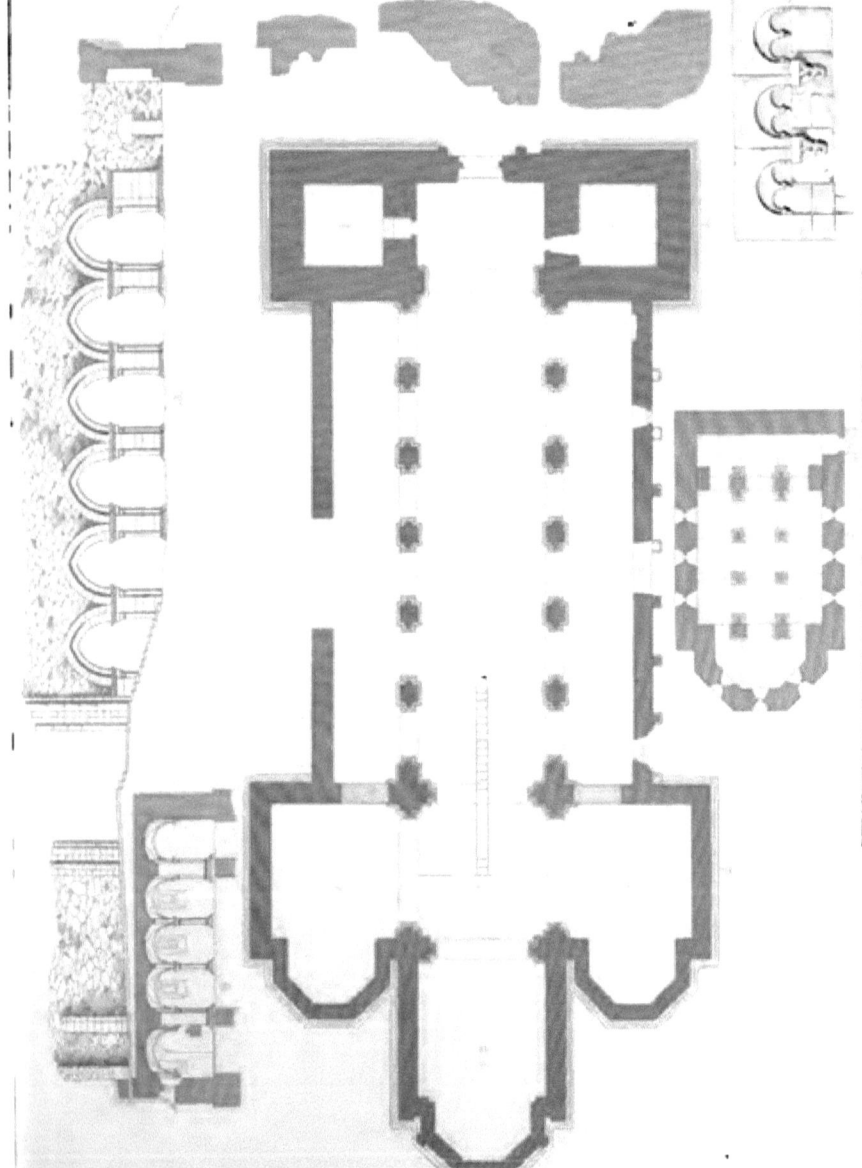

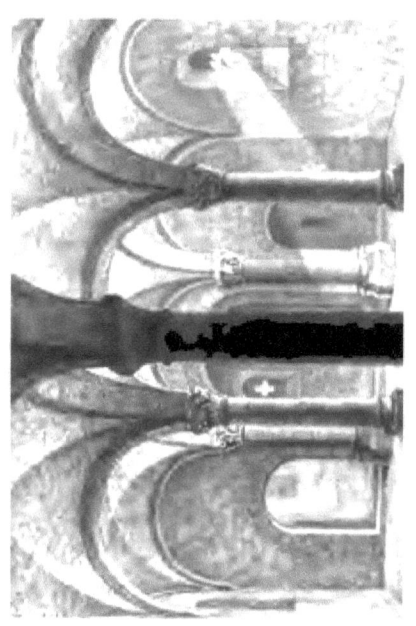

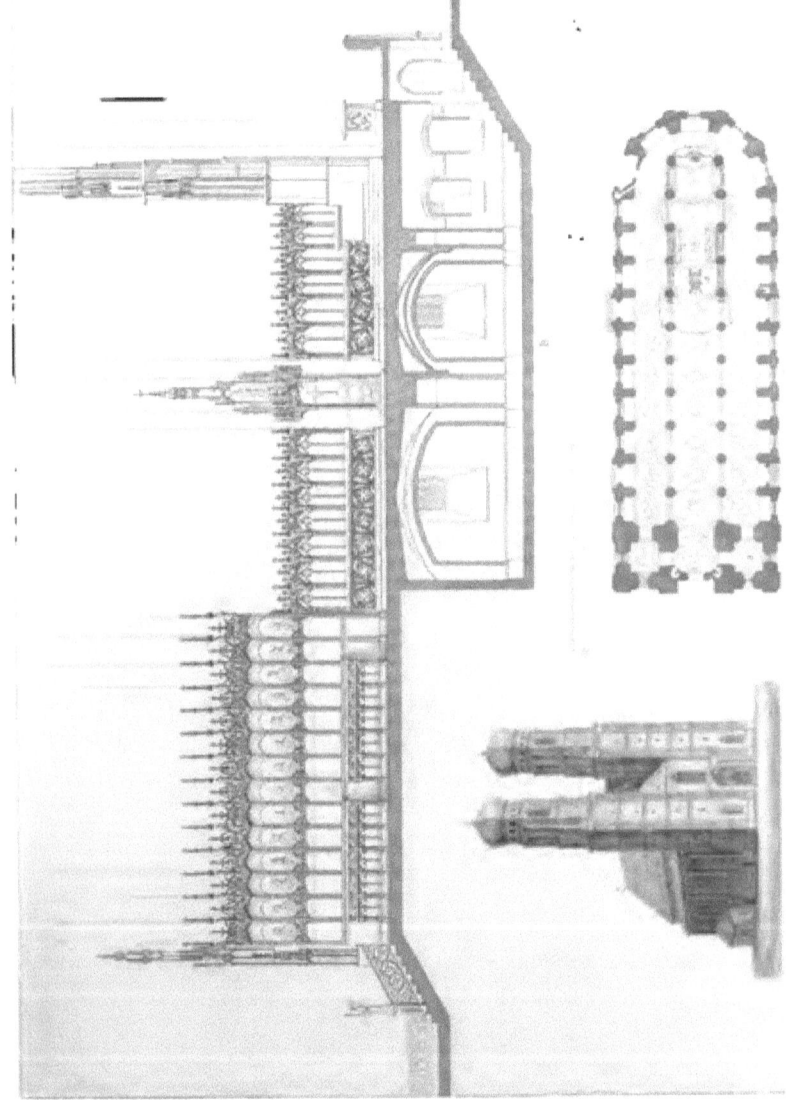

i

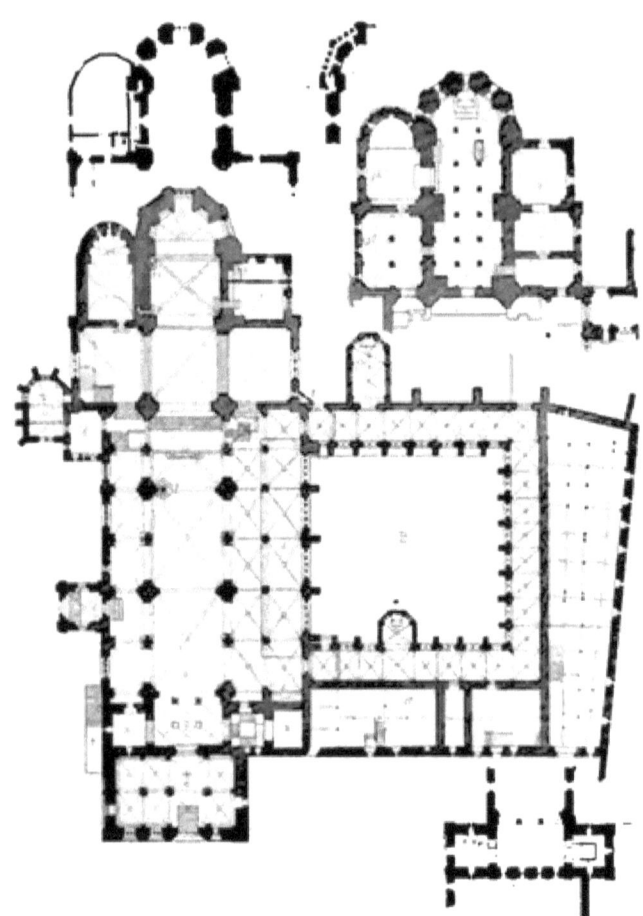

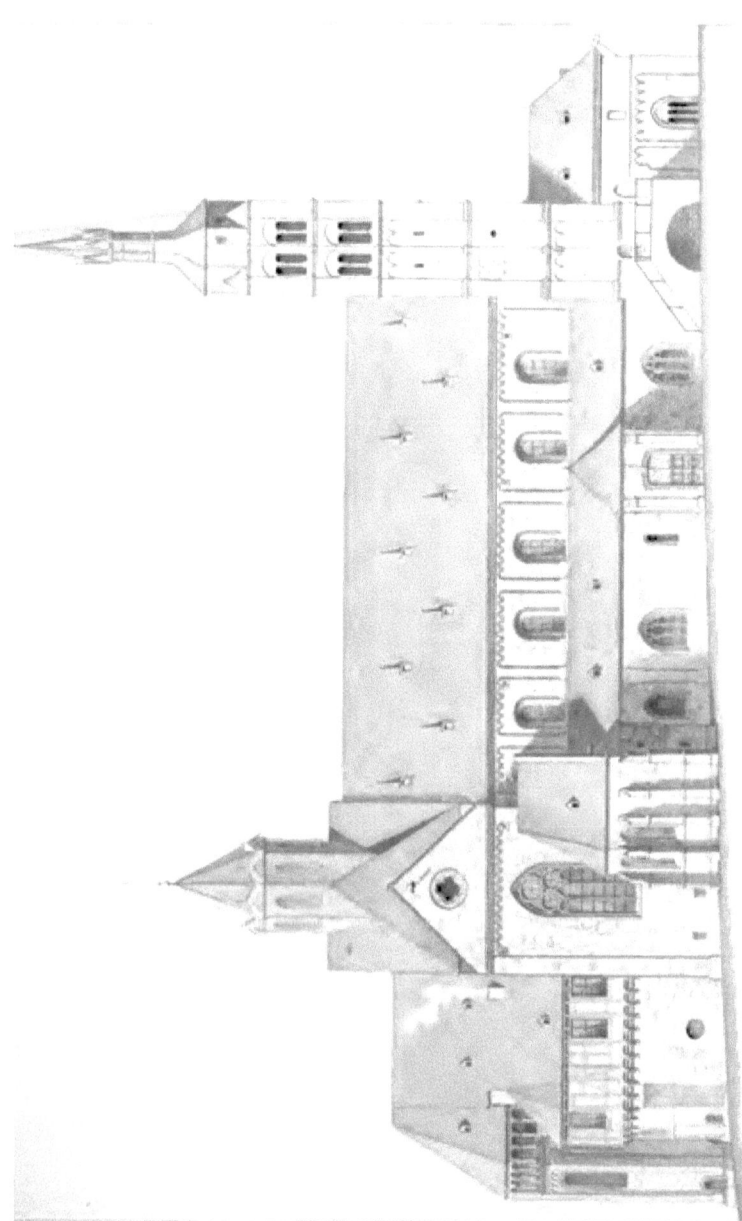

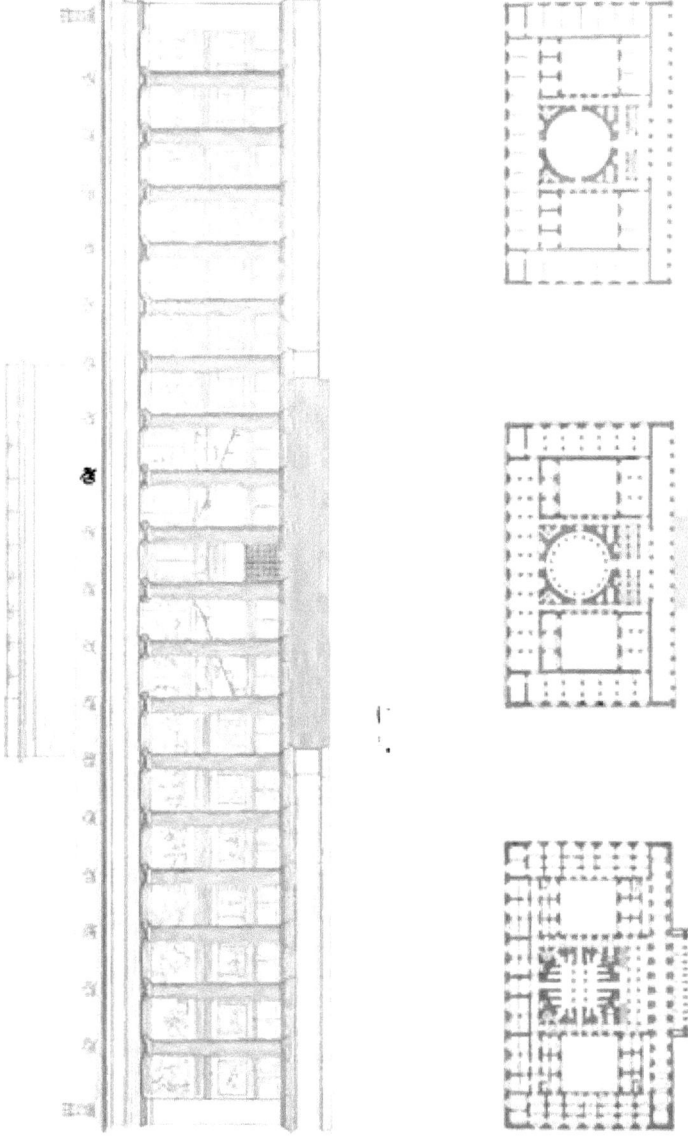

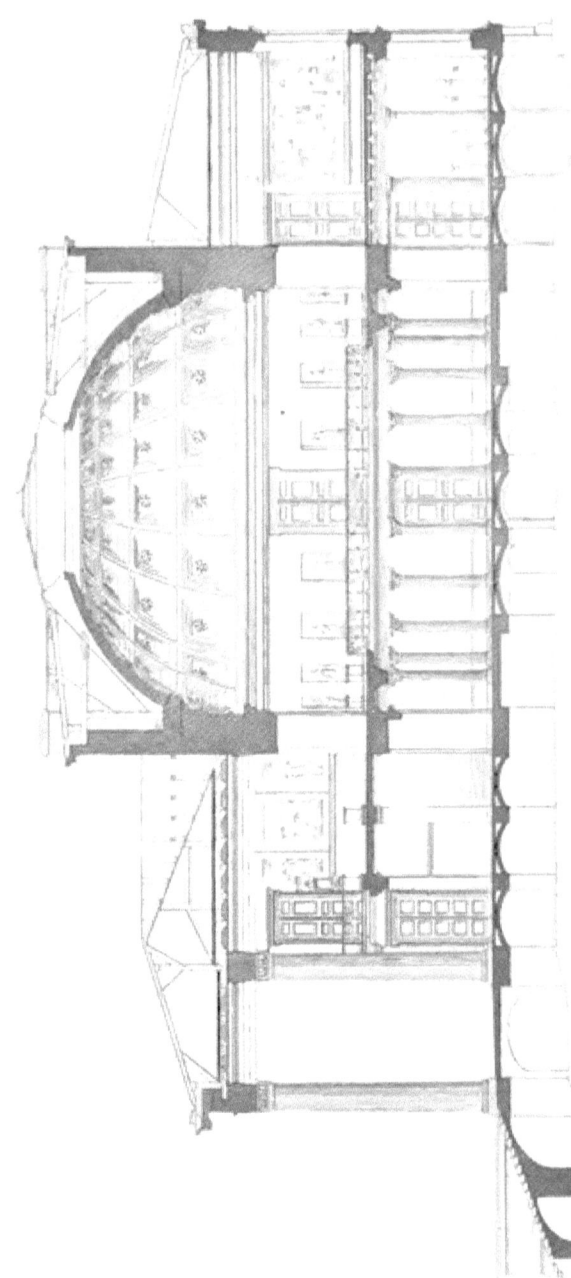

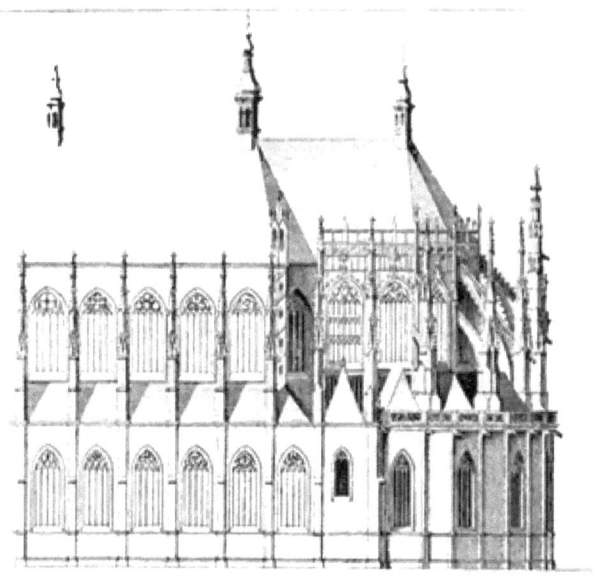
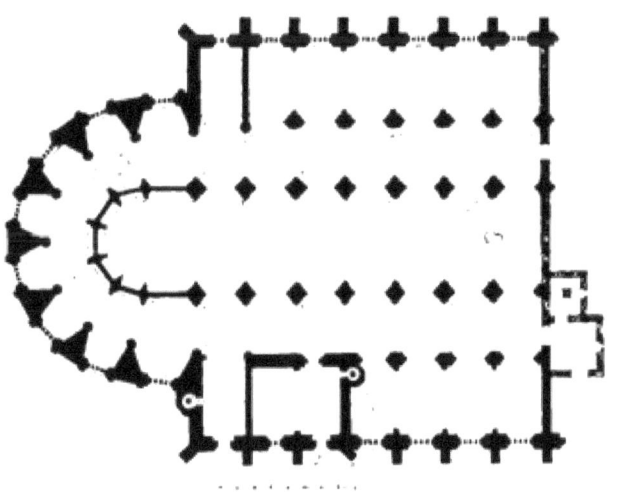

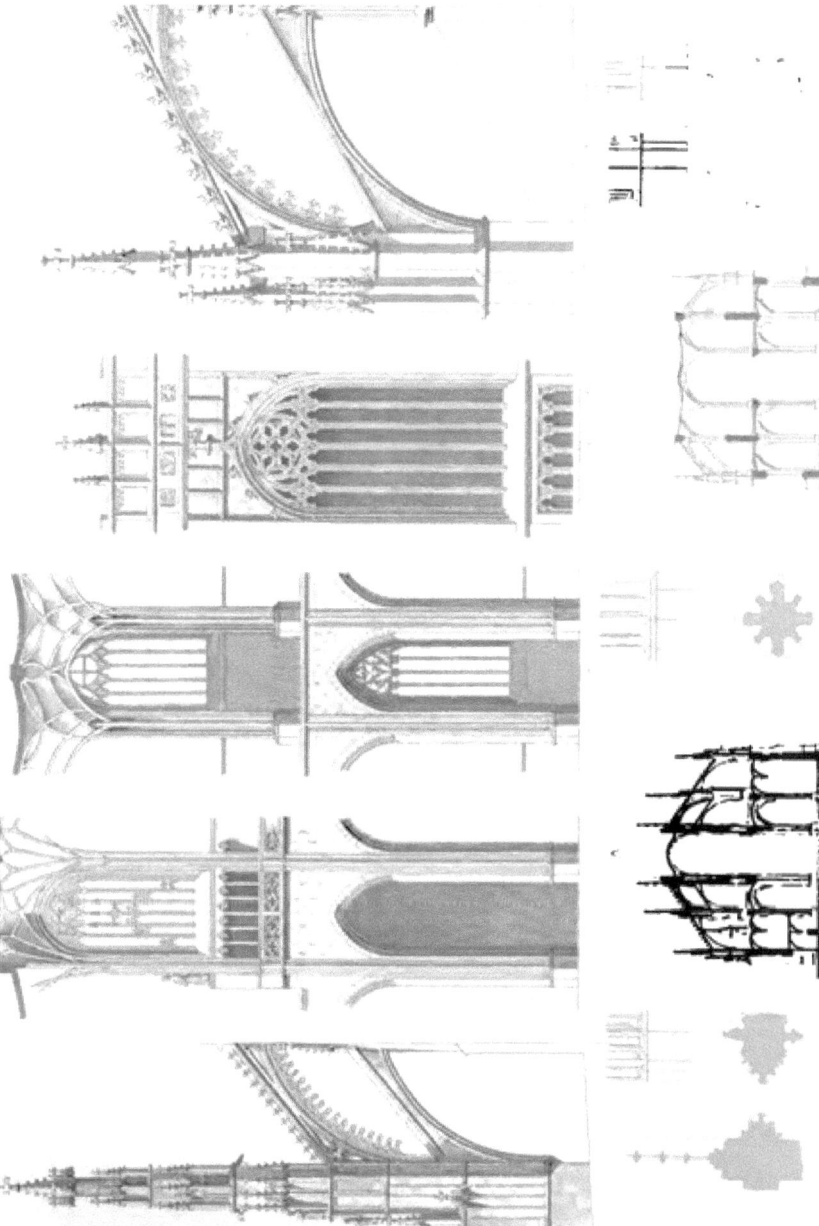

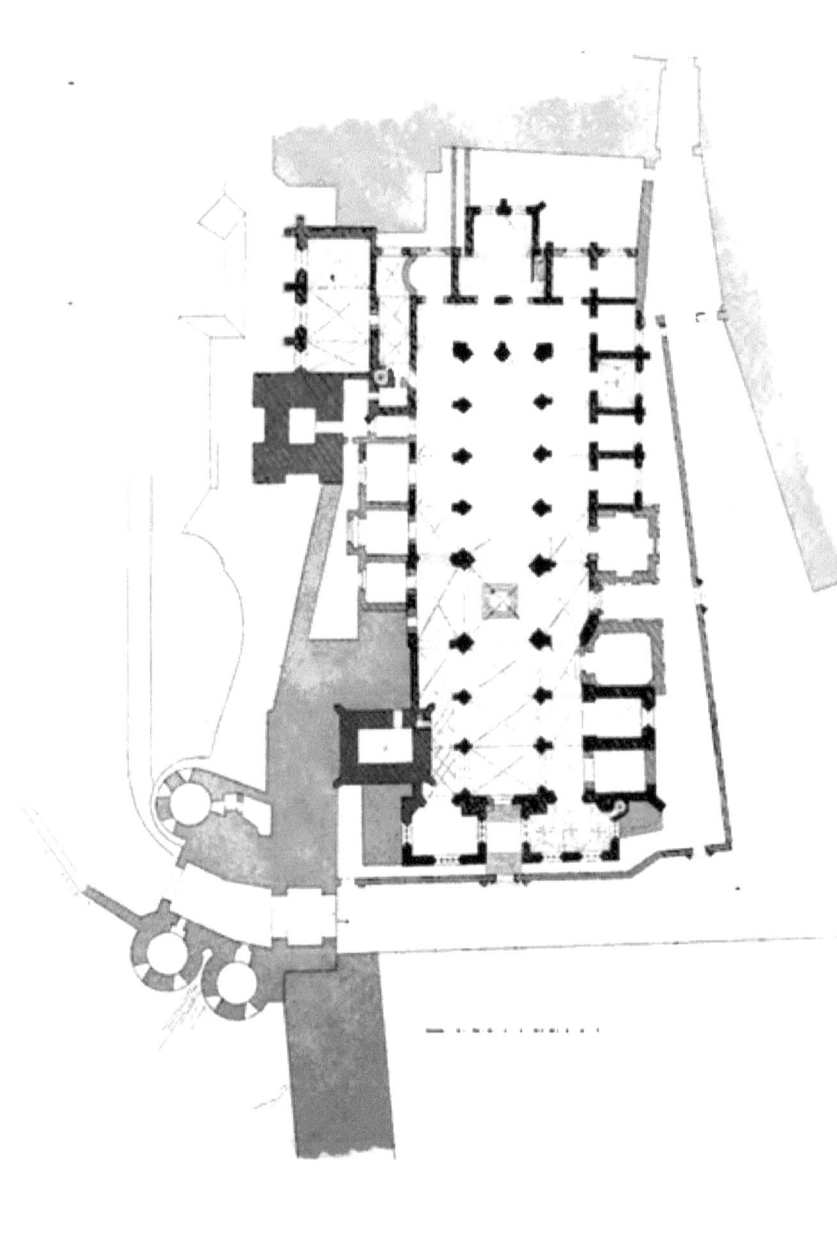

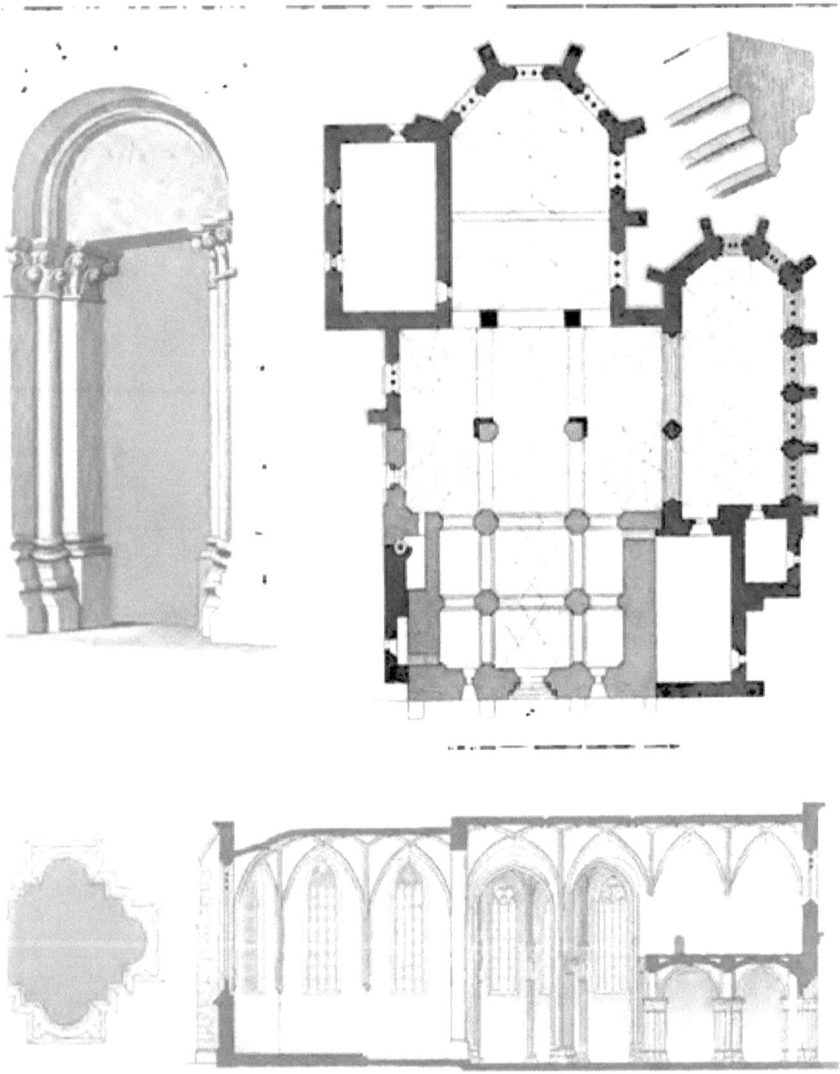

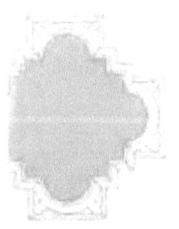

ZWEITE ABTHEILUNG.

BILDNEREI.

DAS DENKMAL KAISER LUDWIGS D. BAYERN
IN DER FRAUENKIRCHE ZU MÜNCHEN.

16½ F. lang, 11 F. breit, 13 F. hoch.

Hierzu eine Bildtafel.

Im vierten Bande der „Denkmale" haben wir den Grabstein des Kaisers Ludwig des Bayern in der Frauenkirche zu München, ein Werk des 15. Jahrhunderts gebracht. Ueber diesem Grabstein hat Kurfürst Maximilian im Jahr 1622 einen grossen Katafalk von Marmor und Erz als Ehrendenkmal errichten lassen. Dieses Werk, das nach seiner Composition von Peter Candid herrührt, ist natürlich nicht frei von den Schwächen einer Zeit, die sich — wenigstens in Oberdeutschland — bedeutender schöpferischer Kräfte und eines classischen Kunstformensinns nicht rühmen konnte, muss aber dennoch sowohl nach den leitenden Gedanken darin, als nach dem Gesammtaufbau und nach seiner trefflichen Ausführung zu den beachtenswerthesten deutschen Kunstdenkmalen gezählt werden.

Ueber dem Grabstein erhebt sich auf der Grundform eines Rechtecks ein Postament in der Art eines nach allen vier Seiten offenen Gerüstes von schwarzem und rothem Marmor, durch dessen theils runde, theils länglich viereckte Oeffnungen die Grabplatte sichtbar ist. Auf diesem Postament ruht der Sarkophag in länglich viereckter Gestalt mit einem ausgeschweiften, pyramidal zugespitzten Deckel. Am Gerüst oder Postament steigen von dem kurz vortretenden, einfach in Welle und Platten gegliederten Sockel, zwischen den Oeffnungen und an den Ecken, Pilaster mit im Relief verzierten Blenden auf, und sind oben durch ein ringsumlaufendes, vortretendes Gesims verbunden. Der Sarkophag ist mit Seraphimköpfchen zwischen umgekehrten Tragsteinen verziert; an der ausgeschweiften Fläche des Deckels sind Todtenköpfe und Todtenbeine angebracht, und an den Ecken darüber wiederum vier Seraphsköpfe. Auf der Spitze aber liegt auf einem schön verzierten Kissen die Krone des deutschen Reichs; als deren Hüterinnen die lorberbekränzten allegorischen Gestalten der Waffenmacht im Kriege mit Schild und Schwert, und der Regierungsgewalt im Frieden mit Scepter und Reichsapfel die schmalen Seiten des Sarkophagdeckels sitzend einnehmen. Auf jeder Ecke des Postamentes haben zwei geflügelte Knaben Platz gefunden als Schildträger mit den kaiserlichen und bayrischen Wappen. Auf dem Gesims des Postamentes darunter steht in Erz gegossen die Inschrift:

Ludovico. Quarto. Imperatori. Augusto. Maximilianus. Bav. Dux. Sac. Rom. Imp. Elector. Jubentib. Alberto. Quinto. Avo. Guilelmo. Quinto. Parente. Posuit. Anno. Sal. MDCXXII.

Dieser Katafalk ist von einem niedrigen Geländer mit kleinen Säulchen und Eckpfeilern umgeben, welche letztere als Postamente für Candelaber dienen. Es hat einen Sockel und eine Stufe unter sich, die in der Mitte der Langseiten in elliptischer Form ausladen, um an einer offenen Stelle des Geländers zwei überlebensgrosse Statuen aufzunehmen: gegen Süden die Statue Herzog Alberts V., gegen Norden die Statue Herzog Wilhelms V., beide Fürsten in der Inschrift des Katafalks als diejenigen bezeichnet, deren ausgesprochener Willensmeinung zufolge Kurfürst

Maximilian das Denkmal errichtet hat. Herzog Wilhelm ist in seiner Haustracht und friedlicher Stellung abgebildet; Herzog Albrecht im Ordenskleid des Goldenen Vliesses mit erhobenem Schwerte. An den schmalen Seiten tritt bei jeder Ecke eine Plinthe vor, auf welcher ein Krieger in Lebensgrösse in voller Waffenrüstung kniet, mit der Linken eine hohe Standarte haltend, um deren Wappen folgende Namen stehen:

  Carolus Imp. Aug. † 814. Ludovicus Pius Imp. Aug. C. M. Fil. † 876. Carolus Crassus Imp. Boja. Reg. Fil. † 887. Ludovicus IV. Imperator Augustus, † 1347. Hildegardis. Caroli Magni Coniux. Irmingardis Augusta Ludovici Pii Coniux. Richardis Augusta. Caroli Crassi Coniux. Margaretha Hass. Hol. Zel. Fris. Com.

In dem Aufbau des Denkmals spricht sich ein klarer Sinn für eine architektonische Gesammtwirkung aus. Bei aller Selbstständigkeit, die den einzelnen Gestalten gegönnt ist, tritt nirgends Vereinzelung ein: sie schliessen sich an einander, wie Glieder eines Organismus und fügen sich in die Pyramidalgestalt des Ganzen. So herrscht auch ein wohlthuendes Verhältniss der Höhe zur Breite, und — ungeachtet der Verschiedenheit der Figuren-Grösse — aller Theile unter einander, so dass alle Gegensätze harmonisch zusammenstimmen.

Die architektonischen Formen, Gliederungen und Ornamente sind in einem geschmackvollen, möglichst einfachen und gemässigten Styl der Renaissance gehalten, wie er für die Zeit des 17. Jahrhunderts in der That überrascht. Fein und zierlich sind die Säulchen des Geländers; die Candelaber mit ihren Sockeln könnte man für 100 Jahre älter halten; Pilaster und Gesimse sind von beinah classischer Einfachheit.

Was die Bildnereien des Denkmals betrifft, so tritt ein Mangel an Stylgefühl schon eher zu Tage; doch sind die Seraphköpfe reizend, die Gestalt Herzog Albrechts voll Ernst und Würde, und seine Haltung und Bewegung ohne Uebertreibung lebendig und wahr. Das Costüm ist mit Geschmack behandelt. Die allegorischen Figuren leiden etwas unter dem Zwiespalt einer Nachahmung der Antike und der Eingebung eines modernen, schwächlichen Formensinns, der in den kleinen geflügelten Schildhaltern noch weniger erfreulich hervortritt, da bei diesen auch noch die der Kindernatur widersprechenden, künstlerisch-conventionellen Bewegungen dazu kommen. Die in ein Knie gesunkenen, in Erz gekleideten Standartenträger sind auch nicht ganz frei von eingelernten Bewegungen; allein hier sind sie — man möchte sagen — naturgemäss: der Soldat wird gedrillt. Die Rüstungen sind, wie alles Costümwerk, mit grossem Verständniss behandelt. Die Ausführung in Erzguss und Ciselirung muss als in hohem Grade vollkommen gepriesen werden; denn bis in die kleinsten Verzierungen sind alle Formen rein ausgebildet und ebenso sind alle Köpfe und sonstigen Körpertheile ein Zeugniss tüchtiger Naturstudien für den Künstler, der das Werk ausgeführt. Als dieser wird in den Annalen der bayrischen Kunstgeschichte der Maler, Bildhauer und Erzgiesser Hans Krumper aus Weilheim genannt, der bereits unter Herzog Wilhelm bayrischer Hofmaler war und noch unter Maximilian vieles zur Verschönerung Münchens und des Residenzschlosses daselbst beigetragen.

An die Besitzer und Leser des X. Bandes.

Eine wohlwollende Kritik hat mich auf einen Irrthum aufmerksam gemacht, in den ich im X. Bande der Denkmale, Bildnerei p. 8. gefallen, indem ich in Ezechias einen Bildhauer vermuthet, während er der Judenkönig Hiskias ist, welchem Gott auf sein Gebet 15 Jahre zu seinem Leben zugelegt hat. (2. B. der Könige c. 20.) Zudem hatte ich übersehen, dass die „Zeitschrift für christliche Archäologie und Kunst, Leipzig, T. O. Weigel." II. Bd. p. 48 von dem bezeichneten Weihwasser-Gefässe Nachricht gibt, und zwar nach dem Elfenbein-Original; während mir nur ein Gypsabguss zu Gebote stand, bei welchem zwar die Figuren mit Aufmerksamkeit behandelt sind, nicht aber die Schrift, die vielfach unleserlich geblieben. So ist denn danach auch die Dedications-Inschrift so zu lesen:

  Auxit Ezechie ter quinos qui pater annos
  Otoni Augusto plurimos lustra leget.
  Cernuus arte cupit memorari Cesari aliptes.

Dem dabei ausgesprochenen Wunsche aber einer getreuen Abbildung glaube ich entsprochen zu haben.

                 E. Förster.

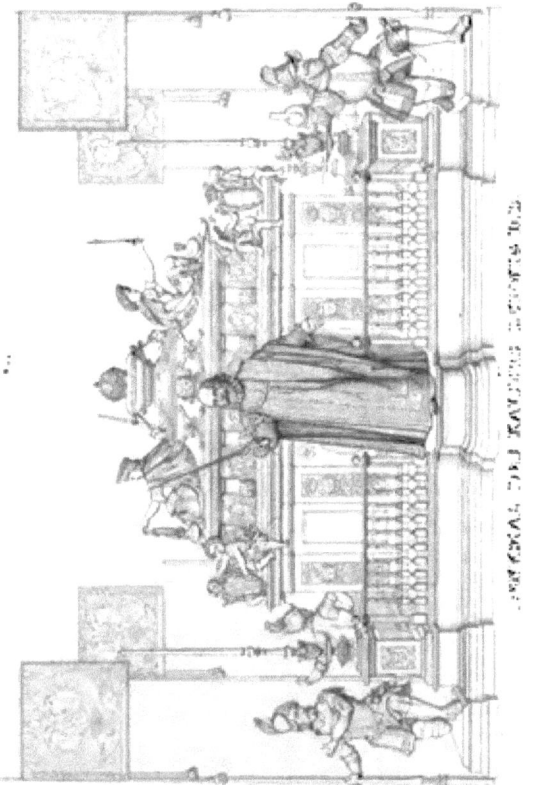

Leichnam des Kaysers Decius in Tyrannen.

DRITTE ABTHEILUNG.

MALEREI.

DAS ALTARBILD DES HUGO VAN DER GOES
IN STA. MARIA NUOVA ZU FLORENZ.

Mittelbild 10 F. 9 Z. breit, 8 F. 6 Z. hoch.

Hierzu drei Bildtafeln.

Ein eigenthümliches Schicksal hat es gefügt, dass wir einen der geachtetsten deutschen Künstler früherer Zeiten, — obschon er sein Vaterland wahrscheinlich nie verlassen — in glaubwürdiger Weise nur in Italien kennen lernen können.

In der kleinen Kirche des Hospitals S. Maria nuova zu Florenz hangen die drei Theile eines grossen Altarwerks, geschieden und in ungünstigster Beleuchtung — theils unter einem Fenster, theils ihm gegenüber — an den Seitenwänden neben dem Haupt-Altar. Die grössere Tafel, welche die Mitte des Triptychons ausgemacht, ist eine reich ausgeschmückte Darstellung von der Geburt Christi. Die Scene spielt innerhalb eines Stalles, der, nach mehren Seiten offen, in das theilweis zerfallene Gemäuer eines antiken, mit Säulen ausgestatteten Gebäudes, muthmasslich eines Göttertempels, eingefügt ist. Nach dem herrschenden Brauch der alten flandrischen Schule ist neben dem zerfallenden Tempel eine christliche Kirche mit anstossendem Kloster gebaut, um sogleich mit der Geburt des Heilandes den Blick in die Zukunft zu öffnen. Sieht man doch auch zwischen den Pfosten und Balken des Stalles hinaus auf Bethlehem und die Umgegend, auf einen Hügel, wo von einem wie eine Schwalbe durch die Luft fliegenden Engel einigen Hirten die Botschaft von dem Heil, das aller Welt widerfahren, verkündigt wird. Sie scheinen nur zurückgeblieben zu sein und einer neuen Mahnung bedurft zu haben; denn von ihren Genossen sind schon drei im Stall, und ein vierter mit dem Dudelsack kommt eilends herbei, um das angezeigte Wunder in Augenschein zu nehmen.

Da liegt nackt, auf blosser Erde, nichts als den heiligen Strahlenschein unter sich, ein neugebornes Knäblein und versucht, die Händchen emporzuheben, ein Bild äusserster Hülfsbedürftigkeit. Doch scheint es auf die Umgebung diesen Eindruck nicht zu machen. Wie Viele zugegen sind — sie Alle erfüllt nur der Gedanke: „der Heiland der Welt ist geboren! Ehre sei Gott in der Höhe! Freude auf der Erde! Preis und Anbetung dem Fleisch gewordenen Wort!"

Dem Kinde zunächst kniet die Mutter, ganz versunken in seinen Anblick. Ihr trüben schwere Gedanken das Bewusstsein, der Menschheit ihren Erlöser geboren zu haben, und die Hände die zum Gebet sie falten wollte, lösen sich unwillkürlich.

Auf die von einem Engel verkündete Nachricht von der Geburt des Messias sind mehre Hirten herbeigekommen, ihn ehrfurchtig zu begrüssen. Wir sehen rechts einen frommen Alten ins Knie gesunken, die Hände wie zum Gebet erhoben; neben ihm einen zweiten, etwas jüngeren Hirten mit dem Ausdruck stummen Erstaunens sich neigen; hinter Beiden einen Dritten, der mit etwas zweifelhafter Miene nach dem Heiland sieht, den er sich anders und gewiss nicht so ärmlich gedacht, dem er aber doch für alle Fälle mit abgezogenem Hut das Zeichen der Ehrerbietung gibt.

In einer ähnlichen Gedankenfolge sieht sich der zum Pflegevater des wundererzeugten Kindes erkorene Ehegatte Mariäs; halbabgewendet sitzt er neben einer Säule des zerfallenen Tempels; er kehrt sich wohl nach dem Kind hin, faltet oder schliesst auch pflichtmässig die Hände; kann aber doch seinen Mienen weder Verehrung, noch Bewunderung, noch väterliche Zärtlichkeit aufdrücken, und nur schwer den Ausdruck eines Unmuths verwehren, der zu seiner Heiligkeit nicht ganz passt, dessen Quelle aber nah genug bezeichnet ist durch den neben ihm stehenden Pantoffel, das ziemlich unbestrittene und von den alten Meistern gern gebrauchte Sinnbild einer Ehe, in der der Mann nicht viel zu sagen hat. Zum Ueberfluss schauen auch Ochs und Esel neben ihm dumm und neugierig nach dem Wurm am Boden.

Ganz anders ist der Ton, den eine andere Gesellschaft anschlägt, die zahlreich bei dem Vorfall vertreten ist: das sind die geflügelten Himmelsboten, die gekommen sind, um ihrem Herrn und Gebieter, der für eine kurze Zeit zum Heile der Welt Knechtsgestalt angenommen, seine göttliche Herkunft anbetend zu bezeugen. Links knien ihrer zwei, rechts ihrer fünf; wieder zwei hinter der Mutter des Kindes; wieder andere schweben vom Tempel-Gemäuer nieder, nehmen auf dem Stallgebälke Platz, oder kommen über die Stadt hergeflogen. Auf verschiedene Weise und nicht ganz ohne den Ausdruck des Mitleids über die bedauernswerthe Lage des neugeborenen Sohnes des Herrn der Welt, stimmen die Engel das „Sanctus!" an, womit sie ihn zu begrüssen gekommen sind. Wer von Allen das Strohbündel vielleicht zur Aufbesserung seines Lagers dahin gelegt, wer die Lilien und Iris und Aglei daneben gestellt, und Blumen auf den Boden gestreut, bleibt ungewiss, wenn wir nicht annehmen wollen, dass es zum Zeichen seiner Verehrung der Künstler selber gethan.

In der Anordnung des Bildes hat sich der Künstler nicht an die Gesetze der Symmetrie, nicht einmal um das Gleichgewicht der Massen gekümmert; dennoch versteht er im Einzelnen trefflich zu gruppiren; wie denn die drei Hirten rechts, so wie die fünf Engel vor ihnen sich gut in der Zusammenstellung machen. Auch sind die einzelnen Gruppen deutlich gesondert, die Hauptfiguren sichtlich hervorgehoben. Die Darstellung ist durchaus lebendig und von wahrem Gefühl beseelt: Mienen und Bewegungen sind gleich ausdrucksvoll und den verschiedenen Charakteren angemessen. Der Styl ist im Geiste der flandrischen Schule naturalistisch, mit gröberen Formen bei den Bauern, mit feineren bei den Engeln, obschon auch hier es nicht an etwas minder bevorzugten Individuen fehlt, wie z. B. am vordersten Engel links wahrzunehmen ist. Es scheint, dass der Maler alle Köpfe nach der Natur gezeichnet und nicht immer die besten Modelle zur Verfügung gehabt hat. Die Gewandung ist in grossen Massen, mit richtig motivirtem und nicht geknittertem Faltenwurf gehalten; für die Engel sind vorwiegend gestickte Messgewänder gewählt.

Die Zeichnung deutet auf sorgfältige Naturstudien und zeigt ein klares Formenverständniss, dagegen aber eine höchst mangelhafte Vorstellung von den Proportionen. Welche riesigen Verhältnisse haben die Hirten, Maria und Joseph gegen die ganz im Vordergrund knieenden Engel! Im Einzelnen muss das Missverhältniss der hohen Stirn zu den übrigen Gesichtstheilen störend auffallen.

Die Carnation ist sehr licht und durch überwiegende graue Mitteltöne und Schatten etwas kalt. Für die Gewänder sind meist ganze Localfarben angewendet, in denen — wenn sie sehr dunkel sind, wie beim Kleide Josephs — die Formen verschwinden.

Was die Ausführung betrifft, so sind die Farben aufs vollkommenste fliessend verarbeitet, so dass kein Pinselstrich zu sehen ist; nur bei den kleinen Figuren sind helle Lichter aufs Trockne angesetzt, und alle Haare mit dem Spitzpinsel gezeichnet.

Auf dem rechten Flügel (Bildtafel 2) sehen wir ganz vorn einen Mann in schwarzem Kleid und schwarzem Mantel, der weitaus die ganze untere Partie bedeckt, betend nach dem Mittelbild gerichtet knien. Er hat das Aussehn eines Mannes von etwa 40 Jahren; das Haar ist über die Stirn gekämmt; seine Züge sind edel, ohne besonders geistreich oder ausdruckvoll zu sein. Es ist der Stifter des Altarwerks, Tommaso Portinari, Consul der florentinischen Republik und Agent des Hauses Medici am Hofe von Burgund, wahrscheinlich in Gent oder in Brügge wohnhaft. Hinter ihm knien seine beiden Söhne, von etwa 10 u. 8 Jahren, interessante, ausdrucksvolle Physiognomien; der ältere andächtig dem Vater in Haltung und Bewegung folgend; der jüngere, ein Humorist, mit seinen Gedanken weit ab, so dass die Finger gar nicht zum Gebet zusammenhalten wollen.

Hinter dem Stifter stehen zunächst der Apostel Jacobus, sein Schutzpatron und der Einsiedler Antonius. Den Hintergrund bildet eine felsige Landschaft, in welcher der Maler ein Naturspiel zum Scherz angebracht, indem er einem Berge Gesichtsform gegeben. Den Bergpfad herab führt sehr sorglich ein Mann seine verhüllte Frau, die vom Esel gestiegen; man versteht leicht, dass er Joseph und Maria im Sinne hat auf dem Wege nach Bethlehem.

Auf dem linken Flügel kniet, ebenfalls nach dem Mittelbild gerichtet, im weiten, schwarzen pelzverbrämten Schleppkleid die Frau des Stifters und das Töchterchen hinter ihr, beides feine, geistige Physiognomien. Die Frau hat den hohen, spitzen, mit Perlen bestickten Hut auf, der in Flandern und Frankreich gegen Ende des 15. Jahrhunderts zur vornehmen Frauentracht gehörte, und von dessen Spitze ein Schleier niedergeht. Das etwa zwölfjährige Mädchen lässt die Haare lang über den Rücken fallen und trägt nur eine Art offner Kopfbinde über denselben. Auch sie trägt ein langes Schleppkleid, das keine Spur eines Fusses sehen lässt, und hat, wie die Mutter, eng anliegende Aermel. Im Spitzhut der Mutter kommen oft die Buchstaben MT vor, so dass wir von der h. Margarethe hinter ihr auf ihren Vornamen schliessen können, ohne dass wir damit ihren Familien-Namen — ihrer Physiognomie nach einer flandrischen Familie angehörig — erfahren. Die Tochter wird wohl die h. Magdalene, die hinter ihr steht, zur Taufpathin und Schutzpatronin haben. — Den Hintergrund bildet eine hügelige Gegend mit Bäumen, deren unbelaubte Aeste anzeigen, dass es Winter ist. Drei vornehme Reiter sieht man in der Ferne; ein Paar Diener sind vorausgeritten, da sie Bauern an einem Zaun gesehen, die voll Neugierde nach den Fremdlingen ausgeschaut. Einer von ihnen ist vom Pferd gestiegen und fragt einen der Bauern, der sich vor demüthigem Schrecken gleich ins Knie geworfen, nach irgend etwas; und da der Bauer nach dem Mittelbild zeigt, so wissen wir: er hat nach der Geburt des Heilandes gefragt, und die vornehmen Reiter sind — die Heiligen Drei Könige.

An diesen Seitenflügeln fällt nicht nur der ausserordentliche Fleiss auf, mit dem alle Einzelheiten bis ins Kleinste, namentlich Haare, Perlen und Goldschmuck, ausgeführt sind, sondern vornehmlich der weiche, grosse und edle Styl der Gewänder und des Faltenwurfs, und die Lebenswahrheit und Vortrefflichkeit der Bildnisse, die so ausdrucksvoll gezeichnet sind, dass sie zu sprechen scheinen.

Auf der Rückseite der Flügelbilder, die bei geschlossenem Altarwerk die Aussenseite bildete, ist grau in grau die Verkündigung Mariä abgebildet, ein mit gleichem Fleisse, im gleichen Style durchgeführtes Gemälde.

Vergebens sucht man hier oder an den innern Bildern nach irgend einem Namen, oder nur einer Jahrzahl. Höchstens die Anfangsbuchstaben der Frau Portinari findet man an Hut, die Namen der Heiligen in ihren Mantelsäumen. Neben der Kirchthüre im Mittelbilde ist eine Tafel eingemauert; und Schriftzüge sind darauf; aber es ist mir nicht gelungen sie auch nur zu einem Worte zu verbinden. Wir müssen uns also nach andern Zeugnissen umsehen, wenn wir etwas vom Meister des Bildes erfahren wollen. Die älteste Nachricht, die wir von dem Bilde haben, verdanken wir dem Vasari, der in der Einleitung zu seinen Künstler-Biographien, in dem Abschnitt „Della pittura," §. 7., wo er von der Einführung der Oelmalerei aus Flandern spricht, unter den Malern aus der Schule der Van Eyk, — nachdem er u. A. vom Meister Ausse (womit er Hans Memling meint) erzählt, dass er ein kleines Bild (eine Madonna mit musicirenden Engeln, jetzt in den Uffizien) für Portinari in S. Maria nuova zu Florenz gemalt — zuletzt den „Ugo d'Anversa" nennt, „che fe la tavola di Santa Maria Nuova di Firenze." Vasari, sonst nicht grade der zuverlässigste Gewährsmann, ist mit dieser Nachricht um so weniger anzuzweifeln, als er grade über die flandrischen Maler einen treuen Berichterstatter hatte, und als die nähern Verhältnisse ihm in Florenz um so sicherer bekannt sein konnten, da man einen grossen Werth auf die Bilder jener Schule legte, und doch nur eine geringe Anzahl kennen konnte.

Die Kirche und das Hospital S. Maria nuova zu Florenz sind eine Stiftung von Folco Portinari, dem Vater der von Dante verherrlichten Beatrice. Sein Grabstein in der Kirche sagt uns, dass er darin die ewige Ruhestätte gefunden. Das Familien-Heiligthum mit einem grossen Altargemälde auszustatten, war einem seiner Nachkommen vorbehalten, dem Tommaso Portinari; und da dieser in Flandern lebte, lag die Wahl eines Malers aus der berühmten Schule der Van Eyk ihm nahe. Er wählte den „Ugo d'Anversa", wie ihn Vasari nennt, der kein andrer ist, als Hugo van der Goes. Ueber die Zeit aber, in welcher das Werk ausgeführt worden, fehlen alle Angaben; und da wir zur Vergleichung kein anderes beglaubigtes von ihm haben, sind wir auch nicht im Stande mit Sicherheit das Jahr der Entstehung anzugeben; doch dürfte es nicht früher als 1470, nicht später als 1475 gemalt sein.

Zwar finden wir den Namen des Hugo van der Goes in vielen Galerie-Katalogen; ja die Pinakothek in München hat sogar ein Bild, das in goldner Schrift seinen Namen und die Jahrzahl 1472 trägt. Da dieser Umstand dazu beigetragen, dasselbe für ein beglaubigtes Bild des Meisters zu halten, wie es denn auch von den belgischen Kunstforschern als das einzige neben dem Altarwerk in Florenz bezeichnet wird, das von seiner Kunst Zeugniss giebt, so will ich etwas näher auf dasselbe eingehen. Das Bildchen ist 11" 6"' hoch, 9"' breit. Auf einem bemoosten Stein in der Mitte des Bildes sitzt, in ein braunes härenes Gewand gekleidet und in einen weiten, auf der rechten Schulter zusammengeknüpften rothen Mantel gehüllt, der Täufer Johannes. Kopf, Körper, Arme und Beine haben ganz dieselbe Richtung. Seine blossen Füsse setzt er in blumiges Gras, neben welchem ein Bächlein rinnt. Er neigt das braune gelockte Haupt nach seiner linken Seite, und weist — indem die linke Hand wie in Verlegenheit das Knie kratzt — mit dem rechtwinklig gebogenen rechten Arm und dem gesenkten Zeigefinger nach einem Schaf, das an seiner linken Seite regungslos im Grase liegt. Den Hintergrund bildet eine dunkle Wiese mit einigen Waldbäumen, zwischen denen ein Hirsch sichtbar wird, der seinen Durst löscht; graue kegelförmige Felsen nehmen die rechte Seite ein; man sieht noch ein Stück Ferne. Mit der Monotonie, Charakter- und Ausdruckslosigkeit der Darstellung steht sowohl der edle Styl der Gewandung, vornehmlich aber die bewundernswürdige Vollkommenheit der technischen Ausführung in grellem Contrast. Die warme Carnation mit braunen Schatten weist, wie alles Andere, auf einen andern Meister, als Vander Goes; Zeichnung und Behandlung auf einen nicht geistvollen, aber geschickten Schüler Rogers van der Weyden. Die goldne auf dem Stein, darauf Johannes sitzt, angebrachte Inschrift aber ist jedenfalls später als ihre Jahrzahl, da man um jene Zeit an solchen Stellen im Bilde seinen Namen noch nicht anzubringen pflegte; auch ist die 4 nicht in der um 1470 üblichen Weise als halbe 8 geformt. Was sonst als Hugo van der Goes in München, Berlin und an andern Orten aufgeführt wird, kann eben so wenig Ansprüche an seinen Namen machen; die bezeichneten Arbeiten widersprechen sich unter sich und haben mit dem florentinischen Altarwerk keine Verwandtschaft.

In seiner Heimath selbst hat sich nichts von ihm erhalten. Wohl aber haben neuere Forschungen Ergebnisse geliefert, die uns wenigstens einigen Einblick in sein Leben gewähren, und die wir — in Ermangelung von Werken — um so lieber hier beifügen, als sie grösstentheils neu, und in unsere kunstgeschichtlichen Bücher noch nicht aufgenommen sind.

Zunächst wissen wir aus Edmond de Buschers „Recherches sur les peintres Gantois", dass Hugo vander Goes, wenn nicht schon früher, doch sicher 1467 in Gent lebte, und zwar bis 1475, aus welcher Zeit sich Nachrichten über ihn in den Rechnungsbüchern der Stadt und des Herzogs von Burgund finden, Angaben von Bezahlungen für gelieferte Kunstarbeiten. Wohl sind diese untergeordneter Art, was rein zufällig sein kann; aber die grössern Summen, die er in Vergleich mit Andern erhielt, beweisen die höhere Schätzung, in der er stand. Ward auch Daniel de Ryke bei den Decorationen des Hochzeitsfestes Karls des Kühnen mit Margarethe von York 1468 besser bezahlt als er: so glich sich das mehr als aus, als die Stadt sich festlich schmückte zum Empfang des neuvermählten Paares, und Hugo gegen ansehnliches Honorar eine Folge von historischen und allegorischen Figuren zu malen hatte. — In ähnlicher Weise wurde seine Kunst in Anspruch genommen bei Decoration der Stadt während der Feier des grossen Jubeljahres 1473, wie früher 1466 bei dem feierlichen Leichenbegängniss Herzog Philipp's des Guten. Hugo wurde für die Jahre 1468 u. 1469 zum Richter und für 1473 bis 1475 zum Obmann (Doyen) der Körperschaft der Maler und Bildhauer ernannt. Als Thierry Bouts 1479 gestorben war und ein vom Magistrat zu Löwen bestelltes Werk, vom Tod überrascht, unvollendet zurückgelassen, bedurften die Besteller desselben eines kundigen und redlichen Beirathes zur Abschätzung des Gemäldes, soweit es ausgeführt war, und erwählten dafür Hugo van der Goes, als einen der berühmtesten Meister der Kunst; und zahlten den Erben von Bouts die Summe nach der Schätzung Hugo's.

Im Jahr 1475 verliess Hugo van der Goes seine Vaterstadt und zog sich in den Convent zum Rothen-Kloster in der Nähe von Brüssel und Waterloo zurück. Sechs Jahre verlebte er hier, bis ihn 1482 der Tod abrief aus einem Dasein, das ihm zur Qual geworden. Ueber diese seine letzte Lebenszeit hat sich von einem Klosterbruder, der mit ihm zugleich ins Kloster eingetreten, ein Bericht erhalten, welchen Alphons Wauters in Brüssel (L'histoire de notre première école de peinture etc. 1863) wörtlich mittheilt. Daraus sehen wir, dass Hugo als ein grosser Künstler geachtet war, ohne Gleichen diesseit der Alpen; und dass ihm in Betracht seiner Gewohnheiten vom Prior manche Freiheiten gestattet waren, deren Andere sich nicht zu erfreuen hatten. Er erhielt vielen vornehmen Besuch — wie u. A. Erzherzog Maximilian von Oestreich (der nachmalige Kaiser) zu ihm ins Kloster kam — und vom Prior die Erlaubniss, den Gästen ins Wirthshaus zu folgen und mit ihnen zu banketieren. Einige Jahre nach seinem Profess machte er mit seinem leiblichen Bruder Nicolas und einem Mönch Peter von Brüssel eine Reise nach Cöln. Auf der Rückreise plötzlich von einer Gemüthskrankheit betroffen, erklärte er sich der ewigen Verdammniss verfallen, und konnte nur mit Gewalt verhindert werden, sich umzubringen. Mit Noth brachte man ihn nach Brüssel, wo auf den Rath des herbeigerufenen Priors vom Rothen-Kloster, der sich an König Sauls Melancholie erinnerte, Harfenspiel zur Verscheuchung des finstern Geistes der Schwermuth — aber vergebens — angewendet wurde.

Zurückgebracht ins Kloster erfuhr er die Liebe der Brüder in ausgedehntem Masse; aber alle Hülfsversuche blieben fruchtlos; nur dass es ihnen gelang, den stets von Neuem beabsichtigten Selbstmord zu verhindern.

Als Ursache der so heftigen Gemüthsbewegung gibt der Bericht erstattende Klosterbruder einmal die überspannte Anstrengung bei Ausführung seiner Gemälde an; dann den vielleicht zu unbeschränkten Genuss geistiger Getränke bei Gelegenheit von Gelagen, in die er durch seine Verehrer gezogen wurde, und der sich mit der sitzenden Lebensweise in der Celle ohne Nachtheil für die Gesundheit nicht wohl vereinigen liess.

Er erlebte keine Wiederherstellung seiner Gesundheit und starb 1482 im Rothen-Kloster, wo er auch begraben liegt.

DIE VERKÜNDIGUNG
IN S. MARIA DI CASTELLO ZU GENUA.

7 F. 1 Z. hoch bis zum horizontalen Rahmen, 11 F. breit.
Mit einer Bildtafel.*)

Gewährt uns deutsche Kunst in Italien überraschende Freuden, so müssen diese sich steigern mit dem Werthe der Werke, die wir finden. Aber eine ganz besondere Ueberraschung ist uns in Genua bescheert, indem sich dort ein Frescobild von der Hand eines deutschen Meisters aus dem 15. Jahrhundert erhalten hat, das zu seiner Schönheit noch den Vorzug der ausserordentlichsten Seltenheit fügt.

Das Gemälde, das sich in einem Corridor des Klosters S. Maria di Castello an die Mauer gemalt findet, versetzt uns in das Zimmer der heiligen Jungfrau, die vor ihrem (mit Büchern angefüllten) Gebetschrein kniet. Das aufgeschlagene Buch auf dem Pulte desselben sagt uns, dass sie eben im Gebet begriffen war. Eine kleine Nische hinter ihr enthält noch einige Bücher und eine Sanduhr; daran stösst ein mit einem Tuche bedeckter Hausaltar. Weiter zur Linken sehen wir eine zweite Nische, daran und darin die Geräthe zur Reinlichkeit, Waschbecken, Wasserkanne, Handtuch; aber auch, nebst einigen Schachteln und einem Leuchter, wiederum Bücher. Die mittlere Wand enthält eine dreifache Fensteröffnung, durch welche man in eine weite Gebirgslandschaft sieht und vor welcher eine Fensterbank angebracht ist, darauf nebst einer Schachtel mit etwas Backwerk und Obst ein Gefäss mit einer blühenden Lilie steht, um das sich eine Paternosterschnur geschlungen. In der Wand zur Linken sieht man durch ein grosses viereckiges Fenster ins Freie und auf die Zweige eines Orangenbaumes.

Maria ist in ihrem Gebet unterbrochen durch die Erscheinung des Engels Gabriel, der ihr die Botschaft bringt von ihrer Bestimmung als Mutter des Heilandes, eine Verkündigung, die sie mit demuthvoller Ergebung anhört.

Das Zimmer ist im Vorgrund durch zwei (grossentheils von hölzernen Rahmen verdeckte) Säulen dreifach abgetheilt; die Säulen tragen eine gothische Architektur mit geschweiften Spitzbogen und Prophetenfiguren, vor welcher in einem halbkreisförmigen Nimbus die Gestalt des ewigen Vaters sichtbar ist, von dessen Brust Strahlen niedergehen zur heiligen Jungfrau, während er selbst mit ausgebreiteten Armen sich nach ihr neigt.

Die ganze Anordnung mit ihrer Betonung der häuslichen Einrichtung weist auf den deutschen Ursprung hin. Der Darstellung liegt eine tiefe Empfindung zu Grunde, aus welcher die Wahrheit des Ausdrucks geflossen, die ein jedes Motiv beseelt, von der Begeisterung des seiner hohen Sendung sich bewussten Himmelsboten, zur mitleidsvollen Liebe Gottes des Vaters, bis zu der unschuldvollen Unterwerfung Marias.

Höchst bedeutsam ist der Styl. Während Anordnung und Darstellung ein so unverkennbares deutsches Gepräge haben, und selbst die Formen im Allgemeinen auf die von

*) Die Rahmen fassen Glastafeln, hinter denen das Gemälde vor Staub und Beschädigung geschützt wird.

Eyk'sche Schule hinweisen, ist doch bei ihnen ein Idealismus massgebend gewesen, wie wir ihn in Flandern nicht leicht finden und wie er das Erbtheil der bevorzugten italienischen Kunst gewesen ist. Wie nun der Meister in den Gesichtsbildungen unverkennbar nach idealer Schönheit gestrebt, auch sonst die naturalistische Nachahmung der Wirklichkeit vermieden, so hält er sich auch in seinen Gewändern an einen grossen Styl mit breiten Massen, langen Linien, einfachen Brüchen, wofür er leicht italienische Meister als Vorbild genommen haben kann. Die Formen sind — mit Ausnahme der Füsse vom Engel — gut und richtig gezeichnet; nur in den Verhältnissen, namentlich der Extremitäten zum Körper, verräth der Künstler eine grosse Unerfahrenheit.

Noch muss einer naiven Eigenheit Erwähnung geschehen, die wir vornehmlich bei den Künstlern der altflandrischen Schule antreffen. Wie Roger von der Weyde in den Stall, wo Christus in der Krippe liegt, ein Crucifix gehängt; so hat hier Maria auf ihrem Hausaltar ein Tuch mit dem Namen Jesu, durch das eine Fenster sieht man in der Ferne die Geburt Christi, durch das andere die Flucht nach Aegypten.

Die Carnation ist so licht und blass, dass sie wohl von Haus aus mehr Farbe gehabt haben wird. Der Mantel der Jungfrau ist ultramarinblau; das Unterkleid von Goldstoff; ebenso der Mantel des Engels. Die Modellirung ist nur schwach, durchaus nicht auf Illusion berechnet. Die Landschaft ist grün. Vorherrschend sind blaue Verzierungen auf weissem Grunde. Die Bogeneinfassungen sind schwarz und weiss. Die Ausführung ist wirkliche Frescomalerei, wie die deutlich sichtbaren Nähte beweisen; der glatte Farbenauftrag beweist eine in dieser Technik geübte Hand; nur die Verzierungen scheinen aufs Trockene aufgesetzt zu sein.

Das Wappen über dem Fenster zur Linken mit blau und weissen Wecken, wie das bayerische, gehört der genuesischen Familie Grimaldi, die die ganze Abtheilung des Convents, wo sich das Gemälde befindet, hat bauen lassen, so dass ihr wohl die Stiftung desselben auch zugeschrieben werden darf.

Neben dem Fenster ist ein Zettel an die Wand gemalt, darauf der Meister in gothischen Buchstaben die Urkunde von dem Bilde geschrieben: Justus de Allamagna pinxit 1451. E. R. D. Z. welche letztere Buchstaben noch der Enträthselung harren.

Dieser Meister Justus ist in Betreff seiner Lebensumstände der Kunstgeschichte bis jetzt nicht bekannt; Justus von Gent ist es nicht, dessen Abendmahl in Urbino auf einen durchaus verschiedenen künstlerischen Charakter hinweist. Wohl aber trägt das Bild der Verkündigung in den allgemeinen Zügen das Gepräge der van Eyk'schen Schule, während das Bestreben nach idealer Formengebung auf Süddeutschland, namentlich auf altschwäbische Kunst hinweist. Dafür würde auch die Bezeichnung „Allamagna" sprechen, die nur von dem allemannischen Theile Deutschlands gebraucht wird.

Ein zweites Werk dieses Meisters ist mir nicht bekannt. Was der Katalog der Galerie des Louvre unter diesem Namen aufführt, ist abgesehen davon, dass es aus Theilen verschiedener Bilder zusammengesetzt ist, vom Anfang des 16. Jahrhunderts, von einem durchaus andern Styl und mithin von ganz anderer Hand.

DIE AUSTHEILUNG DES HEIL. ABENDMAHLS
VON
JUSTUS VON GENT IN DER KIRCHE S. AGATA ZU URBINO.

11 F. 4 Z. breit, 10 F. hoch.
Mit einer Bildtafel.

Es wäre ein glücklicher Umstand für die deutsche Kunstgeschichte, wenn ihr für andere Werke von ähnlicher Bedeutung, wie das Abendmahl in Urbino, gleich bestimmte Nachweisungen zu Gebote ständen. Hier gehen wir so sicher, als man in solchen Fällen nur gehen kann, und sind obendrein durch eine ganz gute Erhaltung des Bildes unterstützt, der nur noch eine etwas bequemere Aufstellung hinzuzufügen sein dürfte, um das Studium desselben zu erleichtern. Das Bild ist hoch über dem Hauptaltar in die Mauer eingelassen, so dass ich, da unten vom Schiff der Kirche aus die Figuren sich zu stark verkürzen und ein Gerüst aufzuschlagen wegen der damit verbundenen Störung des Gottesdienstes nicht gestattet war, — mich genöthigt sah, meinen Standpunkt zum Abzeichnen auf dem Orgelchore an der Westseite der Kirche zu nehmen, wo ohne Beihülfe des Fernrohrs nichts zu machen gewesen wäre.

Ein Blick auf das Bild zeigt uns eine — wenigstens für die deutsche Kunst — neue und eigenthümliche Auffassung des Gegenstandes, indem der Maler nicht nur an die Stelle des neutestamentlichen Berichts über den Vorgang die nachgehends in der Kirche übliche Form der Oblaten-Austheilung gesetzt, sondern derselben auch eine so starke dramatische Ausdrucksweise gegeben, dass man des Uebergewichts ihres symbolischen Charakters erst nach und nach inne wird.

Wir befinden uns in einem grossen kirchen-ähnlichen Saale, durch dessen offene Thüren man an beiden Seiten ins Freie sieht, und in welchem durch ein Fenster rechts eine Frau herein schaut, die ein Kind vor sich auf dem Fensterstock sitzen hat. Auf einer gedeckten Tafel in der Mitte des Saales liegen einige Brodbrocken neben einem Salzgefäss. Vor dem Tisch sehen wir Christum in stark vorschreitender Bewegung, sich niederbückend, in der Linken einen Teller mit Hostien, mit der Rechten eine derselben dem zunächst vor ihm knieenden Apostel zum Munde führend, der sie mit sichtlicher Gemüthsaufregung empfängt. Hinter Christus, auf der rechten Seite des Bildes, oder im Vorgrund knien drei andere Apostel, die, wenn ich ihre Bewegung und vornehmlich ihre Mienen richtig deute, die

Hostie unter Begleitung der erklärenden Worte ihres Meisters bereits empfangen haben und deren Sinn in ihrem Herzen schmerzlich erwägen.

Hinter dem ersten Apostel zur Linken knien zunächst zwei andere; und hinter diesen schicken drei der Mitjünger sich an, ins Knie zu sinken, während ein vierter, am Geldbeutel in seiner Hand kenntlich, mit finsterer Miene eine Bewegung macht, als wolle er sich entfernen. Unmittelbar vor der schmalen Seite des Tisches steht einer der Jünger mit einer brennenden Kerze in der Hand und neben ihm der Jüngste der heiligen Schaar, Johannes, die Hand an der Weinflasche, bereit, den vor ihm stehenden Kelch mit dem symbolischen Getrank zu füllen.

An der entgegengesetzten Seite der Tafel begegnen wir plötzlich ganz andern Gestalten, die in die apostolische Zeit nicht gehören, dem Vorgang aber mit theilnehmender Aufmerksamkeit folgen. Der vorderste von ihnen ist vollkommen kenntlich nach den ausserdem vorhandenen Bildnissen: es ist Herzog Friedrich von Urbino, zwar nicht Stifter des Bildes, aber durch eine namhafte Beisteuer dabei betheiligt. Er wendet sich zu einem Mann in reichgesticktem Kleide, mit orientalischer Kopfbedeckung, den Baldi als den Gesandten Catherino Zeno aus Venedig bezeichnet, der, 1472 nach Persien geschickt, vom Schach Ussun Cassan benutzt wurde, um nach seiner Rückkehr die europäischen Fürsten zu einem Kriegszug gegen Mahommed II. zu bereden, bei welcher Gelegenheit er 1474 auch noch Urbino gekommen war; ein Vorfall, der den Herzog veranlasst haben soll, ihm in diesem Bilde ein bleibendes Gedächtniss zu stiften. Hinter dem Herzog stehen noch zwei jüngere Männer, von denen der Eine — nach der Angabe des Priors D. Lattanzio Valentini in seiner Beschreibung der Kirche — der Maler Justus von Gent selbst ist.*)

Hat sich der Künstler mit dieser Gruppe auf den Boden der Wirklichkeit gestellt, so mag er doch seiner Darstellung die Weihe einer höhern Bedeutung nicht entziehen, und fügt zu den irdischen Zeugen der heiligen Handlung auch überirdische: zwei himmlische Sendboten, die über der Scene schweben und mit Gebet und Segenspendung ihre Theilnahme kundgeben.

Was den Grundgedanken der Darstellung betrifft, die Austheilung der Communion in kirchlicher Form, so hat er seine unmittelbare Quelle in der Bestimmung der Tafel für eine Brüderschaft, die sich ausdrücklich für den Glauben an die Transsubstantiationslehre und zur Gottesverehrung der Hostie als Corpus Domini gebildet hatte. Ausserdem vermuthe ich, dass der Meister von Gent die Anregung dazu in Florenz gefunden, im Kloster S. Marco, wo man

---

*) Im Archiv der Brüderschaft, für welche das Bild gemalt worden, befindet sich die „Descrizione della antica chiesa fatta d'ordine del Sign. D. Lattanzio Valentini Priore, e di tutta la sua suppellettile" und dann steht: „Il quadro dell' altar maggiore è dei primi che si dispargessero e che in tavola rappresentano la Cena degli Apostoli è di mano di Giusto Todesco pittore habitante in Urbino al tempo del Duca Federico Montefeltro, la cui effigie in essa è dipinta, et anche dell' istesso Pittore, e d'altri. L'ornamento è di legno indorato antico con la base in cui si vedono alcuni miracoli del SS. Sacramento." Von dieser „base" oder Predella ist jede Spur verschwunden.

noch heut in einer Celle den Gegenstand in gleicher Auffassung von Fra Giovanni da
Fiesole gemalt sieht. Die Hauptmotive sind dieselben; nur in der Gruppierung und Zeichnung vertritt das Bild des deutschen Meisters den Geist der höher entwickelten Kunst.

In der That zeichnet sich das Gemälde in seinem Aufbau durch ein überraschend schönes Verhältniss der Massen, durch eine grosse Klarheit der Anordnung und — mit Einer Ausnahme, durch eine fliessende Harmonie der Linien aus. Schade, dass gerade in der Hauptfigur, in Christus, durch einen zu grossen Contrast der Stellung beider Beine ein Missklang hervorgebracht ist, der schon manchem Beschauer das ganze Bild verleidet hat! Aber wie sicher und klar ist diese Hauptfigur als Mittelpunkt des Ganzen herausgehoben! Und nun theilen die Anwesenden sich in zwei grosse Massen zur Rechten und Linken, in sich wieder nach pyramidaler Gruppierung gegliedert in vollkommenem Gleichgewicht, ohne dass die gleichartigen Massen nach Form und Kopfzahl streng symmetrisch sind. Und endlich schweben über der Versammlung zwei Engel und geben der im Ganzen horizontalen untern Abtheilung einen, in seinen Lineamenten, pyramidalen Abschluss. Auch darf nicht unbeachtet bleiben, dass der Halb- oder Dreiviertelkreis, welchen die Versammelten um Christus schliessen, seinen Schluss findet in dem Halbkreis der chorartigen Vertiefung des Saales: so dass wir in diesem Gemälde einem so feinen und vollkommen durchgebildeten Sinn für Composition, einer so freien Bewegung innerhalb der Gesetze der Symmetrie und Abrundung begegnen, wie uns das 15. Jahrhundert nur wenige Beispiele bieten dürfte.

Die Darstellung ist ungeachtet der Anachronismen zur Rechten, und der supranaturalistischen Zuthat in der Höhe eine ausgesprochen dramatische, und zwar in aller Lebendigkeit und Wahrheit, sowohl was die handelnde Persönlichkeit, Christus, betrifft, als auch in Hinsicht auf den Ausdruck derer, die passiv an der Handlung Theil nehmen oder genommen haben. Es liegt ein wehmüthiger Ernst, ein Bewusstsein von der Heiligkeit des Actes auf allen Gesichtern und spricht sich in der Haltung und Bewegung der Apostel selbst bei geringer Verschiedenheit der Motive mit einer Bestimmtheit aus, wie wir sie bei keinem seiner Zeitgenossen, am wenigsten in der ihm nächsten umbrischen Schule wieder finden; und zu denen die fast kühle Stimmung, in welcher die Männer des 15. Jahrhunderts auf die Scene blicken, und von der nur der Künstler selbst eine leichte Modification erleidet, einen auffallenden Gegensatz bildet. — Einen Gegensatz andrer Art zu dem in der Darstellung herrschenden Geist der Innerlichkeit und Mässigung bildet die Gestalt Christi, deren durch das vorgestreckte rechte Bein bei eingebogenem linken bewirkte Unsicherheit der Stellung nur als Ausdruck einer grossen innern Aufregung genommen werden kann, die aber in dem unendlich milden Antlitz voll hingebender Güte ein überwiegendes Gegengewicht findet.

Auf die Charakteristik der einzelnen Apostel, ungeachtet einer grossen Mannichfaltigkeit und Individualität der Gesichtszüge, die er ihnen gegeben, hat sich der Künstler nicht eingelassen; selbst den sonst untrüglich kenntlichen Petrus findet man nicht heraus und auf Johannes schliesst man allein bei dem einzigen jugendlichen Apostel in der Versammlung. Nur über Judas lässt uns Justus nicht in Zweifel. Wir würden ihn, auch ohne den Säckel in seiner Hand, an der Unruhe und dem Missbehagen erkennen, in die ihn eine Handlung versetzt, an der er mit gutem Gewissen nicht Theil nehmen, und von der er, ohne sich zu verrathen, sich nicht ausschliessen kann. Bleiben und Gehen, beides ist ihm unbequem; und schwankend zwischen beiden stellt ihn der Künstler dar.

Der Styl der Zeichnung ist nicht mehr so streng Eykisch, wie wir ihn selbst noch bei Memling und Bouts finden; die Gesichtsformen, obschon weder ideal, noch besonders schön, sind breit, ohne kleine Züge; die Falten fliessend, ohne Geknitter, das sich nur bei den fliegenden Gewändern der Engel erhalten hat. Füsse und Hände sind fast gut gezeichnet. — Die Färbung ist im Ganzen licht und leicht und harmonisch, ohne Farbenglanz. Christus trägt ein langes, ganz lichtgraues Kleid ohne Mantel; Johannes ein weisses; sonst sind roth und blau vorwaltende Farbe; die weissen Gewande der Engel haben blaue Schatten. Die Carnation ist ziemlich blass mit grauen Schatten. Eine etwas weiche Vermalung ist an die Stelle des scharfen, fast trocknen Formenausdrucks der Eykschen Schule getreten. Der Gesammteindruck bleibt immer: dass wir vor einem Werke stehen, in welchem sich deutlich die Zeit der vollendeten Kunst ankündigt.

Was wissen wir Geschichtliches von ihm und seinem Meister?

Das Gemälde war ursprünglich eine Altartafel, im Auftrag der Brüderschaft des Corpus Christi in Urbino gefertigt, die bereits seit 1465 Beiträge dafür gesammelt hatte. Die Brüderschaft besteht längst nicht mehr, aber ihre Rechnungsbücher haben sich erhalten und in ihnen die Angaben, durch welche die Zeit der Beschaffung, wie der Vollendung im J. 1474 für den Preis von 250 Goldgulden festgestellt ist.*)

Nicht mit gleicher Bestimmtheit sind wir über den Meister des Bildes, seine Lebensverhältnisse und anderweitige Thätigkeit unterrichtet, nicht einmal, wann er nach Urbino gekommen; nur dass er daselbst für die Brüderschaft des Corpus Christi noch eine Fahne gemalt, die aber verloren gegangen ist. Waagen hält ihn (auch noch in seiner Geschichte der deutschen Malerschulen) für denselben Künstler, den Van Mander unter dem Namen Jodocus von Gent als Schüler Huberts van Eyk aufführt. Ich bin dieser Ansicht in meiner „Geschichte der deutschen Kunst" nicht beigetreten und kann es jetzt nach den neuer-

---

*) In diesen Büchern steht: 1465, Marzo 31. Giovanne de Luca altresi. Zaccagna deve dare fiorini 33 e boli 32 della promessa che fece per la tavola. — 1465. Tre partite pagate per l'emozosa promessa per la tavola a conto di Battista (di Maestro Agostino Santucci Medico). — 1474. Marzo 7. Fiorini 15 d'oro dati dal Conte Federico per ajuto della spesa della tavola a Guido di Mengaccio per la fraternità. — 1474. Ott. 25. Fiorini 40 e Bologn. 33½; Spesi in pezzi 1700 battuto per la tavola (far de Vergoldung des Rahmens). — A di d'. Fiorni 300 . . . a Mitro Gusto de Guasto depintore 250 d'oro a lui promessi per una fatica per dipengere la tavola della fraternità. Auf der Rückseite desselben Blattes: A di d'. Fiorni 250 d'oro. A d. sono per tanti che Guido de Mengaccio ha dato contanti a Mitro Gusto de Guasto depintore per la promessa gli fu fatta per dipingere la tavola. Avemone el quito per mano di Ser Francesco di Pietro de Spello, ed ancho è acceso la scripta tra noi e Mitro Gusto, ed è in mano di Giohanni de Luca perchè non fece el devere, e da noi fu intieramente pagato a conto di Guido in questo a carte 73. (Vergoldung des Rahmens) Lire 600. — Nach Passavant, Rafael von Urbino I. p. 129, der sich über das Unverständliche der Schlussrechnung nicht äussert.

dings gemachten Studien vor dem Bilde noch weniger thun. Weit entfernt übrigens, mich in eine Polemik gegen die Ansicht des berühmten und kenntnissreichen Kunstschriftstellers einzulassen, will ich nur die Gründe für meine Ueberzeugung hier kürzlich zusammenstellen.

Vor allem sind Jodocus und Justus ungeachtet ihrer Aehnlichkeit zwei verschiedene Namen von zwei ganz verschiednen Heiligen, von denen der Eine ein Märtyrer, der andere ein Einsiedler war, dem keine Gewalt angethan worden. Ihre Namen können so wenig für gleichbedeutend genommen werden, als etwa Matthäus und Matthias. — Jodocus von Gent wird als ein Schüler von Hubert van Eyk genannt, der zu Anfang des Jahres 1426 gestorben. Er dürfte, um die Bezeichnung als „Schüler" zu rechtfertigen, um diese Zeit doch wenigstens 22 Jahr alt gewesen sein; und hatte demnach die Tafel in Urbino in seinem 72. Jahre gemalt. Abgesehen davon, dass diese Annahme dem Bilde und seiner sehr frischen Darstellungsweise und Ausführung gegenüber sehr schwierig ist, ist auch das oben erwähnte Bildniss des Künstlers im Bilde nicht das eines Greises, sondern das eines jungen, kräftigen Mannes. Dazu kommt nun noch, dass ein unmittelbarer Schüler von Hubert van Eyk, und wenn er wirklich funfzig Jahre nach dessen Tode in voller Thätigkeit geblieben, sich doch nicht so weit von den Eindrücken seiner Jugend hätte frei machen können, als das Bild in Urbino in Anspruch nimmt mit seinem durchaus neuen Styl der Zeichnung und vornehmlich der Anordnung, welche beide auch nicht italienischem Einfluss zuzuschreiben sind, da sie sich davon, namentlich von Styl und Anordnung der umbrischen Malerschulen, gründlich unterscheiden und eine selbstständige, eigenthümliche Künstlernatur bekunden. Selbst die Möglichkeit des unmittelbaren Uebergangs von der rein symbolischen Darstellweise der Brüder van Eyk in die dramatische des Bildes von Urbino scheint mir eine zu gewagte Annahme, so lange nicht der Entwickelungsgang des Künstlers bekannt ist und dazu berechtigt. Nach wiederholten möglichst sorgfältigen Studien vor dem Bilde von Urbino muss ich aber sagen, dass ich von all den Werken, die ausserdem unter seinem oder einem andern, oder unter keinem Namen aufgeführt werden, soweit sie mir bekannt worden, nicht ein einziges dem Justus von Gent zuschreiben kann. Wir sind bis jetzt für die Kenntniss seines künstlerischen Charakters auf das Bild von Urbino beschränkt, das wir als den von der alten Kunst ausgesandten Vorboten der neuen fortschreitenden Zeit betrachten können.

DIE GEBURT CHRISTI
IM MUSEO NAZIONALE ZU NEAPEL.

5½ F. breit, 4 F. hoch.
Hierbei eine Bildtafel.

Die Freunde meiner „Denkmale" werden es wohl bemerkt haben, wie ich mit Vorliebe jenen Bestrebungen folge, durch welche die deutsche Kunstgeschichte eine wirkliche und werthvolle Bereicherung erfährt, oder die ihre Bearbeiter zu weiteren Nachforschungen reizen können. Eine — nach meiner Meinung — besonders interessante Veranlassung dazu bietet das Gemälde von der „Geburt Christi" im Museo Nazionale zu Neapel mit der Jahrzahl 1512, von welchem ich hier, soweit die Verkleinerung es gestattet, eine treue Nachzeichnung darbiete. Es ist, wie man sieht, das Votivgemälde eines Mannes, der unter dem Schutz des H. Andreas, und einer Frau, die unter dem Schutz der H. Margarethe steht. Sein Gegenstand ist der vielbehandelte Stoff, die Geburt Christi, doch mit mannichfacher Erweiterung und sehr eigenthümlicher Ausstattung.

Die Scene spielt in einer offenen Halle, an welche rechts ein Stall angebaut ist, und durch deren offene Bogen man auf das mit Schiffen befahrene Meer und auf die am Ufer liegende Stadt sieht, an welche sich links eine weite Gebirgslandschaft mit einer hoch gelegenen Burg anschliesst. Die Halle mit dem Platz vor ihr ist mit viereckigen Platten gepflastert, die zum Theil aufgerissen sind, so dass ihre Unterlage, der steinige Boden, sichtbar ist. Hier steht ein steinerner, viereckiger Trog, wohl zum Tränken von Thieren bestimmt, von denen im bezeichneten Stall die bekannten Ochs und Esel sich zeigen. In diesem Troge liegt auf weissen Linnen der Heiland der Welt, ein neugebornes, kleines, armes, regungsloses, nacktes Würmchen. Welch ein Gegensatz mit der Umgebung rings umher! Links kniet, die Hände zum Gebet gefaltet, gesenkten Hauptes, die jungfräuliche Mutter des Kindes; rechts, ganz in anbetende Demuth versunken, der zu dessen Nährvater erwählte fromme Mann.

Bereits aber wissen noch andere Erdenbewohner von dem wunderbaren Ereigniss, Bauern und Hirten der Umgegend, die herbeigekommen und in ehrfurchtsvoller Entfernung ins Knie gesunken sind. Und hätten sie es nicht schon aussen im Felde gehört, hier in der Halle müssten sie es wahrnehmen, dass das neugeborne Menschenkind im Stalltrog, ungeachtet seines bejammernswerthen Aussehens und der Aermlichkeit seiner Lage, in einer ganz besonderen Verbindung stehen müsse mit der Herrlichkeit des Himmels. Tönt nicht überirdische Musik, Glockenspiel, Trompeten- und Posaunenklang und Gesang von Kinderstimmen durch die halbzerstörte offene Halle? Stehen und sitzen nicht zu beiden Seiten des Kindes im Troge jubilierende Engel und feiern die Geburt des himmlischen Thronerben? Und schwenkt nicht bereits so ein kleiner Tempeldiener das heilige Weihrauchfass? Sieht man empor, so flattert es in der Luft von dem kleinen Geflügel, das durch die Arkaden herbeifliegt, anbetend, jauchzend und bewundernd; ja auf dem Gesims der Halle steht eine Schaar der kleinen Himmelsbewohner, bemalt, unter Saitenspiel mit Kränzen sie zu schmücken; und selbst im Rundfenster des Dachgiebels halten noch einige Nachzügler der kindlichen Himmelsbürger und verkünden ihre freudige Theilnahme.

Aber die Freude an dem Ereigniss ist nicht auf den Moment seines Eintritts beschränkt. Bis in die spätesten Zeiten reicht die zur Andacht gesteigerte Freude an der Geburt des Weltheilandes, des Gründers der christlichen Kirche. Lange nach dem Tage von Bethlehem haben die Männer und Frauen gelebt, die wir hier gemeinschaftlich mit den Aeltern des Kindes, mit den Hirten der kleinen Landstadt und mit den Engeln des Himmels auf den Knien sehen vor dem Kinde im Stalltrog, in welchem sie „das Fleisch gewordene Wort," den zur Erlösung und Heiligung der Menschheit erkorenen Sohn des Allerhöchsten anbetend verehren; den Männern in weltlicher Tracht haben sich einige Mönche, den Frauen einige Nonnen angeschlossen. Durch das Fenster links in der Halle sehen zwei Männer herein, in der Tracht und — man möchte sagen — mit dem Interesse von Künstlern.

Die Composition ist von grosser Klarheit bei allem Figuren-Reichthum, und zeigt ein vollkommenes Verständniss wirksamer Anordnung und Gruppenvertheilung. Wie viele einzelne Gruppen auch der Künstler gebildet, und selbst in der Tiefe angebracht; sie sind alle scheinbar durch ein gemeinsames, halbkreisförmiges Band um den Mittelpunkt des Ganzen zusammengefasst; und was nicht einbegriffen ist, umgibt es gleich einer lichten, heitern Verzierung. — Zeichnung, Färbung und malerische Behandlung zeigen ebenso einen vollkommen durchgebildeten Meister, und namentlich stehen die Bildnisse mit ihrer sprechenden Naturwahrheit auf der Höhe der Vollendung.

Aber wer ist der Meister und wo ist das Bild entstanden? Darauf sollte der Styl Antwort geben; aber der Styl zeigt deutlich zwei sehr verschiedene Elemente: während die Anordnung der Gewänder, der Faltenwurf mit seinen einfach grossen Massen und einfachen Brüchen in Verbindung mit der Wahl der Trachten (z. B. bei der H. Margaretha, selbst bei den Hirten); zum Theil auch die Anordnung der Architektur und ihre besondere Art der Renaissance nach Niederdeutschland weisen, sind die Engel ihrer ganzen Auffassung nach in Form und Bewegung so gründlich oberdeutsch, dass sie Hans Burgkmaier gezeichnet haben könnte, wie denn auch der braune etwas schwere Ton der Färbung und die sehr geglättete Ausführung an Gemeinschaft mit der schwäbischen Schule erinnern. Waagen (Geschichte der D. Malerei) schreibt das Bild dem Meister des Wiener Hieronymus-Altars zu, an das die Bildnisse wohl etwas erinnern (s. meine „Denkmale" Band VI.), und nimmt Westfalen dafür als Heimath an; ich glaube: beides mit Unrecht. Doch bekenne ich, dass ich bis jetzt dafür weder einen andern Meister, noch eine andere Herkunft angeben kann. Auf dem Fries der Rückwand der Halle steht aber deutlich: A. D. MDXII und 1512 facta.

DIE ANBETUNG DER KÖNIGE,
TRIPTYCHON IM MUSEO NAZIONALE ZU NEAPEL.

3 F. 5 Z. hoch, die Mitte 2 F. 2 Z. breit.

Hierzu zwei Bildtafeln.

Wieder stehen wir vor einer dunkeln Stelle der deutschen Kunstgeschichte! Dem Meister des Triptychons im National-Museum zu Neapel, wovon ich hier in zwei Tafeln eine Abbildung gebe, begegnen wir vielfältig in Deutschland und ausserhalb, und seinen Leistungen gebührt eine hervorragende Stelle unter den Werken des ersten Jahrfünfzehnts des 16. Jahrhunderts. Aber keine Unterschrift oder sonstige Urkunde gibt uns Nachricht von dem Namen und der Heimath dieses Meisters, und wir sind vorläufig noch darauf beschränkt, die Gemälde zusammenzustellen, die ihm nach eingehender Prüfung mit Wahrscheinlichkeit zugeschrieben werden dürfen. Ich will im voraus bekennen, dass ich bis zu meiner jüngsten Reise durch Italien (1865) zwei verschiedene Meister für diese Gemälde angenommen, dass ich aber durch ein Altarbild in Genua (wovon hernach!) in meiner Annahme schwankend geworden und nun doch anzunehmen geneigt bin, dass sie sämmtlich von einer und derselben Hand stammen.

Der eine Meister, dem ich eine Reihe der hier gemeinten Gemälde zugeschrieben, wird in der Kunstgeschichte, die seinen Namen noch nicht kennt, aufgeführt als „Meister vom Tode der Maria"; nach dem Bilde in der Glyptothek zu München. Von den Werken, die ich als — nach meiner Ansicht — von ihm herrührend in meiner „Geschichte der deutschen Kunst", Bd. II. S. 168 ff. anführe, will ich hier nur die beiden Darstellungen von der „Anbetung der Könige" im Museum zu Dresden nennen, und das grosse Bild der „Klage um den Leichnam Christi" im Louvre zu Paris mit dem „Abendmahl und der Stigmatisierung des H. Franz". In all diesen Bildern kann man eine bald nähere bald fernere Verwandtschaft mit der Zeichnung und Charakteristik des Lucas von Leyden nicht wohl verkennen. Gerade diese, aus Manierirte streifenden Züge treten mit Entschiedenheit an dem Triptychon im National-Museum von Neapel hervor; weshalb ich früher dasselbe unbedenklich für ein Werk des Lucas von Leyden gehalten habe.

Auf meiner Rückreise aus Italien, wo ich mich auf einen etwas längern Aufenthalt in Genua eingerichtet, konnte ich eine früher stets versäumte Gelegenheit benutzen, ein dem Albrecht Dürer zugeschriebenes Altarbild in der Kirche S. Donato aufzusuchen. Wie gross war mein Erstaunen, als die verschlossenen Flügel aufgethan wurden, und ein wohlerhaltenes, treffliches Bild vor mir stand, das mit allen Merkmalen der Composition, Zeichnung, Formengebung, Charakteristik, Färbung und Behandlung an die obenerwähnten Gemälde in München, Dresden und Paris erinnerte? Aber sogleich drängte eine andere Betrachtung sich dazwischen, als ich sah, dass das Bild — eine Anbetung der Könige — eben so sehr mit dem Triptychon in Neapel übereinstimmte. Im Bilde von S. Donato sitzt die heil. Jungfrau auf dem Postament einer zerbrochenen, bunten Marmorsäule. Daran schliesst sich ein Trümmerstück von einer Vorhalle in Renaissance-Architektur, durch dessen Thüre drei Männer, zum Theil in Waffen, eintreten. Im Stall daneben ist das Vieh sichtbar; den Hintergrund bildet eine Landschaft mit Häusern, Bäumen, Felsen, einem Fluss und fernen Bergen. Nackt liegt das Kind im Schoosse der Mutter und wendet sich, dargereicht von ihr, freundlich um nach dem greisen König, der vor ihm kniet und sein rechtes Händchen küsst. Mit gutmüthiger Neugierde steht St. Joseph hinter Marien, mechanisch beschäftigt mit einem schweren Rosenkranz. Zur Linken des alten Königs steht der jüngere, mit einem goldnen Gefäss in der Hand, zu seiner Rechten der Mohrenkönig, mit einem ähnlichen Weihgeschenk. Hinter den Königen Männer des Gefolges. Auf den Flügeln der Stifter — aus der patrizischen Familie der Raggi in Genua — und die Heiligen Stephan und Magdalena. Ausgezeichnet ist das Bild durch eine klare, rosige Carnation; unter den Gewandfarben muss das Wassergrün mit kirschrother Modellirung auffallen. Madonna trägt ein schwarzes Kleid unter einem dunkelblauen Mantel. Die Gewandformen zeigen bei grossen Massen scharfe Brüche, und bei fliegenden Theilen knittrige Falten. Die Ausführung ist sehr vollkommen mit Anwendung durchsichtiger Farben; im Hintergrund sind die Contoure leicht in den Farbenauftrag gezeichnet. Die überraschendste Stelle aber im Bilde war mir Zeichnung, Bewegung und Ausdruck in der h. Jungfrau und dem Christkind, die nicht nur vollkommen mit dem Bild in Neapel übereinstimmen, sondern auch mit der Madonna und dem Kind im grösseren Dresdner Bilde, die mir immer von fremder Hand eingetragen geschienen, und auf wohl die Veranlassung gegeben zur Bezeichnung „Mabuse" im Katalog. Eine Vergleichung meiner Abbildung mit dem Bilde in Dresden wird über die Uebereinstimmung schwerlich einen Zweifel lassen. Endlich fand ich dieselbe Composition von derselben Hand noch einmal in Genua, obwohl nur im verkleinerten Auszug, in der Galerie des Palastes Balbi.

Nun erfahren wir aus dem Katalog der Galerie K. August's in Dresden von Guarienti (dem k. Commissär für Bilderankäufe), dass die „Anbetung der Könige" in der Dresdener Galerie aus der Kirche von S. Luca d'Erba bei Genua stammt, wo es dem Albr. Dürer zugeschrieben war; ferner aus dem Katalog der Galerie des Louvre von Frederic Villot, dass das dreitheilige Bild daselbst mit der Grablegung vormals in der Kirche von S. Maria della Pace zu Genua gewesen, wo es als ein Werk des Lucas von Leyden galt. Im Abendmahl des Pariser Bildes ist überdiess eine unmittelbare Einwirkung von Leonardo's Wandgemälde in S. Maria delle Grazie in Mailand unverkennbar; so dass wir von allen Seiten an einen Aufenthalt des Künstlers in Italien, vorzugsweis aber in Genua hingewiesen werden, und zugleich eine Verstärkung der Ansicht erhalten, dass die genannten Bilder von einer und derselben Hand seien. Wenn sie nun Passavant dem Meister des Meisters vom Tode Mariä zuschreibt, so wäre diess nicht ohne weiteres abzuweisen, wenn diese Annahme mit den Zeitbestimmungen sich vereinigen liesse. Abgesehen aber von der Nothwendigkeit, sämmtliche hier angeführte Gemälde ihrem Styl nach diesseit des J. 1500, und der zweiten, das Münchner Bild nicht später, als 1512—16 zu setzen, so dass für die Lehrjahre des Meisters vom Tode Mariä keine Zeit gewonnen werden könnte, scheint mir der Tod Mariä früher gemalt, als die Bilder in und aus Italien, in denen eine die Eigenthümlichkeit modificierende Einwirkung neuer Elemente wohl zu spüren ist.

Wie dem nun auch sei: die beiden Bilder in Genua lassen keinen Zweifel, dass ihr Urheber auch der Urheber des Triptychons in dem Nationalmuseum zu Neapel sei. Seinen Namen und seine Lebensumstände ausfindig zu machen, bleibt der Zukunft vorbehalten; viele Anzeichen sprechen dafür, dass Cöln seine Heimath gewesen.

Wir wenden uns nun zur Betrachtung des Triptychons in dem Museo Nazionale zu Neapel, in welchem es — seit der neuen Ordnung der Dinge — eine seiner würdige Aufstellung unter den „Capi d'opera" erhalten hat, während es früher unter grossentheils werthlosen Gegenständen in einem Winkel des letzten Saales hing.

Auf dem Mittelbilde sitzt Madonna neben dem Postament einer zerbrochenen Säule in einer halbzerstörten Halle von Renaissance-Architektur, auf deren Gesims Fragmente von Statuen sichtbar sind, neben denen Schlinggewächse das Gemäuer bedecken. Zwischen einem Pfeiler und einem zerbrochenen Bogen sieht man hinaus ins Freie, in eine Landschaft mit Häusern, Bäumen, Felsen und fernen Bergen. Die heilige Jungfrau hält das nackte Kind, das sie eben noch mit ihrem Mantel bedeckt gehalt zu haben scheint, mit beiden Händen in ihrem Schooss. Aber das Kind wendet sich mit Lebhaftigkeit nach dem greisen König, der sich links vor ihm ins Knie gelassen, und sein rechtes Händchen an die Lippen führt, während es ihn umarmen zu wollen scheint. Sein Scepter hat der König am Postament der Säule niedergelegt und sein goldnes Weihgeschenk daneben gestellt. Hinter ihm steht Joseph und macht mit der Linken eine Bewegung, als wolle er ehrerbietig den Kopf entblössen. — Rechts im Mittelgrunde tritt eine Anzahl bewaffneter und unbewaffneter Männer durch eine Thüre in die halbzerstörte Halle. — Wir erkennen in den Hauptmotiven die Uebereinstimmung mit dem Bilde von S. Donato in Genua. Freilich im neapolitanischen Bilde sind die beiden andern Könige auf die Seitenflügel gestellt (Taf. 2): links der braune König, das goldne Weihgefäss mit beiden Händen haltend, mit dem Ausdruck einiger Zurückhaltung; rechts der schwarze König, in der rechten Hand das Gefäss, in vornehmer, nicht gerade sehr frommer Haltung und Geberde; neben sich mit einem gleich vornehmen Ausdruck sein Windspiel, in zierlich eingelernter Stellung. Im Hintergrund setzt sich die Landschaft des Mittelbildes fort.

Die Aussenseiten der Flügel haben grau in grau gemalt die „Verkündigung": den Engel in gebieterischer Stellung, mit einem Commandostab in der Hand; Maria noch stehend, aber mit dem Ausdruck demüthiger Ergebung.

In diesem Werke mischen sich verschiedenartige Elemente, wie in einer Uebergangszeit der Kunst es fast mit Nothwendigkeit erfolgt. Neben der grossen Innigkeit, die im Mittelbilde sich ausspricht, steht die unverkennbare Gleichgültigkeit der Figuren auf den Flügelbildern mit ihren gespreizten, manierierten Bewegungen; neben der einfach bekleideten Madonna nimmt sich das raffinierte Costüm der Könige sehr fremdartig aus. Dagegen herrscht im Faltenwurf, soweit er nicht durch die Tracht bewegt ist, ein Sinn für Massenwirkung und einfache, naturgemässe und weiche Brüche; nur aber im Einzelnen auch eine gewisse Unbeholfenheit, die — wie bei der h. Jungfrau und dem alten König — Faltenmassen häuft ohne Rücksichtnahme auf Körper-Form und Bewegung. Die naturalistische Zeichnung des Nackten wie der Gesichtszüge ist bei einem deutschen Gemälde der Zeit selbstverständlich; selbst die Uebertreibung des Charakteristischen bei dem Mohrenkönig wird nicht überraschen; dagegen sind die vorherrschend runden und weichen Formen ein besonderes Merkmal der Bilder, die ich als muthmässliche Werke einer und derselben Hand oben angegeben; namentlich aber sind es die Züge und der Ausdruck von der h. Jungfrau und dem Kinde, die in Genua und Dresden aufs Deutlichste wiederkehren.

Zu den Merkmalen, die das Bild in Neapel mit den andern genannten gemein hat, gehört noch der eigenthümliche, ziemlich willkürliche Geschmack der Renaissance, in den Formen, Gliederungen und Verzierungen der Architektur, in Schmuck, Waffen und Geräthschaften, und ebenso in den Trachten mit Quasten an geschlitzten Manschetten, Handschuhen und wunderlich zugespitzten Kopftüchern; mit Klunkern am Leibrock, Schlitzen und Bändern am Knie, blattförmig ausgeschnittenen Stiefelschäften. Wenn nun diese und manche andere Eigenthümlichkeiten auf Lucas von Leyden hinzuweisen scheinen, so ist doch die Verwandtschaft mit dem Dresdner Bilde, und des Dresdner Bildes mit den andern des Meisters vom Tode Mariä so schlagend, dass wir es nicht von ihnen trennen können, und nur ihren Urheber in sehr naher Beziehung zu Lucas von Leyden annehmen müssen.

Das Unterkleid der h. Jungfrau ist ein graublauer Pelz, über den sie einen weiten grauen Mantel geschlagen hat; den Kopf bedeckt ein weisses Tuch, dessen Zipfel in den Brustsaum gesteckt ist; in langen Wellen fliesst ihr Haar über Schultern und Brust. Die Carnation zeichnet sich bei Mutter und Kind durch graue Schatten aus; sonst ist die Färbung kräftig; unter den Gewandfarben macht sich ein Changeant von Hellblau in Orange bemerklich, sowie ein hellgrünliches Blau. Durchaus bewahrt sich der Künstler als tüchtiger Zeichner mit klarem Formenverstandnis. Die malerische Behandlung ist sehr glatt, jedoch nicht so flüssig, wie sie an den andern oben erwähnten Bildern vorherrscht. Das Ganze aber ist vollkommen gleichmässig und in harmonischer Haltung durchgeführt.

MADONNA
MIT SS. HIERONYMUS UND ANTONIUS
IM MUNICIPALPALAST ZU GENUA.

Ein Triptychon, 5 F. 2 Z. hoch; Mittelbild 2 F. 11 Z. breit, jeder Flügel 2 F. 1 Z. breit.

Hiezu eine Bildtafel.

Wenn wir in den meisten Werken altdeutscher Malerei, namentlich aus dem letzten Drittel des 15. Jahrh., irgend etwas vermissen, was zu einem vollkommen befriedigenden Eindruck gehört — sei es in den Proportionen, in Stellung, Haltung und Bewegung, in der Zeichnung, besonders der Füsse, oder auch im Geschmack, der oft vom Schönen sich entfernt: so schweigen alle diese Bemängelungen vor dem Bilde, nach welchem ich hier eine Zeichnung mittheile. Es hing früher in einem dunkeln Zimmer des Sindaco von Genua, wo man seine Schönheit nur ahnen konnte. Neuer Zeit ist es aber in den grossen Sitzungssaal des Municipalpalastes gebracht worden, wo es, in der Mitte der der Tribune gegenüber liegenden Wand, dem Auge in genügender Nähe, vortrefflich beleuchtet ist. Wie mir erzählt wurde, kommt das Gemälde aus einer der Familie Doria einst gehörigen Kirche in der Umgegend von Genua; wo sich — beiläufig! — noch mehre Werke altdeutscher Malerkunst befinden.

Das Triptychon des Municipalpalastes ist nicht zum Verschluss eingerichtet, indem die Flügel, verbunden, breiter sein würden, als die Mitte. Hier sitzt Maria in einer Thronnische, die durch einen grünen Vorhang zum Theil verdeckt ist. Sie hat das bekleidete Kind auf dem Schoosse, das im Begriff ist, von einer Traube in seiner Rechten eine Beere abzupflücken, wobei es uns mit gutmüthiger Freundlichkeit anblickt. Die Mutter sitzt mit aufgelöstem, langherabfliessendem Haar, in feierlicher Haltung, mit niedergeschlagenem Augen auf dem Thron; ein Stirnband ist um ihr Haupt gelegt; ein weiter dunkelgrünblauer Mantel umschliesst sie ganz, doch ist das anliegende Untergewand von gleicher Farbe, mit Pelzärmeln, sichtbar, sowie eine Fussspitze. Auf dem Mantelsaume stehen die Worte: Salve (mater) misericordie: vita dulcedo et spes nostra! o clemens o dulcis virgo Maria.*) (Sei gegrüsst, Mutter des Erbarmens! Unser Leben, unsere Süssigkeit und unsere Hoffnung! o sanfte, süsse Jungfrau Maria!) Auf dem rechten Flügel steht der H. Hieronymus im rothen, mit Pelz verbrämten Ordenskleid, in der Linken einen reich verzierten, in ein Kreuz ausgehenden Stab, lesend in einem Buche, das er mit der Rechten hält. An seiner rechten Seite liegt sein Löwe. Nur an diesem ist er zu erkennen, da die Darstellung selbst ganz von der gewöhnlichen Weise abweicht. Nicht als lebensmüder, abgemagerter Greis, sondern in voller Mannskraft, im Alter von 46, höchstens 50 Jahren steht er vor uns. Er hat keinen Lippenbart, Backen- und Kinnbart sind lang, und dunkelbraun von Farbe. — Auf dem linken Flügel steht, in schwarzer Ordenstracht, der h. Antonius von

---

*) Es verdient Beachtung, dass die Buchstaben m in misericordia und clemens gebildet sind wie das berüchtigte M in Memlings Namen in Brügge, in Maria aber mit dem sonst üblichen M.

Padua mit einem Bischofsstab in der Rechten und einem geschlossenen Buch in der Linken. Hinter beiden Gestalten ist ein buntgewirkter Teppich mit Blumen, Vögeln etc. ausgespannt.

Ein gesunder, kräftiger Realismus spricht aus dem ganzen Werke; aber er ist gemässigt durch eine feine, künstlerische Auffassung der Natur, die hier überall Modell gestanden; durch eine sehr durchgebildete, ja ganz vollkommene Zeichnung, vor welcher die Erinnerung an die magern Vorbilder und so manche Harten der van Eyckschen Schule verschwindet; durch einen grossartigen Formensinn, der sich vornehmlich in dem imponierenden Kopf des Hieronymus und in dem an Ghirlandajo's Weise anstreifenden edlen, einfachen und schönen Faltenwurf kund giebt. Zu alledem kommt eine — wie ich Eingangs sagte — der deutschen Kunst jener Zeit nur selten eigne Schönheit und Harmonie der Bewegung und deren volle Uebereinstimmung mit dem Ausdruck der Mienen und der ganzen Gestalt; nicht zu sprechen von der ganz vollendeten Technik des Farbenauftrags und der ruhigen, einfachen Färbung mit nicht sehr lebhafter, aber wahrer Carnation, wie beides der Eyckschen Schule eigen ist.

Der Meister dieses ausserordentlichen Werkes, dessen Entstehungszeit ich früher, da ich es an seinem dunklen Ort gesehen, in den Anfang der zweiten Hälfte des 15. Jahrh. verlegt, nun aber mit Schnaase (D. Kunstblatt 1857) an das Ende derselben stelle, ist so unbekannt, als wär es eines Handwerkers mittelmässige Arbeit! Es ist freier, grossartiger im Styl, als selbst Rogers Gemälde, viel mächtiger und durchgebildeter als was wir von Memling kennen. Selbst der Meister von der Gefangennehmung Christi (in der Pinakothek zu München) steht tiefer, von Bouts nicht zu sprechen. — Dazu kommt, dass in keiner Galerie, in keiner Privatsammlung, soweit meine Kenntniss reicht, ein Bild derselben Hand zu finden gewesen, bis ein glücklicher Zufall mich vor ein solches geführt, das ich als eine der kostbarsten Perlen deutscher Kunst preisen muss.

Um ein Gemälde, angeblich von Memling, mir zu zeigen, führte mich ein Freund in Wien zu Herrn Artaria, der mit grosser Gefälligkeit ein Triptychon für mich aufstellte und aufschloss, das das Werk Memlings sein sollte. Schon die Aussenseiten mit den Bildnissen der muthmässlichen Stifter in Gestalt von St. Sebastian (im Waffenschmuck) und Dorothea widerlegten die Benennung; aber wie erstaunte ich, als die Flügel geöffnet wurden und der Meister von Genua in aller Herrlichkeit vor mir stand. Das Mittelbild ist ein Erzengel Michael im Kampf mit Dämonen; die Seitenflügel werden von den HH. Hieronymus und Antonius eingenommen. Ich werde hoffentlich die Gelegenheit haben, auf dieses seltene Werk zurückzukommen; darum nur vorläufig: es ist das vollkommenste und schönste Gemälde altdeutscher Kunst vom Ende des 15. Jahrhunderts, das ich kenne. Für die beiden Seitenbilder hat der Meister sich derselben Modelle bedient, wie für das Bild in Genua. Wenn Waagen in seiner Beschreibung von Kunstwerken in Wien dasselbe dem G. Horebout zuschreibt, so weiss ich nicht, auf welches Werk desselben er diese Annahme gründet. Das meines Wissens einzige beglaubigte Bild Horebouts mit seinem Namen und der Jahrzahl 1525 war im Messager de Gand (Serie II. Vol. I) abgebildet, eine Madonna nebst dem vor ihr knieenden Stifter; ein zwar fein und fleissig ausgeführtes Bild, aber ohne Kraft und Schönheitssinn, das zu den hier genannten Kunstwerken nicht in entfernter Beziehung steht.

DER TOD MARIÄ
IN DER GALERIE SCIARRA-COLONNA ZU ROM.

1 F. 3 Z. breit, 1 F. 4 Z. hoch.

Hiezu eine Bildtafel.

Ein Räthsel mehr für die deutsche Kunstgeschichte! Ein Gemälde, das durch Originalität der Auffassung, durch Vollkommenheit der Zeichnung und Ausführung auf einen der bedeutendsten Meister deutscher Kunst hinweist, ohne dass man seinen Namen kennt, ohne dass man ein zweites ähnliches Werk nur mit einiger Sicherheit bezeichnen kann, ja ohne dass man die Herkunft desselben — ob aus Ober- oder Niederdeutschland — zuversichtlich zu bestimmen vermöchte! Nur die Zeit der Entstehung spricht deutlich aus dem Styl der Zeichnung, nach welchem es um 1480—1490 gemalt sein mag.

Wir haben es mit einem Bild von klar ausgesprochenem Naturalismus zu thun, der allein durch die Vermeidung von Zeittrachten und durch einen stylvollen Formenzug in der Gewandung in der idealen Kunstsphäre gehalten wird. Der Künstler hat sich den Vorgang ohne alle symbolische Beziehung oder Bedeutung als ein wirkliches Erlebniss in der Wohnung der Mutter Christi und im Beisein seiner Jünger vorgestellt. Und so ist Maria eine betagte, alte Frau, die im Sterben so wenig, als irgend eine andre eine himmlische Verklärung erfährt; die Apostel sind so treue und gewissenhafte Träger ihrer Nationalphysiognomie, dass ihre Herkunft nicht verkannt werden kann. Aber nicht nur als Juden hat sie der Künstler charakterisiert, sondern er hat ihnen auch die Jahre nachgezählt, um die sie bis zum Tode Mariä älter geworden sein müssen, so dass selbst der jüngste, Johannes — wenn auch bartlos — doch ein ziemlich vorgerücktes Antlitz hat.

Die Darstellung ist in hohem Grade gefühlvoll; der Augenblick bewegt die Apostel tief im Gemüthe; Aller Gedanken vereinigen sich in der sichtlichen Theilnahme an dem letzten Abschied von der verehrten Freundin; und doch thut es ein Jeder auf eigne Weise. Während der Eine noch hofft, mit einer Arznei das scheidende Leben zu erhalten, bläst der Andere neben ihm ins Weihrauchfass, zur Vorbereitung des Todtendienstes. Die erstorbene Hand Marias kann die dargebotene Kerze nicht mehr fassen; der Jünger, der sie reichte, lüftet das Kopftuch und sieht das Auge gebrochen, was ebenfalls die neben ihm Stehenden mit unterdrücktem Ausbruch des Schmerzes bemerken. Der am Fussende des Bettes kniete, erhebt sich, um zu sehen, ob in der That der Tod eingetreten sei, während die beiden Genossen vor ihm, der eine aus dem Herzen, der andere aus dem Buch, für die scheidende Seele beten; Petrus aber nicht versäumt, das unter Thränen dargereichte Weihwasser zu sprengen. Am ruhigsten, aber durchaus nicht theilnahmlos, äussern sich die beiden Apostel, ganz rechts, von denen der Eine die vorschriftmässige Pflicht erfüllt, der Andere über dem Rosenkranz, den er zu vernachlässigen scheint, in ernste Betrachtung versunken ist.

Mit dieser sehr ausdrucksvollen Darstellung ist eine Zeichnung verbunden, die in Betreff der Gesichtsformen nichts zu wünschen lässt; auch die Hände sind gut, die Füsse aber sehr unvollkommen und oft zu gross, wie denn Proportionsfehler mehrfach vorkommen. Des Petrus Kopf z. B. ist zu klein, der des Johannes zu gross. Meisterhaft sind die Gewänder angeordnet, mannichfaltig in den Motiven, sehr bezeichnend in den Zügen und Brüchen und wie in den Formen, ohne Ecken und Knitter, und doch bestimmt, von plastischer Schärfe. Auch haben die Linien nicht die Starrheit des alten Styls, sondern deuten mit ihrer Hinneigung zu grösserer Belebung durch Bewegung auf das Eintreten eines neuen, mehr individualisierenden Formensinns.

Was die Farbung betrifft, so ist zu bemerken, dass zwar einige bräunliche und dunkelgrüne Localtöne vorkommen, sonst aber die Figuren grossentheils aus dem Licht modellirt sind. Betrachten wir das Bild von der Linken zur Rechten: Johannes trägt einen dunkelbraungrünen Mantel, das Unterkleid ist kirschroth mit hellen Lichtern; der Jünger neben ihm ist in Blaugrün gekleidet, das Unterkleid ist graugrün, das Tuch um den Hals lackroth, das Kleid des nächsten ist hellbraun, der Mantel des Jüngers mit der Kerze ist braungrün, sein Unterkleid gelb (seine Haare sind roth), der hinter ihm steht, ist weiss von Bart und Haaren und hat ein zinnoberrothes Kleid. Maria liegt mit einem weissen Kopftuch auf einem weissen Kopfkissen, ist in einen dunkelblauen Mantel gehüllt und ist mit einer graubraunen Decke zugedeckt. — Kehren wir noch einmal zur linken Seite zurück, so sehen wir den ersten in einem weiten, helllackrothen Kleid mit sehr farbigen Schatten, den vor ihm Knieenden hellbraungrün angethan, den Stehenden kirschroth, im Lichte gelb, den Mantel braungelb. Petrus mit dem Weihwedel hat weisse Haare und sitzt in Weiss gekleidet, die Stola ist golden; der Betende neben ihm ist dunkelbraungrün; der Weinende mit dem Weihkessel trägt einen weissen Mantel mit bläulichen Schatten und ein braunes Unterkleid, unter welchem ein orangefarbenes zum Vorschein kommt. Der ganz rechts Sitzende hat eine schwarze Kapuze über dem Kopf, ein hellgrünes Unterkleid, im Licht neapelgelb, und einen Mantel, dessen Farbe zwischen kirsch- und helllackroth spielt. Der Fussboden ist lichtholzbraun, die Bettwand dunkler, der Vorhang sehr hell violett, im Schatten fast schwarz. Die Carnation ist mannichfaltig und lebendig, und hat bei sehr hellen Tönen graue Mitteltinten. — Die Modellirung verräth gründliche Kenntniss ihrer Mittel, ist nicht sehr kräftig, aber in Massen gehalten, so dass der Gesammteindruck ruhig und harmonisch ist.

Der Farbenauftrag ist pastos unter flüssiger Uebermalung, bei welcher die Vollendung oft mit feinen Strichen gegeben ist. — Das Bild ist ohne Retouchen und vortrefflich erhalten, wie es auf's feinste ausgeführt ist.

Aber woher stammt es? Der Zusammenhang mit der Flandrischen Schule ist unverkennbar; aber mehre Merkmale deuten auf Oberdeutschland, namentlich die Vermeidung jedes kleinsten Stückes Zeitcostume; die Anwendung vieler gebrochener Farben, der freiere Formensinn des Gefältes. Doch erinnert auch kein Zug weder an Martin Schongauer (was ich früher geglaubt), noch an Albrecht Dürer, oder die Meister von Augsburg, so dass wir an einen Meister gewiesen scheinen, der beiden Schulen angehört, ohne ihre Schwächen sich angeeignet zu haben.

DER CODEX GRIMANI
IN DER ST. MARCUS-BIBLIOTHEK ZU VENEDIG.

(Mit 6 Bildtafeln in der Grösse der Originale.*)

Unter allen bekannten, von deutscher Kunst des 15. Jahrhunderts miniierten Handschriften nimmt der Codex Grimani in der St. Marcus-Bibliothek zu Venedig, sowohl an Umfang als an Werth, die oberste Stelle ein. Er ist ein wahres Schatzhaus für die Geschichte der deutschen Malerei, und wenn auch nicht geeignet, für die Verluste zu entschädigen, die der wahnsinnige Bildersturm dieser zugefügt, doch reich genug, einigen Ersatz zu bieten; freilich aber auch danach angethan, die erlittenen Verluste doppelt und dreifach beklagenswerth finden zu lassen. Welch eine Fülle der Erfindung, welche Originalität der Auffassung, welche Schärfe und Klarheit in der Beobachtung des wirklichen Lebens, welche Höhe künstlerischer Durchbildung thut sich hier vor uns auf! und welche Mannichfaltigkeit von Kräften, die – wie Styl und Zeichnung belegen – weit über die Grenzen blosser Miniaturmalerei hinausreichen!

Das kostbare, reich in rothem Sammt mit Goldbeschlägen eingebundene Buch ist ein Breviarium mit dem Kalender und mit Gebeten in lateinischer Sprache für das ganze Jahr auf 831 Pergamentblättern in gross Quart mit 110 Miniaturen, zum grossen Theil in der Grösse eines ganzen Blattes. Das Calendarium hat ausser zierlichen und passenden Randverzierungen noch zu jedem Monat ein Bild, durch welches derselbe in Darstellungen aus dem Leben besonders charakterisiert wird. – Die Reihe der Gebete beginnt mit dem Kirchenjahr, also mit dem ersten Advent, und bringt in einer Folge von grösseren und kleineren Miniaturen Darstellungen zu den Hauptkirchenfesten bis zum Tage des Corpus Domini, zum Theil begleitet von Parallelbildern aus dem Alten Testament und unterbrochen von einzelnen in diese Zeit fallenden Heiligentagen. Danach kommen die Psalmen, denen einige Bilder aus dem Leben Davids vorausgehen. Hierauf folgen die verschiedenen „Officia" der Apostel, der Märtyrer, der Jungfrauen, der Todten und der Heiligen im Allgemeinen. Von da an geht das Breviarium mit dem Kalender vom Januar bis in den December und endet mit einem Madonnenbilde und einer symbolischen Darstellung der christlichen Kirche nebst Anspielungen auf die heilige Jungfrau. – Die meisten dieser Bilder haben einen mehr oder minder breiten Rahmen, in welchem auf goldnem Grunde entweder kleine, auf das Hauptbild bezügliche Scenen darge-

---

*) Es ist vor Kurzem eine photographische Nachbildung der Miniaturen nebst erklärendem Text erschienen: Facsimile delle miniature contenute nel Breviario Grimani conservato nella biblioteca di S. Marco eseguito in Fotografia da Antonio Perini con illustrazioni di Francesco Zanotto. Venezia 1862.

stellt, oder allerhand Blumen, Insekten, Schnecken, Vögel und andere Thiere, auch wohl kirchliche Gefässe, Perlen und Edelsteine gemalt sind. Nur wenige Blätter haben kleine Miniaturen und überlassen den ganzen übrigen Raum dem „Officium".

Betrachten wir nun zuerst den Kalender! Jedem Monat sind zwei Blätter gewidmet, das eine ganz eingenommen von einem ihm entsprechenden Bilde aus dem Leben, das andere mit der Bezeichnung der kirchlichen Fest- und Bettage, eingefasst in einen gelbbraunen, goldig schimmernden Rahmen, darin ausser den treffenden Himmelszeichen, Anspielungen auf die Festtage und auch noch kleine Lebensbilder gemalt sind und ein jeden Monat charakterisierender lateinischer Vers eingeschrieben ist. In der Spitze eines jeden der grössern Bilder ist Gott Vater abgebildet mit der dreifachen Krone und der Weltkugel in einem zeltartig überdeckten, vierrädrigen, von vier geflügelten Pferden gezogenem Wagen.

Im Januar führt uns der Künstler (s. die Bildtafel 1) zunächst in die Wohnung eines reichen Mannes und in einer für ihn ganz besonders behaglichen Stunde: er sitzt bei Tische! Der Fussboden ist mit einem Strohteppich belegt, der Tisch mit einem weissen Tuch gedeckt und mit Speise und Trank und nöthigen Gerathschaften und Geschirren besetzt; auf der silbernen Platte liegt eine gebratene Schnepfe; es fehlen nicht Salzgefäss, Weinkanne, Pokal, Speisewärmer, Messer u. s. w., wohl aber Gabeln, an deren Stelle man zur Zeit noch der Finger sich bedienen mochte. Der reiche Mann sitzt, in einen weiten Pelz gekleidet, eine Pelzmütze auf dem Kopf, die Serviette über die Schultern gelegt, ganz allein am Tisch und führt eben ein Stück Speise mit den Fingern zum Mund. Seine Aufmerksamkeit wird in Anspruch genommen durch einen Falkenier, der links im Vordergrund steht und, den Falken auf seiner linken Hand, mit einem Hunde scherzt. Rechts im Vorgrund ist ein zweiter Diener beschäftigt, einem Jagdhund ein Stück Brot abzuschneiden. Hinter ihm, an dem gedeckten Tisch, steht ein dritter Diener, gleich dem Falkenier, die Serviette über der Schulter, den Blick auf die Schnepfe gerichtet und gewärtig des Befehls, der ihm — als dem Vorschneider — vom Herrn gegeben werden wird. Der Stuhl, auf welchem der reiche Mann sitzt, hat eine hohe Rücklehne, und statt der Armlehnen Schranken, die ihn in der ganzen Breite des Tisches ein- und von den Anwesenden abschliessen. An dieser Schranke zu seiner Rechten steht ein in einen Pelz gekleideter Mann, die viereckte Kopfbedeckung in der Hand, ein stummer Zuschauer mit gesenktem Blick. Seinem Aussehen nach kein Diener, scheint er nur zu geselliger Unterhaltung beigezogen zu sein, für die seine Mienen weniger guten Willen verrathen, als für etwaige Betheiligung an den Resten des Mahles. Der Stuhl steht unmittelbar vor dem Kamin, dessen Rauch man aufwirbeln sieht, unter der Hand eines Dieners, der das Feuer schürt, neben andern, die sich die Hände daran wärmen. Das Kamin ist nach oben durch eine Marmorplatte abgeschlossen, auf der ein Turnier in Relief dargestellt ist. Ausser den schon angeführten Vorkehrungen gegen die Unbequemlichkeiten der Januar-Kälte hat er noch zu beiden Seiten des Tisches Vorhänge angebracht, die nöthigen Falls ganz zusammengezogen werden können. Links von dem Vorhang sieht man fast nur den Kopf eines bejahrten Mannes, der vielleicht des reichen Mannes Kellermeister ist, denn auf dem Schenktisch hinter ihm stehen Becher und Kannen. Bei ihm vorüber werden von zwei Dienern verdeckte Gerichte getragen durch eine Thüröffnung, deren Vorhang von einem dritten Diener zurückgeschlagen wird. Kurz Wohlleben und Wohlbehagen im grossen Styl; aber — bei egoistischer Januarkälte der Seele? — Im Nebenblatte dagegen herrscht heitere Gemeinschaft der Lust, bei vollkommener Gleichgültigkeit gegen Winterkälte und Schnee, die vielmehr die Mittel zur Lustbarkeit liefern, indem hier als Parodie des marmornen Turniers beim reichen Mann die Stadtjugend ein Turnier aufführt, dessen verpuppte Kämpfer auf Fässern reiten, die von ihren Kameraden auf sehr primitiven Schlitten im Sturmschritt gegeneinander gezogen werden, unter Hörnerschall und allgemeinem Jubel. Ausserdem sind zur Bezeichnung der im Januar einfallenden Festtage in dem Rahmen die Beschneidung Christi, die Anbetung der Könige, St. Antonius Abbas und die Bekehrung Pauli dargestellt. — Im Gegensatz gegen das Belagen des wohlhabenden Stadtbewohners führt uns der Maler mit der Schilderung des winterlichen Februars auf's Land. In einer weiten, schneebedeckten Landschaft steht eine Hütte, in der eine arme Bauernfamilie mit Schweinen, Hühnern und anderem Geflügel sich vor der Kälte und dem Hunger kärglich zu schützen sucht. Auf dem Nebenblatt der Wassermann und die Fische oben im Rahmen; an den Seiten Mariä Reinigung, Petri Stuhlfeier und der Apostel Matthias; unten eine Knaben-Eislust, ein Bauer, der dürres Holz heimträgt, ein andrer, der es klein hackt. — Der März führt uns auf die Felder in der Nähe einer ansehnlichen Stadt; da wird gepflügt, gedüngt, gesät, der Weinberg gepflegt, und auch die Schafheerde ist bereits wieder auf die — freilich magere — Weide getrieben. Auf dem Nebenblatt sieht man ausser den Zeichen des Thierkreises, deren ich weiter keine Erwähnung thun will, im Rahmen St. Thomas von Aquino vor dem zu ihm sprechenden Crucifix, St. Benedict und Mariä Verkündigung; unten einen Fischfang bei nächtlicher Weile unter Laternenbeleuchtung. — Im April begegnen wir einem hochzeitlichen Zug, der — vielleicht aus der Kirche kommend — zum häuslichen Feste geht durch die mit jungem Grün geschmückte, von einem breiten Fluss durchströmte Landschaft (s. die Bildtafel 2). Der Bräutigam ist ein Mann von gesetztem Alter, vor dessen Liebesblick die junge Braut die Augen verschämt niederschlägt. Ihnen folgen zwei Paare: ein jüngerer Mann mit einer älteren Dame, ein junges Mädchen, lachenden Antlitzes mit einem Papagei und einem Begleiter, von dem nur ein Stück Kopfbedeckung sichtbar ist. Im Vorgrund sitzen zwei junge Damen im Gras, eine jede mit einem Schoosshund beschäftigt, als wollten sie sich auf diese Weise darüber trösten, dass sie andere Lebensgefährten noch nicht an ihrer Seite hätten. Die ganze Gesellschaft gehört den höheren Ständen an, wie sich vornehmlich in ihrer reichen Tracht diess kund giebt. Auch fehlt der durch die Sitte der Zeit gerechtfertigte Gaukler nicht, der dem Brautpaar Spässe mit einem Frosche vorzumachen sich bemüht. Auf dem Nebenblatt sieht man die Maria Egyptiaca, St. Georg den Drachentödter und den Evangelisten Marcus; unten eine weidende Heerde. — Noch heiterer wird das Fest des Maien im Freien begangen, von einer ebenfalls vornehmen Gesellschaft, Damen und Herren zu Pferde, in köstlicher Tracht, Alle zum Zeichen des Festes mit grünen Zweigen in den Händen. — Einer der Reiter haut sich mit dem Schwert noch eben vom nächsten

Baum einen Zweig ab — fröhliche Menschen mit lachenden Mienen, Trompeter vorauf, ein Sinnbild der im Frühlingsgrün strahlenden Natur ringsum. Auf dem Nebenblatt ist zunächst bemerkenswerth, dass das Himmelszeichen der Zwillinge hier nicht durch zwei Knaben — wie gewöhnlich —, sondern durch einen Knaben und ein Mädchen vorgestellt ist. Im Rahmen sieht man die Apostel Philippus und Jacobus, das Martyrium des Evangelisten Johannes im siedenden Oel, den Erzengel Michael, St. Bernhardinus und Papst Felix; unten ein ländliches Idyll, Kühe auf blumiger Wiese, von denen eine von einer Bäuerin gemolken wird. — Der **Junius** bringt ein anmuthiges Bild, auf welchem Knechte und Mägde in der Nähe einer thurmreichen Stadt mit der Heuernte beschäftigt sind. Auf dem Nebenblatt sind im Rahmen abgebildet der Apostel Barnabas, St. Antonius von Padua, die Geburt des Täufers Johannes und Paulus und Petrus; unten Reiherjagd und Fischfang. — Das **Juliusbild** führt uns in eine reizende Sommerlandschaft. Aus weiter Ferne kommt ein Fluss, an dessen Ufern eine befestigte Stadt sich erhebt und ein reiches Kornfeld neben einem Bauernhaus sich ausbreitet. Schnitter sind beschäftigt, mit der Sichel das reife Korn zu mähen. Von der rechten Seite her werden Schafe in einen Bach getrieben zur Schwemme, um sodann innerhalb einer daran stossenden Umzäunung geschoren zu werden. In dem Rahmen des Nebenblattes ist die Heimsuchung gemalt, ferner St. Margareth, Sta. Magdalena, St. Jacobus d. Ae. und St. Anna mit Maria und Jesus. Unten ein Knabe bei einer Gänseschaar. — Im **August** begegnen wir einer grossen, reich- und schöngekleideten ritterlichen Jagdgesellschaft, darunter auch eine Dame, die mit Hunden und Falken und vielem Gefolge aus einem im Hintergrund sichtbaren Schlosse zu dem vornehmen Vergnügen ausgezogen sind. Im Rahmen des Nebenblattes sieht man die Befreiung Petri, die Madonna vom Schnee, Christi Verklärung, St. Laurentius, Sta. Clara und die Himmelfahrt Mariä; ferner den H. Ludwig, das Martyrium des Bartholomäus, St. Augustinus mit dem Kind, das das Meer ausschöpfen will, und die Enthauptung Johannis des Täufers. Unten ein Schnitter in der Mittagsruhe, im Schatten eines Baumes neben einem Brunnen, aus dem ein anderer recht herzhaft seinen Durst löscht. — Schon im **September** folgt, was bei einem Künstler des Nordens überraschen muss, zumal auch das Castell im Hintergrunde des Bildes durchaus nordischen Charakter hat, die Weinlese, die in einem ganz nach rheinischer Art angelegten Weinberge stattfindet und wobei Bauern und Bäuerinnen die Trauben mit der Schere abschneiden und die abgeschnittenen in einem mit Ochsen bespannten Korbwagen fortgefahren werden. Im Rahmen des Nebenblattes sieht man den H. Egidius, die Geburt Mariä, die Kreuzfindung, die Stigmatisierung des H. Franz, den Apostel Matthaeus, den Sieg Michaels über Satanas und den H. Hieronymus. Unten eine Baderstube, in welcher ein Herr sich die Ader schlagen lässt, und vor deren Thüre eine Bäuerin ihre Ziege melkt; denn Ziegenmilch ist im September von besonderer Heilkraft. — Im **October** wird das Feld mit der Wintersaat bestellt; der Pflüger eint das umgepflügte Feld mit der Egge, reitend auf einem der beiden vorgespannten Pferde; der Samann sät, der Hülfsknecht schiesst nach den Vögeln, die nach den Körnern der Aussaat lüstern sind. Schloss, Fluss mit reger Schifffahrt und buntes Gebüsch im Hintergrund. Im Rahmen des Nebenblattes S. Franciscus, der

Papst S. Calixtus, der Evangelist Lucas, die Madonna malend und die Apostel Symon und Juda; unten der Wachtelfang mit Netzen und Lockvögeln. — Der November ist als Festmonat der Schweine aufgefasst, für welche einige Bauern Eicheln mit Knüppeln von den Bäumen herabschlagen, die sogleich ihrer Bestimmung gemäss begierig aufgefressen werden. In der weiten hügeligen Feld- und Waldlandschaft, durch die ein Bach sich schlängelt, wird eine Hasenjagd gehalten. Im Rahmen des Nebenblattes sieht man „Allerheiligen" im Paradiese, und „Allerseelen" im Fegefeuer, ferner St. Martin, der seinen Mantel mit einem Armen theilt, Petrum und Paulum, wegen der Kirchweih von S. Peter in Rom am 18. Nov., S. Elisabeth, Mariä ersten Tempelgang, oder ihre Darstellung im Tempel, St. Katharina und den Apostel Andreas. Unten das Fest des Bohnenkönigs bei nächtlicher Weile unter Voraustritt des Narren mit der Schellenkappe, mit Sang und Klang und Fackellust. — Der December ist durch eine Wildschweins-Jagd charakterisirt. In einem entlaubten Gehölz nahe bei einer Stadt, deren Dom und Thürme über die nahen Hügel emporragen, liegt ein erlegtes Schwein, auf das die Hunde mit Wuth herfallen und nur mit Mühe von den Jagdgehülfen zurückgehalten werden, damit der auf das Zeichen des Hifthorns heransprengende Jagdherr mit seinem Gefolge das Wild noch unzerfleischt finden möge. Im Rahmen des Nebenblattes die HH. Eligius, Bibiana und Barbara, Nicolaus und Ambrosius, Mariä Empfängniss zwischen David und Salomo, das Martyrium der H. Lucia, der Apostel Thomas, die Geburt Christi, St. Stephan, der Evangelist Johannes und der bethlehemitische Kindermord. Unten Vorbereitungen zur Feier des Weihnachtsfestes; ein Schwein wird geschlachtet und seine Borsten ihm abgesengt, und Stollen werden gebacken, wobei ein Kind vergnügt der Mutter zusieht, wie sie den Kuchen in den Backofen schiebt.

Sämmtliche Bilder, die das Leben und die Gewohnheiten von Hoch und Niedrig in Deutschland, Gebäude, Trachten, Waffen und Geräthschaften im 15. Jahrhundert mit grosser Treue und Unbefangenheit schildern, und in denen mit besonderer Geschicklichkeit die Thiere, namentlich Hunde und Pferde, gezeichnet sind (nur dass Pferde und Ochsen den „Spat" haben), rühren — nach meinem Dafürhalten — mit Ausnahme vielleicht der kleinen Rahmenfigürchen, von zwei verschiedenen Künstlern her, von denen der eine das Leben der Vornehmen, der andere das der Landbewohner geschildert. Zwar herrscht grosse Uebereinstimmung in der individuellen Schilderung, in der Auffindung kleiner, charakteristischer Züge, in der Farbenwahl, im Colorit und in der Ausführung; dagegen eine merkliche Verschiedenheit in der Composition, die bei dem ersten geordneter, geschlossener ist, wie auch seine Charakterzeichnung feiner und schöner, und seine Zeichnung correcter ist. Vorherrschend sind bei dem zweiten kurze, untersetzte Figuren, mit ausdrucksvollen, aber nicht sehr gut gezeichneten Gesichtern und einer mehr als nöthig plumpen Haltung und Bewegung. Von Gruppirung ist bei ihm nicht die Rede; er stellt seine Figuren wie sich's trifft und wo Platz ist, möglichst vereinzelt. Mit Verständniss ist von beiden das Gefälte gezeichnet, die Tracht, wo es ging, mit Geschmack geordnet und bei den Vornehmen in den Formen gut stylisirt; bei der Bekleidung der Bauern ist möglichste Natürlichkeit zur Richtschnur genommen. Mit

Vorliebe und Schönheitsinn sind die Landschaften behandelt, und in ihnen die verschiedenen Baulichkeiten von der Hütte bis zum befestigten Schloss und zur palast- und kirchenreichen Stadt, und diese allerdings mit einer solchen Uebereinstimmung, dass für Burgen und Städte auf allen Blättern zwei verschiedene Urheber nicht wohl anzunehmen sind. Aber einer Abnormität begegnen wir dabei, die sich sowohl durch die grössern Darstellungen, als durch die Randbilder und Einfassungen zieht und auch in der späteren Bilderfolge immer wiederkehrt: das sind architektonische Formen von einer — nicht mit Renaissance, sondern — mit Rococco verquickten Gothik, wie sie am Rhein und im übrigen Deutschland nicht vorkommt.

Nach dem mit dem letzten Bilde abgeschlossenen **Kalender** beginnt das **Breviarium**. Hier erwachsen der Kritik sogleich zwei Aufgaben: auf den ersten Blick erkennt man die Verschiedenheit in der künstlerischen Beschaffenheit einzelner Blätter, so dass es sich darum handeln wird, die einzelnen Meister — wo möglich — für sie ausfindig zu machen, oder wenigstens zu versuchen, sie in Gruppen zu vertheilen. — Alsdann aber stellt es sich heraus, dass die Folge der Blätter, wie sie sich im Codex vorfindet, nicht wohl durchaus die richtige sein kann und wahrscheinlich beim Umbinden gelegentlich des neuen Prachteinbandes zu einige Unordnung gekommen ist. Ich werde, wo ich von der Ordnung des Codex abweiche, seine Nummer angeben, nebst den Gründen meiner Abweichung; die Ordnung aber nach den betheiligten Künstlern erst nach der Beschreibung der Bilder festzustellen suchen.

Das Breviarium fängt an mit dem Officium des ersten Adventsonntags und einem Bilde (No. 25), das — nicht ohne Beziehung zum Evangelium dieses Tages (Lucas 21, „sie werden sehen des Menschen Sohn kommen in der Wolke . . . . alsdann hebet eure Häupter auf darum, dass sich euere Erlösung nahet!") — das Volk des Alten Bundes darstellt, wie es Gott um die Sendung des Messias anruft (Bildtafel 3). In öder, felsiger Gegend, dem Sinnbild der traurigen Volkszustände, stehen zwölf Männer, die Vertreter der zwölf Stämme Israels, um einen Hügel gedrängt — einer von ihnen ist ins Knie gesunken — und erheben ihre Häupter zu dem ewigen Vater, der mit der dreifachen Krone und der Weltkugel, von zwei Engeln begleitet, in den Wolken sichtbar ist, und beten: „Herr! wir beschwören dich: Sende den Du senden gewollt!" (. . Obsecramus Domine mitte quem missurus es — steht mehrmals mit goldnen Buchstaben über der Gruppe). Hinter dem Hügel sind noch einige Männer sichtbar, die sich den Betenden anschliessen. Der Ausdruck in den Köpfen ist von der grössten, allerdings nicht durch Schönheitsinn gemässigten Lebendigkeit, wie auch in der Formengebung und Charakteristik der Künstler sich ausschliesslich durch das Streben nach Naturwahrheit, offenbar nach Vorbildern, wie sie sich ihm in Land- und Stadtbewohnern von Flandern dargeboten, hat leiten lassen. Selbst die Trachten dieser alttestamentlichen Männer unterscheiden sie nicht von denen seiner Zeitgenossen im 15. Jahrhundert. — Dieses Bild ist ohne Rahmen. Wo ich in der Folge eines Rahmens nicht gedenke, fehlt er entweder oder ist mit Blumen und allerhand kleinem Gethier u. dgl. verziert.

Aus der antiken Kunst war die symbolische Darstellweise in die christliche Kunst übergegangen, und wie der Untergang der Niobiden auf Sarkophagen einen plötzlichen Tod anzeigen sollte, Luna bei Endymion einen seufzen, u. d. m., so wählten christliche Künstler die Himmelfahrt des Elias, oder die Errettung des Jonas zur Bezeichnung der Auferstehung Christi, oder Moses am Felsenquell zum Sinnbild der Seelenunsterblichkeit. In der Folge bildete sich daraus ein System von Vergleichungen, namentlich zwischen Ereignissen des Neuen und des Alten Bundes, die einen poetischen, ja sogar einen prophetischen Anstrich annahmen. Das Breviarium befolgt dieses System fast in der ganzen Doppelreihe von Bildern vom Advent bis zum 1. Sonntag Trinitatis. Das Bild No. 26, Jacob und Joseph, enthält in symbolischer Andeutung die Antwort Jehovas auf das Gebet der Juden, wie durch die Unterschrift: „Incipit ordo breviarii secundum consuetudinem Romane curie. In primo Sabato de adventu Domini" bestätigt wird. Jacob, im reichen Hauskleid, sieht, auf einen Krückstock gestützt, im Gärtchen vor seinem Hause und sendet seinen geliebten Sohn Joseph, der sich vor ihm auf ein Knie niedergelassen, zu seinen Brüdern, die das Vieh hüteten zu Sichem, um sie mit Lebensmitteln zu versorgen und zu erfahren, wie es ihnen ergehe. So wird der ewige Vater seinen eingebornen Sohn zur Erde senden, wo er — wie Joseph von seinen Brüdern — gehasst und um ein Blutgeld verkauft werden, aber die Menschheit erlösen wird. In der Landschaft neben dem Hause sieht man Joseph, wie er Erkundigung einzieht, wo er die Brüder finden könne, die wir in weiter Ferne hinter einem Walde bei der Heerde sehen. — Im Rahmen des Bildes ist Josephs Geschichte weiter verfolgt bis zu seiner Versenkung in die Cisterne und seiner Verkaufung an die Aegypter. Zwei einzelne Gestalten sind wohl auf Abraham und Isaak zu deuten.

No. 27 (No. 45 des Codex) Der Sündenfall der ersten Aeltern. Ich glaube, dass das Blatt hierher gehört, weil im Kalender „Adam und Eva" der „Geburt Christi" unmittelbar vorausgehen, und weil der Sündenfall mit dem Baum der Erkenntniss auf den Baum des Lebens und die Erlösung von den Folgen der Sünde durch die Menschwerdung Gottes hinweist, während es an seiner jetzigen Stelle vor den Psalmen mit diesen in einer nur losen Verbindung steht. Der Maler führt uns in einen reizenden, von Vögeln belebten Garten, in welchem ein quellendes Wasser sich unter schattigen Bäumen durch Blumenwiesen schlängelt. Es ist schwer, den beiden, mit peinlichem Bestreben nach Naturwahrheit (doch ohne Beachtung der naturgemässen Proportionen) nachgebildeten, ganz nackten und nichts weniger als schönen Modellen, die bedeutungsvollen Namen Adam und Eva beizulegen. Die Schule übrigens bleibt ihrem Charakter darin treu: sie nimmt alle Aeusserlichkeiten der Darstellung, ohne eignen schöpferischen Formensinn, aus der Wirklichkeit, so gut sie kann und wie sie sie findet. Dafür sind ihre Motive der Darstellung in der Regel sehr ausdrucksvoll; wie denn Adam mit Mienen und Handbewegung sich sträubt, den von Eva ihm dargebotenen Apfel anzunehmen, während sie bereits mit der linken Hand nach einem zweiten langt. Eigenthümlich ist die Gestaltung der „Schlange" als eines weiblichen, der Eva schwesterlich ähnlichen Wesens, nur mit sehr kurzen Beinen und Schwimmhautfüssen, dazu einem Schwanz, als einzigem Ueberrest einer Schlange.

No. 28 (No. 27 des Cod.) Die Geburt Christi, ein Nachtstück, bei welchem der Künstler das später so vielfach benutzte Motiv einer vom Kind ausstrahlenden Beleuchtung angewendet hat. In Anbetung kniet die Mutter vor dem Neugeborenen, das nackt auf einem Zipfel ihres Mantels vor ihr liegt. Sieben Engel haben sich um dasselbe geschaart in freudiger Verehrung; andere schweben und fliegen in der Höhe zwischen dem Gebälk des auf Tempelpfeilern aufgeführten Hüttendachs. Joseph leuchtet mit einer Laterne einigen Hirten, die von hinten in den Stall kommen; andere treten zwischen den Pfeilern heran; Ochs und Esel schliessen den Kreis; vom Himmel sendet der ewige Vater einen Strahlenregen in die Hütte nieder. Der Heiligenschein um Mutter und Kind ist in concentrischem Strahlenschimmer ausgedrückt. Auf dieses Bild folgt im Codex (No. 28) die Vision Davids vom künftigen Messias, die nach meiner Ansicht zu den Psalmen gehört, wie auch die Unterschrift geradezu sich auf den 2. Psalm bezieht.

No. 29 (No. 29 des Cod.) Die Vision St. Johannis von dem Throne der Majestät Gottes. Der zweite Tag nach dem Christfest ist dem Evangelisten Johannes gewidmet. Das Officium des Tages bezieht sich auf das 4. Capitel der Offenbarung Johannis mit der Vision von den vierundzwanzig Aeltesten, die ihre Krone vor dem Throne Gottes niederlegen. Auf einem Vorsprung der Felseninsel Patmos sitzt der Evangelist, um das Haupt den Heiligenschein in Form einer durchscheinenden Scheibe, und schreibt nieder, was seinem Seherauge am Himmel erscheint: Einer auf dem Stuhl in der Mitte des geöffneten Himmels, sieben brennende Fakeln über ihm, die vier evangelischen „Thiere" neben ihm und ringsum die vierundzwanzig Aeltesten, die ihre Kronen darbringen. — Im Rahmen sieht man die durch Johannes bewirkte Erweckung einer Verstorbenen in Ephesus; seine unfreiwillige Einschiffung nach Patmos und die HH. Polykrates und Eusebius, die seine Lebensgeschichte geschrieben. Diese scheint den Künstler veranlasst zu haben, neben der Bibel aus der Legende zu schöpfen und auf

No. 30 (No. 30 des Cod.) des Johannes Vertreibung des Teufels aus dem Giftbecher darzustellen. In Gegenwart vieler weltlicher Grossen, die ihn im Willkommentrunk zu vergiften die Absicht gehabt, beschwört er den Becher, aus welchem zwei Männer so eben ihren plötzlichen Tod getrunken, dass das Gift in Gestalt einer Schlange entweicht. Die Scene spielt vor der Vorhalle einer Kirche (wie es scheint) und auch im Hintergrunde steht ein grosses kirchliches Gebäude. — Im Rahmen sieht man auf des Evangelisten Gebet einen Götzentempel zusammenstürzen, und sein Martyrium im siedenden Oel.

No. 31 (No. 31 des Cod.) Die Beschneidung Christi. Wir sind im Innern einer im Uebergangsstyl erbauten Kirche; das Knäblein wird von der Mutter, nicht ohne ängstliche Sorge im Angesicht, über einen weissgedeckten Tisch dem Beschneider hingehalten, der eben das Messer ansetzt. Der Maler muss von den Vorschriften der Ceremonie keine Kenntniss gehabt haben; denn ausser Joseph, der von der linken Seite in Vordergrund dem Tisch sich nähert, und einigen Männern hinter dem Beschneider sind auch nächst der Mutter noch zwei Frauen zugegen, was gegen die Ordnung verstösst, die nur Männern den Zutritt gestattet. Auf diesem Bild muss der schroffe Gegensatz zwischen den schönen, feinen Zügen der Frauen und den groben der Männer besonders auffallen.

No. 32 (No. 32 des Cod.) Die Anbetung der Könige. Der älteste der Könige kniet mit entblösstem Haupt und gefalteten Händen vor dem Kinde, das nackt auf der Mutter Schoosse sitzt und sich — wie in Verlegenheit — am Arme reibt. Die Mutter, ein weisses Tuch um Kopf und Hals geschlagen, in einen weiten Mantel gehüllt, sitzt auf einem Stuhl vor einer offenen Hütte, unter der rechts Joseph, links Ochs und Esel die Gruppe schliessen. Der zweite König, der sein mit der Krone geschmücktes Barrett in der Hand hält, ist noch nicht ganz ins Knie gefallen, reicht aber doch ein Geschenk dar; der dritte, schwarze, begnügt sich, seine fürstliche Kopfbedeckung zu lüften. Im Hintergrund stehen zwei gleichgültige Zuschauer und die Mauern eines verfallenen Gebäudes. Keine der aufgeführten Personen hat einen Heiligenschein! — Dieses Blatt hat einen eigenen Werth für die deutsche Kunstgeschichte, da dieselbe Composition, offenbar von derselben Hand, obschon in verändertem Format und mit einigen Abweichungen und Zusätzen, als Oelgemälde in mehren Wiederholungen vorhanden ist; namentlich in der Pinakothek von München, (wo es früher unter Joh. van Eyks Namen aufgeführt worden); im Museum zu Berlin, wo es als Copie des Münchner Bildes gilt; und im Musée von Brüssel, wo es auch irrthümlich dem Joh. van Eyk zugeschrieben wird. Das Münchner Bild ist breiter, als hoch, und hat mehr Figuren, aber die Hauptmotive sowohl für die Gestalten, als ihre Bewegungen und ihre Züge. Nur das Kind breitet hier die Arme aus, während es im Codex sich verlegen den linken Arm reibt. Auch Joseph ist im Codex ein andrer, älter, langhärtiger Mann; der Stall ist daselbst von Holz, im Münchner Bilde von Stein; im Codex fehlt der Knecht, der in den Stall geht. Das Gemälde in München scheint — der Technik nach — etwas später.

No. 33 (No. 33 des Cod.). Das dem alten Testament zur Vergleichung entnommene Bild ist der Besuch der Königin von Saba bei Salomo. Die Königin kniet, in den Händen ein kostbares Krystallgefäss, das Haupt mit einem Kronenkopfputz geschmückt, vor dem König, der bedeckten Hauptes im Königsornat unter einem Thronhimmel sitzt und das Scepter vor ihr senkt zum gnädigen Gruss. Hinter der Königin Hofdamen; neben dem König Grosse des Reichs; durch ein offnes Portal ein Blick auf die Stadt; reich und festlich das Ganze. — Im Rahmen die Reise der Königin von Saba mit Gefolge nach Jerusalem; ein Bote, der ihr vorausgreilt und dem König Salomo in ihrem Namen Geschenke überbringt; und Jesaias, der prophetisch auf die Dreithümer hinweist, die aus Saba kommen sollen.

No. 34 (No. 63 des Cod.). Der 17. Jan. ist der Tag des Einsiedlers Antonius. Er steht, eine würdige Gestalt im Ordenskleid mit Stab und Glocke, in einer schönen, weiten Landschaft; vor ihm das emblematische Schwein; in den Randbildern seine Versuchungen in der Wüste.

No. 35 (No. 64 des Cod.). Der 20. Jan. ist dem Gedächtniss der HH. Fabianus und Sebastian gewidmet. Sie sind abgebildet; erster als Papst in pontificalibus; der andere in Waffentracht mit Bogen und Pfeil.

No. 36 Mariä Reinigung. (Diess Blatt hat im Codex die Nummer 65 und folgt auf Heilige, deren Tage in den Junius fallen.) Die Kirche feiert diess Fest am 2. Februar;

der Maler scheint sein Bild zugleich mit Rücksicht auf den 18. d. M. gemalt zu haben, der dem Simeon gewidmet ist. Maria, in ein enges Kopftuch und einen Mantel gehüllt, hält das halbeingewindelte Kind auf ihren Armen, das sich verwundert fragend nach einem Greise umsieht, der sich hebevoll zu ihm niederbeugt und seine Schultern sanft berührt. Wir erkennen Simeon, der sich glücklich preist, dass seine Augen noch den Heiland der Welt gesehen. Die Scene geht in der Vorhalle einer Kirche (mit überhöhten Spitzbogen) vor sich. Hinter Maria steht Joseph mit ein Paar Tauben im Netz und lüftet seine Kappe. Die alte Frau neben ihm ist wohl die Prophetin Hanna. Noch eine Anzahl Männer und Frauen umstehen die Gruppe. Die Heiligenscheine um Mutter und Kind sind kurz strahlenförmig.

No. 37. **Mariä Verkündigung** fällt auf den 25. März. (Der Codex bringt das Blatt als No. 66 unter den Festen des Junius.) Das Bild ist eine der schönsten und genialsten Compositionen des Codex. Maria, eingehüllt in einen weiten Mantel, aber unbedeckten Hauptes mit herabwallenden Haaren, befindet sich in einem kirchlichen Raume (im Style etwas barocker Gothik) vor einem Betpult, die linke Hand auf der Brust, die rechte auf einem Buche, aus dem sie eben gebetet; ein Lichtschein und ein Straldenschimmer von ungleichen Strahlen, darin eine Taube sichtbar, umgibt ihr Antlitz, das sie nach einer Erscheinung hinter ihr umwendet, die ihr Gebet unterbrochen. Es ist der Engel, der ihr kniend die Botschaft des ewigen Vaters bringt und diess durch eine ausdrucksvolle Bewegung nach oben ausspricht. Mehre kleinere Engel schweben in der Höhe.

No. 38 (No. 34 des Cod.). Mit diesem Bilde, der **Kreuzigung Christi**, stehen wir in der Charwoche. Die drei Kreuze sind so hoch, dass selbst die Füsse der Gekreuzigten über den Zuschauern stehen, unter denen keine Freunde und Angehörigen Christi zu sehen. In der Art der Kreuzigung ist kein Unterschied zwischen Christus und den Schächern; auch ist der Gegensatz zwischen dem Bekehrten und dem Verstockten nicht ausgedrückt. Einzelne Strahlenbündel bilden um Christi Kopf den Heiligenschein. Die Composition ist sehr verworren, ohne sprechende Motive und ohne alle Beachtung der Proportionen. Im Rahmen die ganze Passionsgeschichte in vielen kleinen Bildern. — Als das alttestamentliche Sinnbild der Kreuzigung wird No. 39 (No. 35 des Cod.) die **Errichtung der ehernen Schlange** aufgestellt. Moses, hinter sich eine Gruppe von vier Männern, steht auf einem Felsen, und zeigt mit einem Stabe nach einer über eine Stange gelegten Schlange; rings um den Felsen Volk, das emporblickt; im Vorgrund einige Todte, über welche Eidechsen kriechen. Lauter kleine Figuren. Im Rahmen die Fortsetzung der Passionsgeschichte von der Höllen- bis zur Himmelfahrt.

No. 40 (No. 36 des Cod.) Die **Auferstehung Christi**. Christus schwebt als wesenloser lichter Geist vor dem festverschlossenen Felsengrab; die Wächter schlafen; nur einer scheint vom Lichtglanz der Erscheinung erweckt zu sein und schützt die Augen mit der Hand dagegen. Im Rahmen die Geschichte der Befreiung eines Gefangenen, wenn ich sonst die sonderbare Darstellung richtig deute, wo Christus, von einem Strahlennimbus umgeben, mit der Kreuzfahne in der Hand, einem Gefängniss naht; dann in demselben einen

Mann in gewöhnlicher bürgerlicher Tracht zum Aufstehen ermuthigt, dann mit ihm fortgeht, und endlich verschwindet und von ihm Abschied nimmt. — No. 41 (No. 37 des Cod.) Simson trägt die Stadtthore von Gaza, die die Philister, um ihn gefangen zu halten, verschlossen hatten, mit sich fort, so dass diese das Nachsehen haben; ein Sinnbild der Kraft, mit welcher Jesus die Pforten des Todes gesprengt. Im Rahmen ein zweites Symbol der Auferstehung Christi: des Jonas beabsichtigter Untergang und seine Errettung.

No. 42 (No. 67 des Cod.) S. Georg tödtet den Drachen. Sein Festtag fällt auf den 24. April, zunächst dem Osterfest; desshalb schalte ich das Blatt hier ein, das im Codex die No. 67 hat. Es ist die gewöhnliche Vorstellung vom Kampfe eines geharnischten Ritters mit einer Riesen-Eidechse, dem in der Ferne eine gekrönte Jungfrau in grosser Gemüthsbewegung zusieht. Im Hintergrunde eine Stadt mit einem hohen, gothischen Dome, und Gebirge.

No. 43 (No. 68 des Cod.) S. Philippus und Jacobus, deren Fest auf den 1. Mai fällt. Philippus mit einem Kreuz als Wanderstab, Jacobus mit einer Keule und dem Rosenkranz; grosse Figuren mit durchscheinenden Scheiben als Heiligenscheinen, in einer Landschaft mit Felsencastell.

No. 44 (No. 38 des Cod.) Die Himmelfahrt Christi. Vor einem Felsenhügel, auf welchem, wie die Fussspuren andeuten, eben noch Christus gestanden, knieen Maria und die Apostel und sehen voll Erstaunen nach den Wolken, in denen einige Engel und die Füsse des Emporschwebenden sichtbar sind. Der Heiligenschein Marias in Strahlen, der der Apostel durchscheinende Scheiben.

No. 45 (No. 39 des Cod.) Joseph und seine Brüder in Aegypten, ein ziemlich gezwungenes Symbol der Himmelfahrt. Der als Sklave verkaufte Hirtensohn sitzt als Vicekönig von Aegypten auf dem Thron und lässt seine Brüder, die ihn nicht erkennen und theils flehend, theils trotzig vor ihm stehen, seine Macht fühlen. Durch die Unterschrift bezüglich auf „Christum adscendentem in celum," so wie durch die Bilder im Rahmen: die Himmelfahrt des Elias, und Jacobs Traum von der Himmelsleiter wird die Anspielung bestätigt.

No. 46 (No. 40 des Cod.) Die Ausgiessung des heiligen Geistes. In einer Capelle von ziemlich ausgearteter Gothik stehen, sitzen und knieen die Apostel um die ganz in einen Mantel gehüllte Mutter Jesu, fast alle mit emporgewendeten Blicken nach einer in einem Nimbus und einer Strahlensonne schwebenden Taube. — No. 47 (No. 41 des Cod.). Das entsprechende alttestamentliche Gegenbild ist der Thurmbau zu Babel mit der Sprachenverwirrung, und unendlich kleinen Figuren.

No. 48 (No. 42 des Cod.) Die Dreieinigkeit, eine mehr als sonderbare Lösung des grossen Räthsels. Zwei gleichgekleidete, sich ganz ähnliche Männer, von gleichem Alter (etwa 30 J.) sitzen neben einander unter einer grossen Krone, auf einem Thron und halten gemeinschaftlich ein Scepter, das auch eine zwischen ihnen schwebende Taube mit anfasst. Der Eine von ihnen erhebt die Rechte zum Segen, der Andre hält in der Linken ein grosses Kreuz, das auf der Himmelskugel ruht. Wo der Thron eine Durchsicht gestattet, sieht man

Schaaren anbetender Seliger. — Ungleiche Strahlen als Heiligenscheine. Diesem Bilde entspricht das alttestamentliche No. 49 (No. 43 des Cod.) Die drei Engel bei Abraham, die ihm die Geburt Isaaks voraussagen; sie werden somit als die drei Personen der Dreieinigkeit genommen. Abraham hört gläubig die Prophezeihung an, Sara aber mit skeptischem Lächeln. Im Rahmen die Ankunft der drei Engel bei Abraham, und die erretteten drei Männer im feurigen Ofen, auch ein Wunder, so gross wie das, an welches Sara nicht glauben wollte, und an das Nebucadnezar glauben musste.

No. 50 (No. 44 des Cod.) Die Fusswaschung und das Abendmahl; mit Bezug auf das Fest der Transsubstantiation oder des Corpus Domini (Frohleichnam); erstere als Hauptscene im Vordergrund, und zwar, wie Petrus wegen seiner demüthigen Weigerung, vom Meister sich bedienen zu lassen, von diesem die ernste Belehrung über wahre Demuth erhält. Die andern Apostel sehen mit bewegtem Gemüth der Handlung entgegen, die Christus an ihnen vollziehen wird; ja einer von ihnen sucht in seiner Naivetät seine Füsse vorher vom gröbsten Schmutz zu reinigen; ein Knabe schleht das Wasserbecken herbei. Im Hintergrund des Saales an einer langen Tafel wird das Abendmahl gehalten, das der vorderste Apostel kniend aus der Hand Christi empfängt. Im Rahmen als Anspielung auf das Abendmahl: der Mannaregen in der Wüste; dann Abraham und Melchisedech; das Sanctissimum mit der Hostie als dem „wahren Leib" auf dem Altar und die Gemeinde auf den Knien davor; und die Statuetten von zwei Propheten in Nischen.

Im Breviarium folgen nun einige Psalmen, begleitet von Bildern aus der Geschichte Davids. Sie beginnt mit seiner Salbung durch Samuel, No. 51 (No. 47 des Cod.), wie sie im 16. Cap. des I. Buchs Samuelis beschrieben wird; dass Isai, nachdem er dem Propheten alle seine Söhne vorgeführt, ohne diesen zu befriedigen, den jüngsten, der die Schafe auf dem Felde hütete, hat holen lassen, an welchem sodann die Salbung vollzogen wurde. Vor einer halbzerfallenden Bauernhütte, unter vollbelaubten Bäumen geht die Scene vor sich, zum Erstaunen, auch zum sichtlichen Aerger der (sehr brutalen) Brüder, und bei andächtiger Theilnahme des Vaters. — In den Randverzierungen sieht man David, wie er vor Saul knieend die Erlaubniss sich erbittet, mit Goliath zu kämpfen, wie ihm ein grosser Harnisch angelegt wird, und wie er ohne denselben den Riesen mit der Schleuder bekämpft.

No. 52 (No. 46 des Cod.) lässt uns im Hintergrunde den Fall Goliaths noch einmal sehen; während im Vordergrund David, mit Goliaths Haupt auf der Spitze des Riesenschwertes, gefolgt von Saul und dem Heer, seinen Sieges-Einzug hält in Jerusalem, begrüsst mit Kranzen und Lobgesängen von den Jungfrauen der Stadt. Waffen und Trachten sind, wie fast durchgängig, diejenigen vom letzten Drittel des 15. Jahrhunderts.

Das folgende Blatt No. 53 (No. 48 des Cod.) hat zwei Abtheilungen. In der obern kommen die Männer Juda zu David nach Hebron, ihn zum König zu salben; in der zweiten die Männer Israel, die unter Sauls Sohn Isboseth seine Feinde gewesen, und tragen ihm auch ihre Krone an, bei welcher Gelegenheit er von einer Zahl Frauen umgeben ist.

Das nächste Bild No. 54 (No. 49 des Cod.) ist nicht sehr klar. Es stellt das Innere einer Stadt vor, in welche Bewaffnete eindringen, und Mordthaten verüben an wehrlosen Bewohnern; in einem Hause sieht man vor einer Schüssel, darin ein — wie es scheint, geschlachtetes — Kind liegt, eine Frau, die sich desshalb gegen einen Mann in Waffen, der herzutritt, zu rechtfertigen sucht; ganz vorn sitzt ein Mann, der seine Schuhe ausgezogen, und an abgeschnittenen Stücken derselben nagt und kaut. Einem Kriegsobersten in voller Rüstung werden mehre Männer und Frauen gebunden überliefert, auch wohl eine Geldsumme. Aus dem Fenster eines nahen Hauses blickt David sorgenvoll gen Himmel. — Dass eine Hungersnoth dargestellt sei, leuchtet ein. Von einer solchen erzählt das 2. Buch Samuelis im 21. Capitel, und fügt hinzu, dass David ihr gewehret habe, indem er „sieben Männer" (vielleicht auch sieben Angehörige) vom Hause Sauls an die Gibeoniter ausgeliefert habe. — Vielleicht ist diess Ereigniss mit dem Bilde gemeint und schliesst sich an einen der Busspsalmen Davids an.

Sicher gehört nun hierher das Bild No. 55 (No. 28 des Codex), in welchem David den Himmel offen, und darin die H. Jungfrau mit dem Jesuskind erblickt. Er ist ins Knie gesunken, und schwingt das Rauchfass gegen die Vision; links neben ihm steht seine Leibwache, rechts stehen zwei Frauen, deren eine die Vision theilt, und zwei Männer im Gespräch. Das Bild steht in unmittelbarer Beziehung zu dem 7. Cap. des 2. Buches Samuelis, in welchem David die Verheissung des Messias empfängt, und zu dem 2. Psalm, dessen Worte im Breviarium unter dem Bilde selbst stehen. — Im Rahmen des Bildes ist die Verkündigung der Hirten auf dem Felde abgebildet, die ihr Entzücken darüber in einem Reigentanz ausdrücken.

No. 56 (No. 50 des Cod.) begleitet den 22. Psalm, die Weissagung von Christi Leiden, und stellt im Vordergrund die Verspottung Christi dar, der mit verhülltem Kopf und gebundenen Händen am Boden kniet und von Schergen misshandelt wird. Im Mittelgrund wird der gegeisselte und dornengekrönte Heiland von Pilatus dem Volke gezeigt; im Hintergrunde ist Christus ans Kreuz geschlagen.

No. 57 (No. 51 des Cod.) passt zu einem der davidischen Lobgesänge Gottes, etwa zum 98. Psalm: „Singet dem Herrn ein neues Lied!" denn unter Begleitung von Posaunenklängen und lautem Gesang der anbetenden Gemeinde schwingt David vor der Bundeslade das Rauchfass.

No. 58 (No. 52 des Cod.) David liegt mit seinem Volke auf den Knien und Alle schauen Hülfe flehend zum Himmel empor, wo Gott Vater sichtbar ist. Im Mittelgrund eine Höhle voll Gefangener; im Hintergrunde eine Stadt als Nazareth bezeichnet, auf welche aus dem Munde Jehovas Strahlen niedergehen. Es scheint das Bild zu dem Busspsalm 102 zu gehören, wo es heisst: „Der Herr siehet vom Himmel auf Erden, dass er das Seufzen des Gefangenen höre, und losmache die Kinder des Todes."

Der nächste Abschnitt des Breviariums ist dem Officium der Apostel und der Kirchenheiligen im Allgemeinen gewidmet. No. 59 (No. 53 des Cod.) zeigt die versammelten Apostel in freier Landschaft, voran Paulus, Petrus und Johannes; als Randverzierung Engelkinder mit Laubgewinden und Christus, die Weltkugel segnend.

No. 60 (No. 54 des Cod.) Das Martyrium des unter Kaiser Claudius enthaupteten römischen Priesters Valentin. Der Imperator ist zu Pferd, grosses Gefolge zu Fuss zugegen bei der Hinrichtung, die im Freien neben einem Fluss stattfindet.

No. 61 (No. 55 des Cod.) Zwei Päpste und eine grosse Anzahl Bischöfe sind in einer Kirche versammelt; die vordersten spenden den Segen.

No. 62 (No. 56 des Cod.) vereinigt eine Anzahl heiliger Jungfrauen, voran Katharina, Barbara und Cäcilia, die seltsamer Weise mit ihren Heiligenscheinen die Gesichter ihrer heil. Mitschwestern theilweis verschleiern. Es sind nur halbe Figuren, und darum von etwas grösserem Masse.

Eine sehr reichhaltige Composition ist No. 63 (No. 57 des Cod.), die nebst No. 61 zu dem Officium der Todten gehört. Der Maler führt uns an das Sterbelager eines alten Mannes. Ein Geistlicher hält ihm das Crucifix, ein anderer die brennende Kerze vor das brechende Auge; ein dritter besorgt die letzte Oelung und der vierte liest die dazu gehörigen Gebete; der Kessel mit dem Weihwasser steht neben ihm; ein kleiner Engel schwebt neben dem Sterbenden. Rechts im Zimmer sitzen drei Männer an einem gedeckten Tisch; doch scheinen es nur Kirchengefässe, die darauf stehen. Im Vorgrund knieen drei Frauen im Gebet; im Hintergrund stehen zwei Männer, Aerzte wie es scheint, die die Ursachen des Todes an den Fingern herzählen; Neugierige, oder Theilnehmende sehen durch die offene Stubenthüre herein. Auf der linken Seite sitzen einige Männer, Notare oder dergl. an einem Tische, wohl beschäftigt mit Inventarisierung des Nachlasses. — Unter dem, ganz kreisrunden Bilde sehen wir ein Stück Todtentanz, den der Tod und seine Gesellen mit einigen Rittern aufführen, die vergebens sich wehren, oder zu entfliehen trachten. — In den beiden Ecken über dem Rundbild sieht man links — wie eine täuschende Lufterscheinung — die Dreieinigkeit, rechts in Gewölk gehüllt mehre Dämonen.

Das zweite zu dem Officium der Todten gehörige Blatt No. 64 (No. 58 des Cod.) enthält die kirchliche Todtenfeier. Unter einem Baldachin mit brennenden Kerzen ist der Sarg in einer Kirche aufgestellt. Verhüllte Betende knieen zu beiden Seiten; in den Chorstühlen sitzt die Geistlichkeit und verrichtet in gewohnter Weise die vorgeschriebenen Gebete. — In der unteren Randverzierung ist die Beerdigung abgebildet.

No. 65 (No. 59 des Cod.) ist dem Officium der Heiligen gewidmet. Engelschaaren bilden einen Nimbus um die Dreieinigkeit, von welcher eine Heilige aufgenommen wird in die Zahl der himmlischen Heerschaaren, die, weite Kreise um die Gottheit bildend, andächtig zu ihr emporblicken.

Wir gehen nun nach diesen Zwischenbildern an der Hand des Kalenders weiter, der uns zuerst zu No. 66 (No. 69 des Cod.) St. Antonius von Padua führt und zwar zu einer sehr wunderlichen Darstellung des Wunders, dass auf sein Gebet ein Esel vor der Hostie in die Knie gefallen. Der Heilige kniet vor einem Kessel, auf welchem eine Schüssel mit Hostien steht. Es scheint, dass auf sein Gebet eine derselben sich emporgehoben; sie schwebt wenigstens strahlend über der Schüssel in der Luft; der Esel kniet andächtig davor; die umstehenden Männer verwundern sich.

Auf den 24. Junius fällt der Geburtstag Johannis des Täufers, No. 67 (No. 70 des Cod.). Während im Vorgrund hülfreiche Frauen das neugeborne Knäblein von Elisabeth in Empfang nehmen, gibt im Hintergrund ein Engel dem Zacharias die Sprache wieder. In den Randbildern sieht man Zacharias im Tempel das Opfer verrichten, und vom Engel die Prophezeihung der Geburt eines Sohnes erhalten; auch Christi Taufe durch Johannes. — Auf No. 68 (No. 71 des Cod.) ist Johannes in der Wüste abgebildet, umgeben von seinen Jüngern, wie er von fern nicht ohne convulsivische Bewegung den sieht, dem er sich nicht würdig hält, die Schuhriemen aufzulösen. Im Randbild ist die Predigt Johannis und eine Taufe im Jordan dargestellt.

Der Festtag von Petrus und Paulus ist an zwei Blätter vertheilt. Auf dem ersten No. 69 (No. 72 des Cod.) sehen wir St. Petrus in pontificalibus, als dreifach gekrönten Papst auf dem Thron in einer Kirche, der Welt den Segen spendend; in den Randbildern seine wunderthätige Erweckung der Tabitha; seine Begegnung mit dem Hauptmann Cornelius, und die Stiftung der Kirche zu Antiochia.

No. 70 (No. 73 des Cod.) St. Paulus mit Schwert und Buch in der Landschaft; im Hintergrunde die Vision. Im Randbild, wie er erblindet nach Damascus geführt wird, und seine Enthauptung.

No. 71 (No. 74 des Cod.) Die Heimsuchung. Elisabeth ist der jungen Freundin entgegengegangen und ist, da sie ihren Zustand gewahr wird, im Begriff in die Knie vor ihr niederzusinken. Zacharias, der gleichfalls das Haus verlassen, naht ehrfurchtvoll aus der Ferne. Mit diesem Blatt sind wir in den Monat Julius eingetreten.

No. 72 (No. 75 des Cod.) Das Martyrium der Hll. Processus und Martinianus, in kleinem Format 2½ Zoll breit 2½ Zoll hoch (Bildtafel 4). Beide werden von Schergen vor den römischen Präfecten gestellt, der auf einem Throne sitzend das Verhör beginnen will.

No. 73 (No. 76 des Cod.) Die sieben Martyrer, Söhne der Felicitas, einfach neben einander gestellt; Einer von ihnen liest aus einem Buche (dem Evangelium) vor; die andern hören mit reger Theilnahme zu. Ebenfalls kleines Format.

No. 74 (No. 77 des Cod.) Bildtafel No. 3. S. Magdalena in der Wüste. Nur in einen grossen Mantel gehüllt, der aber den halben Oberkörper und die Füsse unbedeckt lässt, mit langherabwallendem Haar sitzt die Heilige auf einem Stein, ein Gebetbuch auf dem Schoss, das Haupt gesenkt. Die Augen fallen zu; die zum Beten geschlossenen Hände lösen sich; ihre letzte Stunde ist gekommen. Ueber dem Felsen, an dem wir den Eingang zu der Höhle sehen, die ihr zur Wohnung gedient, schwebt auch schon ihre Seele von Engeln getragen zum Himmel empor.

No. 75 (No. 78 des Cod.). Wir begegnen hier der oft wiederkehrenden Verwechslung der Maria, Schwester des Lazarus, mit Maria Magdalena; und zwar nicht sowohl in Bibel, als vielmehr im Text des Breviariums, der auf Ev. Luc. 7, 37. sich bezieht. Neben einem Sarkophag kniet händeringend Maria und bittet Christum, der mit den Aposteln herangetreten, um Wiederbelebung ihres Bruders; Martha, neben ihr, kenntlich am Kochlöffel in ihrer Hand, unterstützt, obwohl weniger erregt, ihr Flehen. Erwartungsvoll und nicht ohne den Ausdruck von Hohn, stehen die Pharisäer zur Seite. In den Randbildern ist eine Predigt abgebildet und die Seefahrt der Magdalena im Geleit des Bischofs Maximinus.

No. 76 (No. 79 des Cod.) Die Legende erzählt, dass dem König Ramirus in Spanien, in einer Schlacht wider die Mauren, der Apostel Jacobus d. Ae. erschienen sei und zum Siege verholfen habe. In der Miniatur des Codex schlägt der Heilige ganz allein, auf weissem Rosse einhersprengend, mit geschwungenem Säbel die Ungläubigen in die Flucht, während der König sein Heer ruhig in Reserve hält.

No. 77 (No. 80 des Cod.). Auf denselben Tag mit St. Jacobus fällt das Fest des H. Christoph. Nahe einer Felsenhöhle, am Ufer eines Stromes steht das in ein langes Hemd gekleidete Christkind auf einem Vorsprung und legt seine Arme um den Hals des riesigen Heiligen, der, bis an die Kniee im Wasser, einen Baumstamm in der Rechten hält und mit der in seinen grossen Mantel geschlagenen Linken das Kind umfasst, um es auf die Schulter zu heben.

No. 78 (No. 81 des Cod.). Dem Fest der H. Anna sind 2 Blätter gewidmet. Das erste ist im kleinen Format dem Gebet eingefügt. Anna freut sich am Christkind in der Tochter Armen, das ihr grüssend das Händchen reicht. — Das zweite No. 79 (No 62 des Cod.) ist ein Bild von höchst eigenthümlicher Mystik, dem Dogma des 19 Jahrhunderts von der unbefleckten Empfängniss vorgreifend. Auf einem Thron mit einem reichen Baldachin von (sehr verdorbener) Gothik sitzt Anna, und liest in einem Gebetbuch, das auf ihrem Schoosse liegt; die Linke hat sie auf die Brust gelegt, zum Zeichen, wie sehr ihr, was sie liest, zu Herzen gehe. Ein weisser Mantel, über welchem ein schwarzes Kopftuch gelegt ist, umschliesst sie ganz; doch ist an Brust und Unterleib das Kleid sichtbar. Dieses aber ist an der Stelle des Uterus so durchsichtig, dass man die noch ungeborene künftige Mutter des Heilandes darin im Heiligenschimmer und betend erblickt. Aus Anna's Munde gehen die Worte des Jesus Sirach 24, 23: „Fructus meus honoris et honestatis." (Meine Frucht der Ehre und Ehrbarkeit.) Die Tochter aber unter ihrem Herzen spricht, mit demselben Weisen (24, 31): „Qui elucidant (!) me, vitam aeternam habebunt." (Die mir folgen, werden das ewige Leben haben.) — Zur Rechten des Thrones steht David, das Scepter in der Rechten und spricht: „Quaeretur peccatum illius et non invenietur" (Man wird einem Feld (an ihr) suchen und nicht finden!) Zur Linken des Thrones steht in ähnlicher Haltung Salomo und spricht: „Progreditur quasi aurora consurgens." (Sie geht hervor wie die Morgenröthe) Hohelied 6, 9. Sollten nun die beiden Vorfahren Josephs den Gedanken von der unbefleckten Empfängniss ablenken, so hat der Künstler dafür gesorgt, dass man sich nicht zu weit verirre; denn in der Spitze des Baldachins schwebt die heilige Taube! und in den Wolken erscheint Gott Vater und spricht (aus dem Hohenlied 4, 7.): „Tota pulcra es amica mea et macula non est in te." (Du bist ganz schön, meine Freundin, und kein Flecken ist an Dir!)

No. 80 (No. 82 des Cod.). S. Martha führt uns der Künstler in einem Bilde (in kleinem Format) vor, wie sie mit ihrem häuslichen Wirken fromme Andacht zu verbinden weiss (Bildtafel 4). Reinlich und ordentlich ist ihre Küche; im Kessel über dem Feuer kocht das Mittagessen; aus dem Hühnerkasten stecken hungrige Bewohner ihre Köpfe zum bereiteten Mahl; ein ungebetener Gast wird von der Katze beseitigt; die Heilige selbst, ein Küchenkleid über dem guten Hauskleid, den Kochlöffel in der Linken, hält in der Rechten ein offenes Buch, in welches — es wird wohl kein Kochbuch sein! — sie sich sichtlich vertieft hat.

Der August bringt uns zuerst No. 81 (No. 83 des Cod.) Petri Befreiung. Ein Engel im reichverzierten Messgewand ist zu dem gefangenen Apostel ins Gefängniss getreten und löst seine eisernen Bande. Noch liegen die Füsse in Ketten und es gelingt dem Heiligen nur halb, sich von seinem Holzblock zu erheben, aber das Gelingen der Befreiung sehen wir in der Ferne, wo er mit dem Engel durch die Strassen der Stadt geht.

No. 82 (No. 84 des Cod.) S. Maria zum Schnee. Die Legende erzählt, dass ein reicher Römer, welcher über die Mittel der heil. Jungfrau seine Verehrung zu bezeigen in Ungewissheit war, von ihr im Traume den Befehl erhielt, ihr einen Tempel auf dem Esquilin zu errichten, da wo er den Plan dazu im frischgefallenen Schnee finden würde. Das geschah am 5. August in Rom, zu einer für einen Schneefall sehr ungewöhnlichen Zeit. Dennoch fand der Römer die Bestätigung seines Traumgesichts, und die Kirche verherrlicht den Tag als das Fest der H. Maria zum Schnee. Sehr eingehüllt sitzt Maria mit dem unbekleideten Kind auf blumiger Wiese. Im Hintergrunde betrachten Männer den in Schnee gezeichneten Kirchenplan.

Der folgende Tag ist der Verklärung Christi auf Tabor gewidmet, No. 83 (No. 85 des Cod.). Christus steht strahlenumflossen im langen, weissen Gewand auf einer Felsenerhöhung; über ihm schwebt die heil. Taube und darüber schaut der Vater aus dem geöffneten Himmel hernieder. Moses und Elias in Halbfiguren treten rechts und links aus den Wolken hervor. Am Fusse des selbigen Hügels knieen in heftiger Aufregung die Jünger Johannes, Petrus und Jacobus und schauen geblendet empor, indem sie sich mit den Händen — Jacobus mit dem Mantel, gegen den Lichtglanz zu schützen suchen, der von ihrem Meister ausstrahlt. — No. 84 (No. 86 des Cod.). Am 8. August feiert die Kirche das Andenken der Märtyrer Smaragdus, Cyriacus und Largus, die unter Diocletian hingerichtet wurden. Ein kleines Bild zeigt ihre Enthauptung.

No. 85 (No. 87 des Cod.) Der Tod Mariä, eine reiche Composition! Gealtert und abgezehrt liegt die h. Jungfrau in ihrem Bett; die Augen und Lippen sind geschlossen; krampfhaft hat der Tod die Hände zusammengezogen, in deren eine Johannes die brennende Kerze gedrückt. Stehend und knieend umgeben die Apostel (11 an der Zahl?) das Sterbelager, einige aus dem Herzen oder Gedächtniss, andere aus Büchern betend, einer das Rauchfass schwingend und Petrus, das Weihwasser sprengend. Ueber der Scene schwebt die Seele der Entschlafenen in einem lichten Limbus, von Engeln umgeben, zu Christus empor.

No. 86 (No. 88 des Cod.). Hier sehen wir sie im weiten, weissen Gewand, mit langherabwallendem Haupthaar vor ihrem Sohne, dem dreifach gekrönten König des Himmels knieen, der ihr, von Engelschaaren umgeben und unter Weihrauchspenden segnend die Krone des ewigen Lebens aufsetzt. (Bildtafel 5.)

Dem Apostel Bartholomäus ist ein kleines Bild No. 87 (No. 89 des Cod.) gewidmet, seine Halbfigur mit Buch und Messer in der Linken enthaltend. — Ebenso der Enthauptung des Täufers Johannes No. 88 (No. 90 des Cod.) Der Leichnam liegt am Boden, die Tochter der Herodias empfängt von dem Henker das Haupt auf einer Schüssel. (Bildtafel 4.)

No. 89 (No. 91 des Cod.). Der erste grosse Festtag im September ist Mariä Geburt. Der Künstler verherrlicht denselben, indem er die Gebenedeite auf dem Thron darstellt, das göttliche Kind im Schoss. Der heilige Geist schwebt über ihr und am Thronhimmel stehen die Worte: „Ave regina coelorum! ave domina angelorum!" (Gegrüsset seist Du, Königin der Himmel! gegrüsset Beherrscherin der Engel!) Ein Felsenthal, durch das ein Fluss strömt, thut sich hinter dem Thron auf. Eine gekrönte Heilige kniet rechts von Maria und reicht dem Kinde eine Blume, das sie mit Freundlichkeit nimmt zu der, die es bereits im andern Händchen hält. Auf der linken Seite des Thrones kniet eine andere Heilige und bietet dem Christkind ihre goldne Krone dar. Es mag die heilige Gertrud sein, die Tochter Pipins von Landen in Flandern, die die Hand eines Herzogs ausschlug, um in ungetrübter Jungfräulichkeit leben zu können. Neben ihr sitzt die heilige Gudula, ihre Taufpathe, Stadtpatronin von Brüssel; und vor ihr am Boden die heilige Agnes mit dem Lamm; ihr gegenüber, ebenfalls am Boden, die heilige Katharina in einem Buche blätternd; neben ihr im Grase liegt das emblematische Schwert und ein Stück Rad. — Dieses Bild, in grösserem Format als Oelgemälde ausgeführt, jedoch mit einigen Abweichungen, befindet sich in der Glyptothek zu München. Da ist die dem Christkind nächste Heilige Katharina und empfängt den Verlobungsring von ihm. Hinter ihr steht noch eine andere Heilige, so dass auf jeder Seite deren drei sind. Der Thronhimmel fehlt — man sieht frei in die Landschaft. Uebrigens ist — ein Paar unbedeutende Motive und Uebermalungen abgerechnet — das Bild bis in die Gewandfalten dasselbe, und nur feiner und vollkommener in der Ausführung.

No. 90 (No. 92 des Cod.) ein kleines Bild des H. Adrianus. Der Heilige in Waffentracht steht auf einem lebendigen Löwen, zum Zeichen, dass die reissenden Thiere ihm keine Gewalt angethan.

No. 91 (No. 93 des Cod.) ein kleines Bild mit der Halbfigur des Evangelisten Matthäus. No. 92 (No. 94 des Cod.) ein dergl. mit den Halbfiguren von S. S. Cosmas und Damianus, durch Apothekergeräthe kenntlich gemacht.

No. 93 (No. 95 des Cod.) ein grosses Blatt mit der Halbfigur des Erzengels Michael, dessen Fest auf den 29. Sept. fällt. Nicht, wie üblich, im Waffenschmuck, sondern im Messgewand, steht er vor uns; doch hält die Rechte das Schwert, während in der Linken das Kreuz ruht, daran eine Fahne mit der Bekämpfung des Drachen durch ihn abgebildet ist. Ein Perlen-Diadem mit dem Kreuz ist um das reichgelockte, herabwallende Haupthaar gelegt, sein Blick ist fest nach oben gerichtet.

No. 94 (No. 96 des Cod.) Der 30. Sept. gehört dem H. Hieronymus. Es sitzt unter belaubten Bäumen in gebirgischer Landschaft, unweit einer Kirche; ein hinfälliger Greis, der mit halbgebrochenen Augen in einem Buche auf seinem Schoss zu lesen sucht, indem er mit dem Zeigefinger die Zeilen verfolgt. Ein weiter Cardinalsmantel bedeckt ihn fast ganz, der dazu gehörende Hut liegt neben ihm im Gras, auf der andern Seite ein Todtenkopf und der treue Gefährte aus der Wüste, der Löwe.

No. 95 (No. 97 des Cod.). Ein kleines Blatt mit dem Bischof Remigius.

No. 96 (No. 98 des Cod.). Die Stigmatisierung des H. Franz, ein Bild voll ausdrucksvoller, ja leidenschaftlicher Darstellung. Der Heilige kniet in Ekstase an einem Quell; seine Blicke sind nach dem geöffneten Himmel gerichtet, aus welchem von einem geflügelten Crucifix Strahlen niedergehen, die ihm in die hoch erhobenen Hände und in die Seite (wohl auch in die Füsse unter der Kutte) die Wundenmale stechen. Versenkt in ein Buch, wo nicht in Schlaf, merkt der Ordensbruder, der nahe bei ihm an einem Felsen sitzt, von dem Vorgang nichts.

No. 97 (No. 99) ein kleines Blatt mit der Enthauptung der HH. Sergius, Bacchus und Marcellus. — No. 98 (No. 100 des Cod.) ein gleiches mit dem H. Lucas, der, ohne die Kuh hinter sich in der Werkstatt, für das Bildniss eines ehrlichen flamändischen Malers an seiner Staffelei gelten könnte. — No. 99 (No. 101 des Cod.) ein gleiches mit den beiden Aposteln Simon und Juda (Taddeus,) der erste mit der Säge, der andere mit dem Richtmass.

No. 100 (No. 102 des Cod.). Das Fest Allerheiligen 1. Nov. ist auf die glänzendste und eigenthümlichste Weise im Bilde verherrlicht. (Bildtafel 6.) Durch eine weite hügelige Landschaft zieht eine endlose Procession mit Kreuzen und Fahnen. Dem Zug voran gehen zwei Engel mit dem Rauchfass und der Kreuzesfahne; den Zug selbst eröffnet die heilige Jungfrau mit dem Christkind in den Armen; eine Krone schmückt ihr Haupt; das Haar deckt Schultern und Oberarme; die Mantelenden tragen zwei Engel. Zu ihrer Linken gehen zunächst drei heilige Jungfrauen, hinter ihr drei Fahnenträger im Waffenschmuck und neben ihr zur Rechten ein Papst mit dem Kreuz, dem zunächst andere hohe Würdenträger der Kirche auf dem Fusse folgen. Die über diess Bild ausgegossene Schönheit macht es zu einem der bedeutsamsten Denkmale deutscher, dem Naturalismus häufig zu ihrem Nachtheil verfallenen Kunst.

Das kann man nun nicht von No. 101 (No. 60 des Cod.) sagen, dem Blatte, das ich für den Allerseelentag (2. Nov.) bestimmt halte. Eine grauenhafte Phantasie schildert hier in den dunkeln Randbildern das Schicksal der den Teufeln und ihren Qualen verfallenen Seelen und ihre Verzweiflung; und mit der Kehrseite dieser Phantasie gibt der Künstler eine geradezu burleske Vorstellung von der Aufnahme der Seligen in den Himmel, die, ganz nackt, auf den Schultern von Engeln hockend, reitend, stehend, auf Händen getragen, am Leib umfasst und auf sonst noch andere Arten in den Himmel gehoben werden, wo sie Gott Vater, umgeben von Preis und Anbetung, mit offenen Armen empfängt.

No. 102 (No. 103 des Cod.). Ein kleines Blatt zu Ehren St. Martins, der seinen Mantel mit dem nackten Bettler theilt.

No. 103 (No. 104 des Cod.) ein gleiches mit der H. Elisabeth, die Kleider und Brot an die Armen vertheilt. (Bildtafel 4.) Ein Engel schwebt mit 2 Kronen zu ihr nieder. — No. 104 (No. 105 des Cod.) ein gleiches mit der H. Cacilia, kenntlich an der Orgel in ihrer Hand.

No. 105 (No. 106 des Cod.) ein reichausgestattetes Blatt, auf welchem eine Stadt von wunderlicher, aus Gothik und Renaissance geformter Architektur den Hintergrund bildet. Inmitten einer Schaar trotziger verschmitzter, auch gemeiner und verbösenter Manner, unter der sich kaum ein Mensch von bessern Gefühlen zeigt, steht in heiliger Klarheit und Schönheit die Königstochter Katharina und trägt ihnen mit grosser Sicherheit in Mienen und Haltung Worte der Weisheit vor, die der königliche Vater mit seinem Rathen aus der Vorhalle des Palastes mit Unwillen anhört. An einem Architrav des nächsten Hauses steht der Name Gosart.

No. 106 (No. 107 des Cod.). Das zweite der H. Katharina gewidmete Blatt enthält ihre Enthauptung. Im blumigen Grase kniet, die Hände zum Gebet gefaltet, die Heilige. Der Henker hat ihr das Haar auf die Seite geschoben und drückt ihr das Haupt nieder, um bequemer und sicherer den Todesstreich mit dem grossen Richtschwert führen zu können. Der König ist mit Gefolge zu Pferd gegenwärtig. Im Hintergrund sieht man den vereitelten Versuch, sie durchs Rad ums Leben zu bringen. In den Randverzierungen kommen noch einige Scenen aus ihrer Legende vor: wie sie durch einen Einsiedler die erste Kunde vom Christenthum erhält, wie ihr die H. Jungfrau erscheint; wie sie ihren Vater vom Irrthum der heidnischen Religion zu überzeugen sucht und wie sie mit den Philosophen von Alexandria disputiert.

No. 107 (No. 61 des Cod.). Der 30. Nov. ist der St. Andreas Tag. In ganzer Gestalt steht der Heilige vor uns, sein schweres Kreuz stützend und trotzig ins Weite blickend; allerdings nicht nach dem Hintergrund, wo er an eben diesem Kreuz den Tod erleidet.

Der 4. Dec. gehört der H. Barbara No. 108 (No. 108 des Cod.). Die vornehm gekleidete Heilige sitzt in einem, niedrig ummauerten Garten auf blumigem Grunde und blättert in einem Gebetbuch auf ihrem Schoss. Der Thurm im Mittelgrund rechts ist ihr Gefängniss, neben welchem ihre Enthauptung stattfindet.

Obwohl wir nun mit der H. Barbara bereits wieder den ersten December überschritten haben, bringt uns der Codex doch noch zwei Bilder, die wir auf das Fest von Maria Empfängniss (8. Dec.) beziehen müssen. Das erste, No. 109 (No. 109 des Cod.), ist eine das Kind liebkosende Madonna, grosse Halbfigur in der Laubschaft.

Den Schluss macht eine parabolische Verherrlichung der heiligen Jungfrau, No. 110 (No. 110 des Cod.), wozu die Motive der Bilder grossentheils dem Hohenlied Salomonis entnommen sind. Rechts im Vorgrund ein verschlossener Garten (ortus conclusus, Hohelied 4, 12.) darin der Gartenbrunnen (Fons ortorum, 4, 15.), Lilien, mit der Inschrift sicut lilium inter spinas, wie die Lilie unter Dornen, und Rosen, plantatio rosae (2, 2.). Links neben dem Garten steht ein Engel, der einen Spiegel hält mit der Inschrift Speculum sine macula (ein

Spiegel ohne Flecken, Buch der Weisheit 7, 26.) darin der Brunnen des lebendigen Wassers vor ihm (fons aquarum viventium, Hohelied 4, 15.) sich spiegelt. Dahinter steht ein Thurm mit der Inschrift Turris David cum propugnaculis (der Thurm Davids mit Brustwehr, ebendas. 4, 4.) und neben ihm steht eine hohe Ceder (Cedrus exaltatus, Jes. Sirach 24, 17). — Hinter dem Garten aber steht ein Oelbaum, Oliva speciosa (ebendas. 24, 19) und der blühende Zweig Jesse (Jesaias 11, 1. 2); zwischen beiden der versiegelte Born (fons signatus, Hohelied 4, 12) mit dem Sinnbild des heiligen Geistes. Rechts auf felsiger Höhe steht ein festes Thor mit der Inschrift Porta Celi (Himmelsthor), wie die heil. Jungfrau im Lobgesang heisst, und durch welche man zu der Stadt Gottes (Civitas Dei) eingeht. — Oben in der Luft schwebt Maria, von Engeln gekrönt, auf dem Neumond (der Mondsichel), dem Symbol der unbefleckten Empfängniss. Neben ihr stehen die Worte: Electa ut sol (Auserwählt wie die Sonne) pulcra ut luna (schön wie der Mond), Hohelied 6, 9. Auch glänzt der Morgenstern am Himmel (stella maris, Sirach 50, 6) und in der Höhe schaut Christus hernieder und spricht: Tota pulcra es amica mea et macula non est in te (Du bist ganz schön, meine Freundin, und ist kein Flecken an Dir, Hohelied 4, 7).

Haben wir bisher einen Ueberblick gewonnen über den reichen Kunst-Inhalt des Werkes, so treten nun die kunstgeschichtlichen Fragen an uns heran: Aus welchem Lande, aus welcher Zeit und Schule stammt dasselbe? Wer hat es gemacht, und wer hat es veranlasst? Wie ist es an seine jetzige Stelle gekommen?

Die Herkunft des Breviariums unterliegt keinem Zweifel. Auf den ersten Blick erkennt man, dass es in Flandern angefertigt worden und zwar aus der Schule der Van Eyk hervorgegangen. Die Wirkung dieser Schule erstreckte sich vom Anfang des 15. Jahrhunderts bis nahezu an sein Ende. Bei grosser Uebereinstimmung in den Grundzügen des Styls erleidet derselbe im Fortgang der Zeit doch sichtliche Modificationen, so dass im letzten Drittel des Jahrhunderts der feierliche Ernst und die strenge Anordnung und Formengebung mildern Formen, einer mehr gemüthlichen Auffassung und einer freiern Darstellungsweise Platz gemacht haben. Dieser Zeit, etwa von 1470 bis 1485(—90) entspricht der Styl in den Miniaturen des Codex Grimani. —

Die von mir angegebene Zeitbestimmung wird wesentlich unterstützt durch die in den Bildern vorkommenden Architekturen, Waffen, Trachten und Geräthschaften. Es war Brauch der Schule, sich für diese Gegenstände an das zu halten, was man im Leben vor Augen hatte und die Culturgeschichte bietet uns für die Umwendungen des Geschmacks so sichere Anhaltspunkte, dass man, namentlich in so später Zeit, nicht leicht mehr um 10 Jahre in der Zeitangabe sich zu irren in unvermeidlicher Gefahr ist. Wohl scheinen die Einfassungen der Bilder und selbst einige Architekturen in diesen mit einer sehr verdorbenen Gothik auf den Anfang des 16. Jahrhunderts hinzuweisen; allein die belgische Gothik hat viel früher, als selbst die französische, jene Ausartungen erlebt, die dem Eindringen der Renaissance vorangingen.

Die Ergebnisse der Kunstkritik finden nun auch noch Bestätigung durch einzelne Bemerkungen im Texte des Breviariums. Fünfmal nehmlich wird in Noten zu neueingeführten Festtagen der Papst Sixtus IV. genannt und zwar mit der Bezeichnung „S. S. D. N." (Sua Sanctitas Dominus Noster, Se. Heiligkeit, Unser Herr) Papa Sixtus quartus"; in welcher Weise nur von einem lebenden Papst gesprochen werden konnte. Papst Sixtus IV. aber ist am 13. August 1484 gestorben, so dass jedenfalls eine spätere Zeit für den Beginn des Codex nicht angenommen werden kann. Und da Sixtus 1471 den päpstlichen Stuhl bestieg, und der Codex auf seine kirchlichen Anordnungen besonders Bezug nimmt, so dürfte die Beschaffung des Codex mit Sicherheit in der Zeit von 1471 bis etwa 1485 angenommen werden. — E. Harzen in Hamburg musste in seiner Abhandlung über unser Breviarium (in Naumanns Archiv der zeichnenden Künste, Bd. IV. 1858 p. 3.) zu lauter irrigen Schlussfolgerungen kommen, da er die Entstehung des Werks in den Anfang des 16. Jahrhunderts setzte.

Forschen wir nun nach den Malern, von denen die Miniaturen des Codex ausgeführt worden, so werden wir zunächst an den bekannten und allgemein als zuverlässig und gut unterrichtet, ja als Autorität anerkannten Berichterstatter, den „Anonymus" des Morelli gewiesen, der das Breviarium im Jahre 1521 im Hause des Cardinals Domenico Grimani zu Venedig gesehen, und davon sagt, dass daran „viele Meister viele Jahre lang gearbeitet," von denen er namentlich „Zuan Memelin, Girardo da Guant und Livieno d' Anversa" anführt, von deren letzteren jeder 125 Blätter geliefert. Die Zahl der von Memling gelieferten Blätter ist nicht angegeben. Der Codex hat zwar nur 110 Miniaturen, aber 831 Blätter, so dass die Schrift mitgerechnet ist, und dass noch immer eine beträchtliche Zahl Blätter übrig ist für andere Künstler.

Es ist ein gewagtes Unternehmen, die Miniaturen an bestimmte Meister zu vertheilen. Memlings Weise freilich ist bekannt; von Lievin von Antwerpen aber haben wir bis jetzt durchaus noch kein beglaubigtes Bild. Ist Gerard von Gent der G. van der Meere, der das Triptychon in St. Bavon seiner Stadt gemalt hat, so lassen sich ihm einige der Bilder mit ziemlicher Sicherheit zuschreiben. Harzen nimmt mit der grössten Zuversicht Gerard Horebout, einen im 16. Jahrh. thätigen Künstler, als den G. v. Gent an, obschon er unter den Genter Malern nicht vorkommt (vgl. E. Busscher, les Peintres Gantois) und sieht in der Angabe der Vaterstadt ein Versehen des Anonymen; wie er es für einen Irrthum erklärt, den Memling unter den Künstlern des Codex aufzuführen, der bereits 1495 nicht mehr lebte. Von Horebout giebt es bis jetzt ein einzig beglaubigtes Bild vom J. 1525 (S. Messager de Gand, Serie II. Vol. I.); da es indess als kraftlos und ohne Adel geschildert ist, hält es Harzen nicht für ächt, da allerdings diese Bezeichnungen nicht auf den Codex noch andere Werke passen, die er diesem Meister zuschreibt. — So ist Memling willkürlich beseitigt, und Horebout grundlos eingeführt! Wir halten uns an die Angabe des Anonymen. Noch aber bleiben für „viele Meister" viele Bilder zu bestimmen übrig. Wir werden unter diesen Umständen nichts Besseres thun können, als die Miniaturen nach der Auffassung, Darstellweise und Styl in verschiedene Gruppen zu ordnen, und nur bei zweien derselben bestimmte Namen (Memling u. V. d. Meere) beanspruchen.

Für die Anordnung der ersten Classe kommen uns einige Glücksumstände zu Hülfe, die bei weitern Nachforschungen sich gewiss vermehren werden. Im bayr. Nationalmuseum von München wird ein Diptychon von Kupferblech aufbewahrt, jedes Täfelchen 4½ Z. hoch, 3 Z. breit mit Halbfiguren: auf dem einen Täfelchen Maria das Kind herzend; auf dem andern der Abschied Christi von Maria. Auf der Rückseite des einen Täfelchens stehen die zierlich verschlungenen Buchstaben I M, auf der andern II M, die — nach den Gemälden selbst zu urtheilen — kaum etwas anderes bedeuten können, als Johannes Memling und Hans Memling. — Nun bewahrt dasselbe Museum auch zwei Breviarien mit Miniaturen aus derselben Zeit und Schule, in deren einem der Abschied Christi von der Mutter (aus dem Diptychon) mit geringen Abänderungen sich wiederholt. Gleicherweise kehrt die Composition der das Kind herzenden Madonna (im Diptychon) ebenfalls mit geringen Abweichungen im Codex Grimani wieder (No. 109). Wir haben demnach sehr bestimmte Anhaltpunkte zur Bestimmung für diejenigen Bilder des Codex, die aus Memlings Werkstatt hervorgegangen sind. Diese Anhaltpunkte mehren sich bei Vergleichung des Codex Grimani mit den beiden Breviarien des bayrischen Nationalmuseums. Zwar stimmt der Kalender nicht genau überein, so dass die Bezeichnung im erstern „secundum ordinem Curiae Romanae" dadurch — im Gegensatz gegen den Kalender nach deutscher oder nach gewöhnlicher Ordnung — eine besondere Erläuterung erhält; dagegen ist die Einrahmung der Bilder mit zerstreuten Blumen, und dazwischen angebrachten Schmetterlingen und anderem kleinen Gethier nicht allein ganz dieselbe, sondern ebenfalls die architektonische Ornamentik in der auf gleiche Weise entstellten Gothik, mit den dazwischen in Bronzefarbe mit Goldlichtern gezeichneten Randbildern, die nur in den Münchner Büchern von viel höherer künstlerischer Bedeutung sind. Noch bestimmter aber weisen einzelne Bilder auf dieselbe Quelle hin. Im Bilde von Mariä Reinigung oder Darstellung im Tempel ist die Gruppe von Maria mit dem Kind und Simeon No. 34 (No. 65) in München und Venedig bis auf die kleinste Gewandfalte dieselbe; die Krönung Mariä No. 86 (88) ist in beiden Codicibus dieselbe; ja sie kehrt mit denselben Motiven auch im zweiten Münchner Breviarium, obwohl nur mit Halbfiguren wieder. Aus der Erweckung des Lazarus No. 75 (76) ist die Gruppe von Christus und den Aposteln ebenfalls in beiden Codicibus genau dieselbe. — In dem zweiten Münchner Breviarium sind nun noch in ganzer oder grossentheilweiser genauer Uebereinstimmung mit dem Codex Grimani enthalten die Miniaturen: No 35 (63) Antonius der Einsiedler; No. 64 (58) das Officium der Todten und No. 94 (96) S. Hieronymus.

Zu den beiden genannten Breviarien des bayr. Nationalmuseums kommt in München noch ein drittes in der Hof- und Staatsbibliothek aus derselben Zeit, darin sich wenigstens eine Figur aus den andern genannten wiederholt: Christus bei der Erweckung des Lazarus, wie denn auch Auffassung und Styl der Bilder im Allgemeinen auf dieselbe Quelle hinweisen, wenn auch nicht auf dieselbe Hande.

Aus diesen Thatsachen scheint mir hervorzugehen, dass in Memlings Werkstatt, unter seiner Oberleitung, und auch seiner unmittelbaren Betheiligung in grosserer Anzahl Breviarien mit Miniaturen entweder ganz nach seinen Compositionen oder mit theilweiser Benutzung derselben ausgeführt wurden.

Aus dieser Werkstatt ist — nach meinem Dafürhalten — der grösste Theil der Miniaturen des Codex Grimani hervorgegangen. An einigen derselben ist dieselbe Hand leicht zu erkennen, an andern wird die Bestimmung schwieriger; auch erkennt man ausser der Verschiedenheit auch die grössere oder geringere Kunstfertigkeit der Hände. Ein ganz äusserliches, aber nicht zu übersehendes Merkmal der Zusammengehörigkeit bilden die in die Kleidersäume gezeichneten (simulosen?) Buchstaben, von derselben, theilweis willkürlichen Form. Ich will einen Versuch machen, die Blätter nach Gruppen zu sondern.

1. Von Memling selbst ausgeführt scheinen mir a) von den kleinen Blättern No. 72 (75) SS. Processus und Martinianus; No. 80 (82) die H. Martha; No. 88 (90) die Enthauptung Johannis; No. 90 (92) St. Hadrian; No. 98 (100) St. Lucas; No. 103 (104) St. Elisabeth; No. 104 (105) S. Cäcilia. -- Schwerlich von ihm selbst, aber von einer der seinen sehr nahe verwandten und sehr geschickten Hand: No. 73 (76) die sieben Martyrer; No. 79 (81) S. Anna mit Maria und dem Kind; No. 82 (84) S. Maria zum Schnee; No. 84 (86) die Enthauptung der HH. Smaragdus, Cyriacus und Largus; No. 87 (89) S. Bartholomäus; No. 91 (93) S. Matthäus; No. 92 (94) SS. Cosmas und Damianus; No. 95 (97) S. Remigius; No. 97 (99) Enthauptung der HH. Sergius, Bacchus und Marcellus; No. 99 (101) SS. Simon und Juda; No. 102 (103) S. Martinus Episc.

b) Von den grössern Blättern scheinen mir unmittelbar von Memling herzurühren: No. 61 (55) die HH. Päpste und Bischöfe; No. 34 (63) St. Antonius der Einsiedler (auch in München); No. 35 (64) die HH. Fabianus und Sebastian; No. 35 (66) die Verkündigung; No. 69 (72) S. Petrus als Papst; No. 70 (73) S. Paulus; No. 77 (83) Petri Befreiung; No. 89 (91) Maria Geburt (vielmehr Maria auf dem Thron von weiblichen Heiligen umgeben; auch in der Pinakothek von München als Oelgemälde); No. 94 (96) S. Hieronymus (auch in München); No. 95 (98) die Stigmatisierung des H. Franz. No. 100 (102) Allerheiligen; No. 108 (108) Sta. Barbara.

2. Sehr nahe dem Meister, aber noch strenger im Styl scheinen mir folgende Blätter: No. 48 (42) die Dreifaltigkeit; No. 62 (56) die heiligen Jungfrauen; No. 43 (68) SS. Philippus und Jacobus; No. 86 (88) die Krönung Maria (auch in München); No 93 (95) S. Michael; No. 104 (104) S. Maria mit dem Kind (auch in München).

3. Dem würde ich zunächst drei Blätter anreihen, die sich ebenfalls durch eine strenge, aber mehr naturalistische Zeichnung kenntlich machen, und bei denen der Künstler sich jedesmal desselben Modells bedient zu haben scheint: No. 41 (37) Simson mit den Stadtthoren; No. 77 (80) S Christophorus; No. 107 (61) S. Andreas. -

4. Ebenfalls dem Meister sehr nahe, aber noch weicher in den Formen und weniger

sicher in der Zeichnung erscheint mir der Urheber von No. 74 (77) S. Magdalena und No. 40 (36) die Auferstehung Christi.

5. Daran reihen sich zwei Blätter von soviel Schönheitssinn, namentlich in den Frauengestalten, dass sie wohl von Memling selbst sein könnten: No. 55 (28) zum prophetischen 11. Psalm; und No. 31 (31) die Beschneidung; wenn nicht die etwas breiten Gesichtszüge der Männer ein Fragezeichen machten.

6. Sehr deutlich scheint mir die gemeinschaftliche Herkunft der folgenden 6 Blätter eines Schülers von Memling, wie sie sich vornehmlich in den Bewegungen und dem Charakter der Physiognomien ausspricht; wobei sehr auffallender Weise die vornehmste Person des Bildes immer dasselbe Gesicht hat. No. 30 (30) S. Johannes beschwört den Giftbecher; No. 33 (33) die Königin von Saba bei Salomo; No. 45 (39) Joseph in Aegypten; No. 60 (54) das Martyrium des H. Valentin; No. 79 (62) S. Anna mit David und Salomo; No. 106 (107) die Enthauptung der H. Katharina; (hier wiederholt sich die Gestalt des Imperators zu Pferde von No. 60.)

7. Folgende 9 Blätter zeigen eine so grosse Uebereinstimmung unter sich, dass ich sie von einer und derselben Hand halte. In den Formen ist der Künstler dem Meister sehr nahe verwandt, aber weniger mannigfaltig; legt grossen Werth auf Beiwerk und ist sehr kräftig in der Farbe, wie im Vortrag. No. 52 (46) der Sorgeszug Davids nach der Ueberwindung Goliaths; No. 51 (17) Davids Salbung; No. 53 (48) seine Ernählung zum König; No. 54 (49) sein Leiden; No. 57 (51) Davids Gottesdienst; No. 58 (52) zum 47 Psalm; No. 64 (56) Officium der Todten; No. 75 (78) die Erweckung des Lazarus (auch in München) und vielleicht No. 110 das Loblied der H. Jungfrau.

8. Bei der nun folgenden Gruppe finde ich das Gemeinsame hauptsächlich in einer vorwaltenden Schwäche der Zeichnung und Unsicherheit in den Proportionen, sowie in der Wiederkehr einiger unschönen Physiognomien; aber den Styl Memlings noch immer missgebend. No. 26 (26) Jacob entsendet Joseph zu seinen Brüdern; No. 29 (29) die Vision des Johannes (freie Nachahmung des Bildes vom Johannesaltar Memlings in Brügge); No. 44 (38) die Himmelfahrt Christi; No. 46 (40) die Ausgiessung des H. Geistes; No. 49 (43) die Verheissung Abrahams; No. 50 (44) die Fusswaschung; No. 34 (65) Mariä Reinigung; No. 67 (70) Geburt Johannis d. T.; No. 71 (74) Mariä Heimsuchung.

9. Die nächsten 3 Blätter dürften die schwachsten des Codex sein, die aus der Werkstatt Memlings hervorgegangen: No. 83 (85) die Transfiguration; No. 59 (65) Officium der Heiligen; No. 101 (50) Allerseelen.

10. Ich komme nun zu einer Anzahl Blätter, die keine geschlossene Gruppe bilden. Sie gehören noch in den Memling'schen Kreis; sie weichen aber, wie mir scheint, alle von einander ab und ebenso wenig wüsst' ich eines derselben einer der bisher angeführten Gruppen beizufügen. Einzelne von ihnen gehören aber zu den bestausgeführten des Codex. No. 27 (45) der Sündenfall; No. 56 (50) die Verspottung Christi; No. 59 (53) die Apostel; No. 42 (67) S. Georg; No. 66 (69) St. Antonius von Padua; No. 68 (71) Johannes in der Wüste; No. 76 (79) St. Jacobus maj.; No. 85 (87) der Tod Mariä.

11. Die nächsten 5 Blätter weichen von den bisher genannten wesentlich ab. No. 28 (27) die Geburt Christi; No. 38 (34) die Kreuzigung Christi; No. 39 (35) die Aufrichtung der ehrnen Schlange; und No. 47 (44) der babylonische Thurmbau. No. 63 (57) die Sterbsacramente. Die Wahl sehr kleiner Figuren und die Ueberbürdung der Bilder mit ihnen, die flüchtige, etwas styllose Zeichnung und nicht sehr fleissige Ausführung, erinnern sehr mit Motiven der Darstellung an das Altarwerk (mit der Kreuzigung, Errichtung der ehrnen Schlange und Moses am Felsenquell) in St. Bavon zu Gent. Da nun dieses (in dem Inventar der Abtei S. Bavon) als eine Arbeit des Gerard van der Meire aufgeführt, vom Anonymus bei Morelli aber ein Gerard von Antwerpen als Mitarbeiter namentlich bezeichnet wird, so dürften ihm wohl ohne grosses Wagniss diese letztgenannten 5 Blätter zugeschrieben werden.

12. Wir kommen zu 2 Blättern von grosser Eigenthümlichkeit, bei denen keine Verbindung wahrzunehmen ist mit der Bibel, dem Schönheitssinn und der feinen Behandlung Memlings und seiner Schule. Ihr Grundcharakter ist Derbheit. No. 25 (25) die Erwartung des Messias; No. (105) 106 die H. Katharina und ihre Widersacher, ein Bild, das ungeachtet des schönen Ausdrucks der schönen Heiligen, wegen der an die Carricatur streifenden Charakteristik der Juden, mir von dem Künstler des vorgenannten Bildes herzurühren scheint. Auf diesem Blatte steht in dem Architrav eines Gebäudes der Name „Cosart". Das könnte soviel als Gossaert heissen und würde demnach Mabuse unter die Meister des Breviariums einzureihen sein; vorausgesetzt, dass seine Thätigkeit soweit zurückreicht, was noch nicht ermittelt ist.

13. Es ist mir noch ein einziges Blatt (den Kalender ausgenommen) übrig, No. 32 (32) die Anbetung der Könige, die im Grossen und weiter ausgeführt sich auch in der Pinakothek zu München befindet. Kein zweites Bild des Codex stimmt zu diesem, so dass es als der einzige Beitrag des unbekannten Künstlers betrachtet werden muss. Dass sein Name Lievin von Antwerpen sei, ist nicht wohl anzunehmen, da dieser der dritte vom Anonymus genannte Mitarbeiter ist, und darum nicht wohl um eines einzigen Blattes willen diese Ehre erfahren haben würde. Da wir einen sichern Anhaltpunkt für seine künstlerische Thätigkeit haben, müssen wir uns bescheiden und werden gut thun, ihm keine der namenlosen Gruppen auf seinen Namen zu schreiben.

Die Blumen, Schmetterlinge, Vögel und anderes kleines Gethier, womit in üblicher Weise viele Bilder umgeben sind, bilden einen, grosstentheils von kunstreichen Händen mit grosser Naturwahrheit ausgeführten, sehr reizenden und zierlichen Schmuck. Von ganz besonderer Vortrefflichkeit sind einige rein-architektonische Laubverzierungen, z. B. an dem Bild der HH. Päpste und Bischöfe und der H. Barbara, wie denn überhaupt die von mir dem Memling und seiner Schule zugeschriebenen Miniaturen, die schönsten Randverzierungen haben.

14. Von einer weniger geschickten Hand sind die kleinen in Bronzefarbe ausgeführten Randbilder, mit ihren Einrahmungen von sehr unrühmlicher Gothik.

15. Dagegen verdienen die Monatbilder aus dem Leben besondere Beachtung. Es scheint mir nicht, dass einer der Heiligenbild-Maler sich dabei betheiliget hat; aber einzelne jener Schilderungen sind so meisterhaft in Composition und Ausführung, wie die schönsten Blätter des Breviers; dahin rechne ich die grossen Bilder zum Januar, April, Mai und August, die sämmtlich von derselben Hand sind.

16. Wiederum andre Künstler haben die kleinen Monatbilder ausgeführt, von denen einige an Lebendigkeit der Darstellung und Meisterschaft der Zeichnung von keinem der grossen Bilder übertroffen, ja kaum erreicht werden, wie z. B. das Schneeturnier im Januar; der Mummenschanz im November etc. Die Genremalerei des 17. Jahrhunderts hat das wirkliche Leben kaum sprechender geschildert.

Haben wir somit einige Sicherheit über Herkunft und Entstehungszeit des Codex gewonnen, und die Blätter wenigstens annähernd nach verschiedenen Urhebern gruppirt, so dürfen wir uns wohl auch fragen, auf wessen Veranlassung dieses kostbarste aller Breviarien angefertigt worden? Denn als einen der sonst wohl auf den Kauf gefertigten Kunstartikel werden wir es nicht ansehen dürfen.*)

Zur Beantwortung dieser Frage hat der Verfasser der Erläuterungen zu der photographischen Ausgabe des Codex, Francesco Zanotto, eingehende Studien gemacht, die ich in Kürze mittheilen will.

Das Breviarium hat keinen Titel. Aber unmittelbar nach dem Kalender auf dem 15. Blatt heisst es: „In nomine sanctissimae et individuae Trinitatis Patris et Filii et Spiritus sancti, Amen. — Incipit Ordo Breviarii secundum consuetudinem Romane curie." — Im Calendarium des Codex sind die Namen sämmtlicher den Franciscaner-Minoriten angehörigen Heiligen durch rothe Farbe ausgezeichnet. Weist der erste Umstand auf einen Besteller in Rom, so zeigt der zweite mit Bestimmtheit auf ein Mitglied des genannten Ordens. Bei mehren dieser Heiligen ist auch die Octave im Kalender angegeben, was sonst nicht gewöhnlich; und bei der grossen Litanei sind die dem Orden angehörigen SS. Bonaventura, Bernardino und Anna aufgeführt; in Bezug auf welche letztere eine Anmerkung im Codex ausdrücklich betont, „dass ihr Festtag in grosser Doppelfeier begangen werde, namentlich von den Minoriten, denen dieser Vorzug (wie beim Fest des H. Nährvaters Joseph) von Papst Sixtus IV. besonders zugestanden worden sei. Gleicherweise ist bei dem Tag der H. Ursula, ferner bei Allerheiligen u. s. w. und zwar wieder nach der Anordnung des Papstes Sixtus IV. besondere Rücksicht auf den Minoriten-Orden genommen; die grösste auf die Verehrung des H. Franz von Assisi selbst.

Ist damit der genaue Zusammenhang mit dem Orden der Franciscaner-Minoriten ausser Zweifel gestellt, so frägt es sich weiter: Welcher ihrer Ordensbrüder konnte ein solches Prachtwerk, an welchem „viele Künstler viele Jahre gearbeitet" in Auftrag geben? Car-

---

*) Wäre es, was Waagen (Kunstblatt 1837) annimmt, für Maria von Burgund gefertigt worden, so dürfte es schwerlich anderswo als in Wien zu finden, sicher nicht nach Italien verkauft worden sein.

dinal Dom. Grimani gehörte dem Dominicaner-Orden an; er kommt als Besteller nicht in Betracht.

Schon aus dem Vorhergehenden tritt uns die Beziehung zu dem kunstliebenden Papst Sixtus IV. entgegen. Der Erbauer der Sixtinischen Capelle, der Gründer der vaticanischen Bibliothek, der Papst, der den Neubau der Peterskirche in Angriff genommen, gehörte schon von seinem neunten Lebensjahre dem seraphischen Orden an, durchschritt alle Grade bis zum General desselben, erhielt 1467 den Purpur und 1471 die dreifache Krone. Leiten uns diese Umstände auf ihn als Besteller des Breviariums hin, so bestätigen einige „Notanda" in demselben diese Vermuthung. In diesen Anmerkungen wird sein Name mehrmals und zwar bei kirchlichen Anordnungen, die von ihm getroffen worden, in folgender Weise angeführt: „Santissimo Signore nostro Papa Sixto Quarto" und zwar insonderheit bei dem Fest der Empfängniss Mariä, welches „neuerdings von Sr. Heiligkeit Unserm Herrn und Papst" angeordnet worden. Wir haben hiermit wohl einen ziemlich sicheren Grund für die Annahme, dass das Breviarium im Auftrag des Papstes Sixtus IV. angefertigt worden. Seine Vollendung hat er schwerlich erlebt, sonst würde es sich wohl in der vaticanischen Bibliothek befinden. Durch den Anonymus des Morelli erfahren wir, dass es der Cardinal Domenico Grimani von „Messer Antonello Siciliano o da Messina" um die Summe von 500 Ducaten erworben. Wannof erfahren wir nicht. 1521 sah es der Anonyme in der Sammlung des Cardinals.*) Es ist nicht unwahrscheinlich, dass mit dem Sicilianer der bekannte Maler Antonello da Messina, der Schüler des Jan van Eyk, gemeint ist, der die Oelmalerei, die er in Brügge erlernt, nach Italien verpflanzt, längere Zeit in Venedig gelebt hat und 1493 (oder 1496) gestorben ist. Er kann den Codex nach dem Tode des hohen Bestellers in Brügge erworben und an den Cardinal verkauft haben, der wie gleichfalls von dem Anonymen erfahren, die Werke deutscher Malerei, namentlich die Arbeiten Memlings hochschätzte. Besass er doch Memlings Selbstbildniss (aus seinem 65. Jahre), zwei andere Bildnisse — (ein männliches und ein weibliches) und das der Gemahlin Philipps des Guten von Burgund, Isabelle von Arragonien; auch mehre Diptychen von ihm; so dass seine Vorliebe für ein Werk, bei welchem dieser Künstler vornehmlich thätig gewesen, leicht erklärlich ist.

Der Cardinal Grimani, nicht nur ein reicher und feuriger Kunstfreund, sondern auch Gelehrter und Schriftsteller, war 1489 noch in Venedig und starb 1523 in Rom. In seinem Testament vermachte er das Breviarium an seinen Neffen, Marino Grimani, Patriarch von Aquileja mit der Bedingung, dass es nie verkauft, sondern der Republik Venedig zum Geschenk gemacht werden solle. Marino starb in Rom 1564; das Breviarium kam in die Hände des Giovanni Grimani, ebenfalls Patriarchen von Aquileja, der sich nicht davon trennen

---

*) Waagen (a. a. O.) schliesst daraus, dass es erst um diese Zeit angefertigt worden, und knüpft daran die Bemerkung, dass der Cardinal sich nicht lange daran habe erfreuen können, da er 1523 gestorben. Und doch sah der Anonyme gleichzeitig (1521) eine Anzahl Bilder von Memling, über deren frühere Entstehungszeit gewiss H. nicht im Zweifel sein konnte!

konnte, aber wenige Tage vor seinem Tode im J. 1593 es durch M. A. Barbaro, Procurator von S. Marco an den Dogen Pasquale Cicogna für die Republik übergeben liess. Ehe derselbe es der Bibliothek einverleibte, liess er ihm einen neuen kostbaren Einband geben, auf der einen Seite mit dem Bildniss des Donators, des Card. Dom. Grimani, in Relief; auf der andern mit dem Bildniss seines Vaters, des Dogen Antonio Grimani; und zwar — wie man mit Sicherheit annimmt, — durch die kunstreiche Hand des Bildhauers Alessandro Vittoria. In einem noch viel reichern, mit Gold, Perlen und Edelstein besetzten Kasten wurde es sodann dem Schatz von S. Marco übergeben, und blieb aller Welt verborgen; bis es Morelli für die Bibliothek, deren Vorstand er war, zurückgewann, und — wenn auch unter Beschränkungen — der Betrachtung und den Studien zugänglich machte. Es ist vortrefflich erhalten und der jetzige Bibliothekar, Sgre. Valentinelli sorgt nicht nur aufs treueste für die fernere Erhaltung, sondern auch mit grosser Liberalität für dessen Benutzung zu Kunstfreude und Belehrung.

DIE KREUZABNAHME
VON ROGER VAN DER WEYDEN
IM MUSEUM ZU MADRID.*)

4 F. 8½ Z. hoch, in der Mitte 1 F. 9½ Z. höher; 8 F. 5½ Z. breit; die mittlere Erhöhung 1 F. 9½ Z. breit.

Die Kreuzabnahme Rogers van der Weyden bedroht die kaum einigermassen aufgehellte Geschichte des grossen flandrischen Meisters mit einem neuen Nebel. In der St. Peterskirche zu Löwen befindet sich über einem Seitenaltar (und zwar noch an seiner ursprünglichen Stelle) ein Triptychon mit der Inschrift:

Dese tafel heeft vereert Heern Willem Edelheer En Alyt syn werdinne int iaer ons Heern MCCCC en XLIII.

In Betreff dieser Tafel enthält das Manuscript des Molanus (Historiae Lovaniensium libri XIV) folgende bemerkenswerthe Nachricht: „Magister Rogerius, civis et pictor Lovaniensis, depinxit Lovanii ad S. Petrum altare Edelbeer."*) Auf den Flügeln des Triptychons sind Stifter und Stifterin mit ihren Kindern und Schutzpatronen abgebildet; das Mittelbild aber ist die Kreuzabnahme, und zwar in derselben Composition, wie bei unserem Bild in Madrid. Der Unterschied aber in der Ausführung beider Gemälde ist so gross, dass man nicht begreift, wie ein Künstler aus der Roheit des Altarbildes der Peterskirche in wenigen Jahren zu der Vollkommenheit des Madrider Bildes hat kommen können. — Nicht genug! So ist auch das Jüngste Gericht in Beaune aus demselben Jahr 1443 und wird mit Recht als eines der vorzüglichsten Werke desselben Künstlers gepriesen.**)

Letzteres versteht man, wenn man erwägt, dass Roger damals etwa 43 Jahre alt und seit 11 Jahren Meister war.

Betrachten wir zunächst unsere Bildtafel. Der Leichnam Christi ist vom Kreuze abgenommen und wird unter den Armen von Nicodemus, an den Beinen von Joseph von Arimathia gehalten, um — wie aus ihrer Bewegung zu sehen, — sogleich fortgetragen zu werden. Noch hält der Diener auf der Leiter, der die Nägel aus den Händen und dem Kreuz gezogen, den linken Arm Christi, um niedersteigend ihn langsam sinken zu lassen. Die

---

*) Die Möglichkeit, eine genaue Zeichnung nach diesem vortrefflichen Gemälde darbieten zu können, verdanke ich der ganz besonderen Gefälligkeit des grossherzogl. mecklenburgischen Legationsrathes, Baron v. Schack, der mir während seines Aufenthaltes in der spanischen Hauptstadt eine photographische Nachbildung des Originalbildes anfertigen lassen.

**) 1858 publicirt von dem Archivisten Edward van Even in Löwen.

***) Denkmale etc. Bd. X. Malerei, S. 1.

Mutter Christi ist bewusstlos zu Boden gefallen, Johannes und eine ihrer jüngern Freundinnen bemühen sich, sie aufzuheben; eine ältere Frau hinter Johannes trocknet sich die thränenvollen Augen mit einem Tuche.

An der entgegengesetzten Seite, unmittelbar neben den Füssen Christi, sehen wir Magdalena im Anblick der blutenden Wundmale in convulsivischer Bewegung Hände ringend zusammensinken. Hinter Joseph steht noch Einer der Freunde Christi, mit einer Salbenbüchse in seiner Rechten.

Die Form der Tafel erinnert mit ihrer Ueberhöhung der Mitte an die gleiche Form des Altarwerkes von Beaune. Sie ist hier durch das Kreuz hervorgerufen, oder auch nur für dasselbe benutzt. Die Absicht des Künstlers ist unverkennbar, den Vorgang so wahrscheinlich als möglich darzustellen, ohne den Gestalten eine symbolische Bedeutung beizulegen, oder sie innerhalb der rituellen Ausdrucksweise zu halten.

Im Gegentheil geht die dramatische Darstellweise an mehreren Stellen ins Drastische über, wie bei Maria, bei der die plötzliche und tiefe Ohnmacht bis in den Fingerspitzen wahrzunehmen ist; oder bei Magdalena, der der Schmerz die Glieder verrenkt. Der Unterschied zwischen dem Tragen der schweren Last des Oberkörpers und der leichten der Beine Christi ist deutlich in dem halbzusammengeknickten Ausschreiten des Nicodemus und dem leichten Gang Josephs ausgedrückt. Ist es auch nicht aus der Darstellung zu sehen, wie der heilige Leichnam mit Hülfe allein des Mannes auf der Leiter vom Kreuze abgenommen und in seine gegenwärtige Lage gebracht sein konnte, so ist doch der Moment selbst klar und lebendig. Ja wir bemerken sogleich neben der Vorliebe des Künstlers für Stärke des Ausdrucks auch ein nicht unbedeutendes Mass von Zartgefühl in den Motiven. Es spricht sich in der Behutsamkeit aus, mit welcher der Knecht den Arm Christi sinken lässt; in dem sanften Mitleid, das der bewusstlosen Mutter sich hingibt; in der ehrfürchtigen Vorsicht, mit der Nicodemus und Joseph sich scheuen den heiligen Leichnam mit blossen Händen zu berühren. Auch ist ihm das Rührende im Ausdruck der Physiognomien — die einzige Uebertreibung bei Magdalena abgerechnet — vollkommen gelungen und eine Steigerung desselben von der jugendlichen Freundin Marias bis zu Nicodemus und der älteren Frau, die sich die Thränen trocknet, glücklich durchgeführt. Dagegen ist der Sinn für Schönheit der Bewegung und Harmonie der dadurch entstehenden Linien dem sonst so bedeutenden Künstler nicht erschlossen. Betrachtet man den Kopf und die Brust Christi, wie sie nach rechts gewendet sind, so verlangt das Auge die Wendung des Unterkörper nach links; Roger bleibt bei der Rechtswendung und erhält damit für die Lage des Körpers die unschöne Bogenlinie. Die Parallele der beiden Arme Christi und seiner Mutter hat er auch nicht als störend empfunden und ebenso wenig die Ecken und Winkel in der Gestalt der Magdalena. Was diese Figur angeht, so ist sie ausserdem derart ausser Proportion, dass Ober- und Unterkörper zwei ganz verschiedenen Personen anzugehören scheinen.

Betrachten wir aber die Formen im Einzelnen, z. B. den Körper Christi, seine und alle Hände im Bilde, vornehmlich aber die (männlichen) Köpfe, so können wir der Zeichnung unsre Bewunderung nicht versagen, die sich nicht mindert, wenn wir die Bekleidung und das Gefälte überhaupt näher ansehen, das im reinsten Styl und mit grösstem Verständniss gezeichnet und ausgeführt ist.

Die Modellirung zeugt von vollkommener Kenntniss der Gesetze der Licht- und Schattenwirkung und ist ebenso bestimmt, als frei von jeder Härte und Trockenheit. Der tiefe Ernst der Färbung in Verbindung mit der Vollkommenheit der technischen Ausführung und dem strengen Styl der alten Schule, gehoben durch den als Mauerwerk behandelten Goldgrund, sichern diesem durch Tiefe und Wahrheit des Gefühls ausgezeichneten Gemälde — trotz einiger Ungeheuerlichkeiten — seine überwältigende Wirkung, wie sie sich auf vielfache Weise dargethan hat.

Das Bild ist ursprünglich für die Marienkirche vor den Mauern von Löwen gemalt. Der Zeitpunkt ist nicht bekannt und nicht leicht zu bestimmen. Einen Anhaltpunkt würde man haben, wenn die Herkunft und Geschichte des Fragmentes von der Kreuzigung im Städelschen Institut näher bekannt wäre. Denn dieses gehört ganz derselben Zeit und Stimmung an, wie es dieselbe Art der Behandlung, denselben Grad der Vollkommenheit in der Ausführung zeigt. Für die Geschichte Rogers wird es von grosser Wichtigkeit sein, das Jahr zu ermitteln, in welchem die Kreuzabnahme für die besagte Marienkirche gemalt worden *)

Ungefähr einhundert Jahr mag die Tafel an ihrer ursprünglichen Stelle gewesen sein, als Maria, Königin von Ungarn, Carls V. Schwester und von diesem zur Statthalterin der Niederlande ernannt, dieselbe sah und von ihrer Schönheit derart ergriffen wurde, dass sie nicht ruhte, bis die Vorsteher der Kirche sie ihr — gegen eine neue Orgel, die 500 fl. kostete, und eine von Michael Coxcie gefertigte Copie des Bildes — als Eigenthum überliessen. Als sie im J. 1555 nach Madrid übersiedelte, sandte sie das Gemälde zur See nach Spanien. Das Schiff scheiterte; aber die Kiste mit dem Gemälde ward von den Sturmwellen aus Land getragen; und unversehrt wurde das kostbare Kleinod aus der schützenden Umhüllung genommen. Nun bildet es eine der Hauptzierden des Museo Real zu Madrid.

Wir kennen jetzt eine ziemliche Anzahl Werke von Roger van der Weyden; mehrere derselben haben schon in alter Zeit Wiederholungen oder Copien erfahren; keines aber scheint so sehr als sein eigentliches und zugleich sein geschätztestes Werk angesehen gewesen zu sein, als diese seine Kreuzabnahme. Im Escurial, in der Sacristei, befindet sich eine Copie, die von Manchen für noch schöner und vollendeter erklärt wird, als das Bild im Museo, ja die Einige deshalb für das Original halten. Im Museum zu Berlin befindet sich eine Copie, wie jene des Escurial in der Grösse des Originals und mit der Jahrzahl 1488 bezeichnet. Dort wird sie im Katalog als ein Werk Rogers van der Weyden des Jüngern aufgeführt (mit der Bemerkung, dass derselbe, wie Van Mander erzählt, 1529 gestorben sei); allein

---

*) Es scheint nur später, als die Sieben Sacramente (Denkmale etc. Bd. IX. S. 19 Malerey) von etwa 1437, und als das „Jüngste Gericht von Beaune" 1443; die Composition aber selbst muss, wenn die Nachrichten über den Altar Edelheer richtig sind, älter sein.

seit uns L. de Burbure*) aus dem Communal-Archiven von Antwerpen über die Familien-
verhältnisse Rogers aufgeklärt hat, wissen wir, dass Roger van der Weyden der Jüngere erst
1528 die Meisterschaft erlangt hat, dass er noch 1538 in Antwerpen lebte, verheirathet mit
Anne Manaerts und Vater von 3 Kindern Anton, Roger und Katharina. Roger d. J. war
der Sohn Goswins van der Weyden, des (1465 geborenen) Enkels von Roger dem Ae.,
eines gleichfalls ausgezeichneten Malers, der noch im J. 1535 das grosse Altarwerk der Kirche
von Tongerloo ausgeführt hat.

Besagte Copie der Kreuzabnahme Rogers in Berlin, eine höchst vortreffliche Arbeit,
kann also nicht von Roger van der Weyden dem Jüngern sein; ob von Gosswin, oder von
dessen Vater Peter van der Weyden, oder von einem der Familie nicht angehörenden Künstler, ist noch nicht ermittelt. Ebenso wenig wissen wir, wohin die um 1550 von M. Coxcie
gefertigte Copie gekommen sein mag. In Löwen ist sie nicht mehr.

Barth. Facius de viris illustribus 1456 (ed. Ab. Mehus, Firenze 1745 p. 48) gibt
Nachricht von einem Triptychon von der Hand Rogers, im Besitz des Marchese Lionel von
Ferrara (gestorben 1450), dessen Mittelbild die Kreuzabnahme war; den Andeutungen nach,
die er gibt, ganz die Composition unsers Bildes. Auf den Seitenflügeln war die Vertreibung
aus dem Paradiese und der Donator („regulus" wie Facius schreibt, also wahrscheinlich der
Marchese) abgebildet. — Mit geringen Veränderungen dieselbe Composition, von Rogers oder
eines ihm ganz nahestehenden Künstlers Hand, befindet sich — leider an ganz dunkler Stelle —
über einem Seitenaltar in S. Domenico zu Neapel. — Im Musée zu Douai ist von dem Madrider Bilde eine verkleinerte, alte Copie in überhöhtem Format mit Seitenflügeln. Und
schwerlich ist damit die Reihe der Wiederholungen und Copien erschöpft; ja einzelnen Gestalten aus dem Bilde begegnet man verschiedentlich und zwar gerade auf die am wenigsten zu
rühmende, der Magdalena, scheint Roger besondern Werth gelegt zu haben, da sie auf einer
Handzeichnung im Louvre und auf dem danach gefertigten Bilde von Christus am Kreuz in
der Dresdener Galerie ohne Verbesserung wiederkehrt. Graf Thun in Tetschen besitzt eine
kleine Copie der Kreuzabnahme aus sehr später Zeit.

*) Documents iconographiques inédits sur les peintres Gossuin et Roger van der Weyden le jeune, re-
cueillis par M. le Chevalier Léon de Burbure, Bruxelles 1865.

CHRISTUS UNTER DER KELTER.
HOLZSCHNITT VON 1380—1390.

Überblickt man die nach Stoff und Verbreitung ungemessene Wirksamkeit des Buchdrucks in unsern Tagen, so kann es uns doch, ungeachtet der gleichzeitig beispiellosen Theilnahme an den Leistungen der vervielfältigenden Künste und dem stets wachsenden Verlangen danach, Wunder nehmen, dass die Erfindung des Bilder-Holzschnittes noch dem Schrift-Druck mit beweglichen Lettern vorausgegangen. Und doch giebt schon jede Kinderstube genügenden Aufschluss. Lange bevor die abstracten Zeichen dem Gedächtniss eingeprägt und zu einem verständlichen Ersatz für die gesprochene Rede zusammengefügt werden können, wirkt, selbst in unvollkommener Gestaltung, das Bild mit der Unmittelbarkeit der geschauten Wirklichkeit und weckt die Gedanken der eigenen Seele, die später ihm auf andern Wegen zugeführt werden. Darin liegt die grosse Bedeutung der vervielfältigenden Künste, und vornehmlich — wegen ihrer fast unbegrenzten Vervielfältigungs-Möglichkeit — der Holzschneidekunst. Darum haben Meister, wie Albrecht Dürer, Holbein, selbst Raphael, denen daran gelegen war ihre künstlerischen Gedanken und Anschauungen in weitesten Kreisen zu verbreiten, sich derselben und zwar mit bestem Erfolge bedient.

Dessenungeachtet ist die Geschichte dieser Kunst noch nicht ganz aufgeklärt. Noch ist man nicht sicher, ob sie weltlichen oder geistlichen Bedürfnissen ihren Ursprung verdankt, ob Spielkarten oder Heiligenbilder ihre ersten Erzeugnisse waren, oder ob gleichzeitig beide entstanden sind. Herrn T. O. Weigels Untersuchungen (s. sein Werk „Die Anfänge der Druckerkunst in Bild und Schrift" Leipzig, 1866, enthaltend eine reiche Auswahl frühster Erzeugnisse des Zeugdrucks, Metallschnitte, Holzschnitte, Schrotblätter, Teigdrucke, Stiche, typographische Werke etc. in vortrefflichen Facsimile) nach dem in der Privatsammlung des Herausgebers befindlichen Originalien) haben zu einer dritten Quelle als der ursprünglichen geführt, indem er Zeugdrucke von Verzierungen aus noch älterer Zeit fand, die von Metall- und von Holzstempeln genommen worden.

Bis vor Kurzem galt der „H. Christoph" von 1423 als der früheste Holzschnitt (nehmlich in Europa; denn in Indien und China hat man dieses Kunstmittel viel früher gekannt und angewendet, ohne dass es indess in unseren Erdtheil bekannt geworden wäre).

Herr Weigel theilt aus seiner Sammlung ältester Drucke den beiliegenden Holzschnitt im Facsimile mit, und bezeichnet ihn mit der Jahrzahl 1380—1390 und „als einen der ältesten Holzschnitte", so dass die Grenze des Anfangs damit noch nicht endgültig festgestellt ist.

Dass die Lehre von der Transsubstantiation selbst im Zeitalter des unbedingten Glaubens vielfältiger Unterstützung und Nachhülfe bedurfte, beweist der unablässige Eifer der scholastischen Theologie für sie, beweisen die zahllosen Versuche der Kunst, sie anschaulich zu machen, wobei sie freilich nicht zu bemerken schien, dass sie das Unglaubliche zum Unmöglichen steigerte. Ich erinnere nur an das Altarwerk zu Tribsees (Denkmale VIII. Bildnerei, S. 9). Auf Reinheit des Geschmacks, auf Schonung des Gefühls kam es ihr dabei nicht an, wenn sie nur dem Gedanken einen illustrierenden Ausdruck geben konnte.

Ein Beispiel dieser Gattung liefert der gegenwärtige Holzschnitt. Die Kelter für den Wein des Abendmahls (oder der Messe) ist ein oblonger Kasten, der an der rechten, schmalen Seite zwei mannshohe viereckige Pfosten hat, die durch ein oberes Bret und drei Querriegel zusammengehalten werden. Gegenüber ist ein Pfosten mit einem Schraubengewinde. Mit der Schraube und den Querriegeln verbunden ist ein starkes Bret (Räuling), das vermittelst einer vierarmigen Schraubenmutter, in der die Schraube geht, niedergeschraubt werden kann. Unter dem Räuling steht in gebückter Stellung, und offenbar schon vom Druck desselben leidend, der Heiland und sucht mit beiden Armen ihn vom Kopf, als der empfindlichsten Stelle, abzuhalten, zumal da diesen die Dornenkrone umgibt, die unter der Presse die Schmerzen, die sie ohnehin gibt, steigern müsste. Der Heiland ist — bis auf ein um die Hüfte geschlagenes Leintuch — ganz nackt. Der niedergeschraubte Räuling presst ihm — man erkennt die Zeiten der Tortur! — das Blut aus, das sich am Boden des Kastens in einer Rinne sammelt, aus welcher es in den neben der Kelter stehenden Altarkelch fliesst, um dem kirchlichen Zweck zu dienen. Hinter der Kelter, aber ohne materielle Verbindung damit, ist ein Kreuz aufgerichtet, das symbolische Vorbild der vorgestellten Handlung, oder auch die Erinnerung an das historische Ereigniss, von welchem die Kelter ein Sinnbild sein soll.

Das Bild ist in starken Umrissen kräftig gezeichnet, ziemlich scharf geschnitten, und in dem mit dem Reiber bewirkten Abdruck von genügender Schärfe.

Der Styl, soweit er sich aus den wenigen Anhaltspunkten bestimmen lässt, ist niederrheinisch und gehört dem letzten Viertel des 14. Jahrhunderts an.

D. Passavant, der in seinem Peintre-graveur T. 1. die Geschichte der Holzschneidekunst bis in ihre Anfänge verfolgt hat, die er in Bayern, und in Oberdeutschland überhaupt findet und die bis ins 12. Jahrhundert hinauf reichen, führt unser Blatt unter no. 20. S. 32 an, und bemerkt, dass es leicht coloriert ist und aus Augsburg stammt, wo er dieselbe Composition in Metallstichen des 15. Jahrhunderts wiederholt öfters gesehen.

ST. MARIA ALS HIMMELSKÖNIGIN.
KUPFERSTICH VOM MEISTER P. 1451.

Die Erfindung des Kupferstichs ist für die Verbreitung der Kunstliebe und Kunstkenntniss von so hoher Bedeutung, dass es Niemanden wundern kann, wenn sich das Verdienst derselben mehr als eine Nation zuschreibt. Durch Vasari (D. A. III, 2. S. 201) war die Annahme verbreitet und festgestellt worden, dass Tommaso Finiguerra aus Florenz, gewissermassen zufällig, um 1460 (mehr die Entdeckung, als) die Erfindung gemacht habe, gravierte Platten abzudrucken, indem er, um deutlicher die Wirkung seiner Zeichnung zu erkennen, oder auch um eine Copie derselben für sich zu haben, von silbernen von ihm niellierten Hostientellern (Paces) Schwefelabdrücke machte, von denen er sodann Papierabzüge nahm (was allerdings noch bezweifelt wird, da die vorhandenen Abdrücke auf Papier die deutlichen Zeichen tragen, dass sie von der Metallplatte genommen sind. S. D. Passavant Peintre-graveur I. S. 195 Anm.). Durch Gaye (Carteggio d'artisti I. p. 112) wissen wir, dass Finiguerra bereits 1450 eine solche Pax für die Kirche von S. Giovanni zu Florenz gefertigt hat. Würde man den Werth der Erfindung in die Kunst setzen, Zeichnungen mit dem Grabstichel in Metallplatten zu stechen, so müsste man weit hinter Finiguerra zurückgehen; denn schon im 11. Jahrhundert machte man in Deutschland und den Niederlanden Zeichnungen auf metallne Grabplatten, ja die etrurischen Spiegel, die griechische Cista mystica mit ihren gravierten Zeichnungen würden die Erfindung ins graue Alterthum zurückverlegen.*) Das Wesentliche der Erfindung besteht in der vervielfältigenden Kunst des Abdrucks mit Anwendung des Papiers und der Druckerpresse, und diese Erfindung ist — nach Passavants gründlicher Darlegung im Peintre-graveur I. S. 191 ff. — in Deutschland, wahrscheinlich in Oberdeutschland um 1446 gemacht worden. Der älteste, bezeichnete Stich aber eines italienischen Kupferstechers, Baccio Baldini, trägt die Jahrzahl 1465.

Die Jahrzahl 1446 trägt eine Geisselung Christi, eines von 7 Blättern, welche Mr. Jules Renouvier von Montpellier gefunden, und von denen er in den „Mémoires de la société archéologique de Montpellier" Vol. 25. genauen Bericht, nebst einer photographischen Abbildung gibt. Wenn diese Blätter von einer noch sehr ungeschickten Künstlerhand herrühren, so zeigt uns das Blatt des Meister P ein sowohl in Betreff der Composition, als der technischen Ausführung sehr entwickeltes Talent. Die heil. Jungfrau steht auf der Mond-

---

*) D. Passavant a. a. O. I. S. 191.

sichel, als dem Symbol ihrer unbefleckten Jungfräulichkeit (oder — um die Beziehung auf den zunehmenden Mond bestimmter zu erklären — ihrer „Empfängniss") und hält auf ihrem rechten Arm das unbekleidete Kind, das mit beiden Händen ein Spruchband (ohne Schrift) hält, das es mit Wehmuth betrachtet. Auch die Mutter neigt, wie von schmerzlichen Gedanken bewegt, das Haupt, das eine mit Rosen, Tauben und hohem Laubwerk geschmückte Krone trägt und dessen aufgelöstes Haar wellenförmig Nacken und Oberarme bedeckt. Den weiten Mantel, der an ihrer linken Seite schwer herabhängt und am Boden scharf in viele kleine Falten sich bricht, hat sie mit der Rechten aufgenommen, so dass unter demselben, wie auch an der Brust, das Kleid sichtbar ist. Ausser einem um den Kopf gezogenen runden Heiligenschein umgibt sie ein strahlender Flammen-Nimbus. In den vier Ecken des Blattes sind Gruppen von je 3 Engeln angebracht (links fehlt an dem offenbar verletzten Abdruck oben und unten der dritte Engel); die obern schweben in Wolken; die untern sitzen auf dem mit quadratischen Platten bedeckten Fussboden. Auf den Spruchbändern, die sie halten, steht in s. g. gothischer Schrift: Mater regis angelorum — Pro salute fidelium — Funde preces ad deum — .... (Die Worte des vierten sind nicht mehr vorhanden.) Proportionen und Formen sind verhältnissmässig correct; der Styl ist der von der flandrischen Schule über ganz Deutschland verbreitete, doch nicht ohne ein Streben nach Idealität, wie es sich in Oberdeutschland noch bis weit ins 15. Jahrhundert hinein erhalten hat.

Das Blatt ist illuminiert: die Carnation blass röthlich; das Kleid der h. Jungfrau saftgrün, der Mantel hellackroth. Die Heiligenscheine der Mutter wie des Kindes sind gelb. Dieselbe Farbenzusammenstellung wiederholt sich bei den Engeln, deren Flügel bräunlich und saftgrün sind. Der Fussboden ist saftgrün. Das Blatt ist, und zwar zu beiden Seiten der Jungfrau, bezeichnet mit P MCCCCLI und hat kein Wasserzeichen. Es befindet sich — als Unicum — in der Sammlung des Herrn T. O. Weigel in Leipzig, und ist zuerst mit Beifügung eines Facsimile besprochen in Naumanns Archiv für die zeichnenden Künste IV. Jahrg. 1858 S. 80. Sodann in T. O. Weigels grossem Prachtwerk über die Anfänge der Druckerkunst.

GLASGEMÄLDE
AUS DER FRAUENKIRCHE IN MÜNCHEN.

20 F. ungefähr hoch.

Mit 2 Bildtafeln.

Als im Auftrag des Königs Ludwig I. von Bayern der neuerstandenen Glasmalerei die Aufgabe gestellt war, grosse Compositionen, ja ganze zusammenhängende Bilderfolgen für Kirchenfenster auszuführen, gab es Viele, die diesen Vorgang als gegen den rechten Styl verstossend tadelten. Für diesen waren ihnen einzelne Figuren im kleinen Massstab, von architektonischen Ornamenten eingefasst, allein massgebend; Glasfenster sollten die Stelle gewirkter Teppiche vertreten, die nur vor diesen den Vorzug hatten, dem in Farbe verwandelten Licht den Durchgang zu gestatten. Hiebei übersah man zweierlei: einmal dass auch auf Teppichen, und zwar schon lange vor den Raphaelschen Tapeten, grosse Compositionen und historische Bilderfolgen ausgeführt worden sind; sodann dass die Wahl der kleinen Figuren für Glasgemälde durch den Stand der Technik bedingt war, mit deren Vervollkommnung auch noch lange vor der Glasfenstern in Gouda Darstellungen in grossen Massstab ausgeführt wurden. Den Beweis dafür liefert u. A. das s. g. Herzogenfenster in der Frauenkirche zu München, von welchem wir zwei Abtheilungen in verkleinerter Zeichnung mittheilen.

Das ganze Fenster ist 70 F. hoch, und enthält ausser vielen Ornamenten und Heiligenfiguren in Nischen oder auf Tragsteinen, drei grosse historische Darstellungen und zwar zu oberst, unterhalb einer Fülle architektonischer Verzierungen, die das Spitzbogenfeld des Fensterabschlusses bedecken, die Verkündigung; darunter die Geburt Christi unter goldenen Baldachinen (Taf. 1); unter diesem Bilde die Darstellung im Tempel unter einem silbernen Baldachin; endlich zu unterst, wieder unter einem goldenen Baldachin einen heiligen Bischof auf dem Throne, umgeben von Fürsten und von Geistlichen verschiedenen Ranges.

Es ist deutlich, dass die drei obern Bilder mit Bezug auf die h. Jungfrau, der die Kirche gewidmet ist, ausgewählt worden. Die Verkündigung findet unter einer offenen Säulenhalle statt, durch welche man in eine weite Landschaft und auf eine Stadt sieht.

Die Geburt Christi (Taf. 1) ist eine in mancher Beziehung eigenthümliche Darstellung. Ueber einer zum Theil verfallenen Mauer ist das offene Balkengerüst nebst dem geschlossenen Dach einer Hütte oder eines Stalles aufgerichtet, so dass man ungehindert in die Ferne sehen kann, auf das zwischen Hügeln liegende Städtchen Bethlehem. Auf den Hügeln weiden Hirten ihre Heerden, und zwar zur Rechten, wie zur Linken, und da die

Verkündigung beiden Theilen zu Gute kommen sollte, haben die Engel des Himmels sich getheilt: einer von ihnen hat sich zu der Gruppe rechts gewendet und sagt ihnen mit schlichten Worten, was sich in der Nähe Grosses ereignet hat; und sie hören, andächtig wie in der Kirche, die frohe Botschaft an. Drei der Himmelsboten haben sich links gewendet; es sind Sänger, die aus ihrem Notenblatt das Gloria in excelsis vortragen, und zwar mit so gutem Erfolg, dass zwei der Hirten sich bereits auf den Weg begeben, den zur Welt gekommenen Heiland zu suchen, während ein dritter, wie es scheint durch die Schönheit des himmlischen Gesanges, auf seinem Feldsitz sich festhalten lässt.

Das heilige Kind liegt vor uns unter dem Dach der Hütte, in einer doppelten Umzäunung: einer engern von Weidenzweigen, und der weiteren, von den erwähnten Mauerresten gebildeten. Der Zwischenraum zwischen diesen beiden Umzäunungen ist benutzt, nicht allein um Ochs und Esel abzusondern: auch Joseph hat da seine bescheidene Stelle gefunden und sieht, auf seinen Krückstock gestützt, mit nachdenklicher Betrübniss über den Zaun herüber, welchem zunächst eine Gesellschaft geflügelter Himmelsbewohner sich niedergelassen, dem Neugeborenen Anbetung, Freude und Mitleid zu widmen.

Dieses liegt, allerdings schon kräftiger von Aussehn, als es eben geborene Kinder zu haben pflegen, allein von allen Anwesenden ohne Schutz gegen Kälte, gänzlich unbedeckt auf einem Mantelende der jungfräulichen Mutter, die vor ihm ins Knie gesunken und mit aufgehobenen, gefalteten Händen und mitleidvoller Kopfneigung zu ihm niederblickt, als wollte sie sagen: „Gott behüte dich, du armes Kind!" Dies aber hebt, wie selbstbewusst, Kopf und Oberkörper, und, die Rechte auf seinem Herzen, deutet es auf die Kraft, mit welcher es einst nicht nur die Welt beglücken, sondern auch alle Leiden und selbst den Tod überwinden wird. Die Auffassung ist, soweit meine Erinnerung reicht, neu und eigenthümlich. Häufig legt das Kind die Finger auf die Lippen, um sich als ($\lambda\acute{o}\gamma o \varsigma$) das „Wort" kund zu geben; eben so häufig lässt der Maler es die Rechte segnend erheben; noch häufiger verhält es sich ausdruckslos.

Der — wie wir sehen — sinnigen Auffassung schliesst sich eine ausdrucksfähige Darstellung an mit ganz wahren und verständlichen Motiven. Die Anordnung ist durch die Eintheilung des Fensters in 5 Felder nebeneinander bestimmt, in deren mittelstem das Christ-kind den Mittelpunkt des Ganzen bildet, die beiden nächsten sind von Maria und Joseph, die äussersten von den Hirten eingenommen; die Engel und Thiere füllen den Zwischenraum aus. Offenbar, um Joseph nicht zu bedeutend erscheinen zu lassen, (wie er denn auch ohne Heiligenschein geblieben) hat der Maler zwei von den Engeln in seine Abtheilung und ihm vor die Füsse gestellt.

Im Styl herrscht noch der strenge von der flandrischen Schule ausgegangene Formensinn in den Gewändern, doch ohne die gegen Ende des 15. Jahrhunderts eingetretene Fülle von Brüchen; in den Köpfen ist ein Bestreben nach idealer Schönheit unverkennbar. Die Zeichnung ist nicht gerade meisterhaft, aber doch auch nicht mangelhaft; nur dass die Proportionen überraschen; wie denn die h. Jungfrau, wenn sie aufstehen würde, ihren Ehgemahl auch ohne ihren Heiligenschein sowoit überragen müsste, dass ihm nichts als das Gefühl seiner Niedrigkeit übrig bliebe. Die Farbenzusammenstellung ist sehr gut gewählt; die einzelnen Farben sind (mit Ausnahme der wenigstens theilweis ausgebleichten Carnation) sehr kräftig, namentlich das dunkle Carmoisinroth vom Kleide und das leuchtende Blau vom Mantel der h. Jungfrau; der violette Mantel Josephs mit hellackrothem Umschlag, das lichtblaue Kleid des im Vorgrund knieenden Engels, und als Unterlage der bräunlich grüne Wiesengrund und die röthlichbraune Mauer bilden mit den in allen Farben spielenden Engelflügeln einen harmonischen Gegensatz zu dem tiefblauen Himmel und dem dunkelbraunen Holzdach darüber von denen die wie aus röthlich schimmerndem Gold gegossene Architektur sich lichtvoll abhebt. In dieser sieht man auf goldnen Postamenten die HH. Katharina und Antonius Abbas, auch noch (in den Abtheilungen über den Hirten) Georg und Barbara.

Das dritte, sehr figurenreiche Bild mit der Darstellung im Tempel hat in der silbernen Architektur über sich die HH. Dorothea, Kunigunde und Hedwig.

Die unterste Abtheilung (Taf. 2) gewährt ein besonderes geschichtliches Interesse durch ihre Beziehung auf den Gründer der Kirche und die Zeitgenossen der Gründung. Die Scene geht in einer Kirche vor, deren Fenster und Wände in warmem Sonnenglanz leuchten. Den mittlern Raum nimmt ein Bischofstuhl ein, auf welchem ein heiliger Bischof im vollen Ornate sitzt, in der Rechten den Bischofstab, mit der Linken das Evangelium haltend. Es ist St. Corbinian, im 8. Jahrhundert Bischof zu Freising, wohin München bis in die neuesten Zeiten gehörte, so dass noch der jetzige Erzbischof daselbst den Titel „München-Freising" führt. Seinem jetzigen Stadtpatron, dem h. Bischof Benno, verdankt München der Reformation und dem protestantisch gewordenen Meissen, für welches die Knochenreste des Heiligen den frühern Werth nicht mehr hatten, so dass die feierliche Uebersiedelung derselben von dort nach München (gegen Ende des 16. Jahrh.) auf keinen Widerstand stiess.

Um den bischöflichen Thron von Freising gruppiren sich zu seiner Rechten geistliche, zur Linken weltliche Würdenträger. Zu jenen dürften ausser dem Bischof von Freising und dem ersten Probst des von Herzog Sigmund, dem Gründer der Kirche, errichteten Chorherrenstiftes in München, Johann Neuhauser, noch die Pfarrer der Kirche, Magister Ernst Puttrich und Kirchenprobst Martin Khazmayr, vom innern Rath, und Andreas Sänftl, vom äussern Rath, zu zählen sein, hinter denen mehre Ungenannte zum Vorschein kommen. — Auf der weltlichen Seite stehen voran Sigmund, der 1408 den Grundstein zu der Kirche gelegt und sein Bruder Albrecht IV, mit dem er bis zum Jahr 1407 gemeinsam regiert, dann aber freiwillig demselben die Herrschaft abgetreten hat. Weiter zurück steht Albrecht III, und hinter ihnen noch Herzog Wilhelm und einige untergeordnete Krieger. Es ist eine eigenthümliche und reiche Composition, ausgezeichnet durch Pracht der Trachten, Glanz der Waffen und charakteristische Physiognomien, die ganz das Gepräge von Bildnissen haben. Tiara und Bischofsmantel des h. Corbinian sind roth mit goldnen Verzierungen, mit Perlen und Edelsteinen; der Bischof von Freising ist weiss gekleidet, Probst Neuhauser hinter ihm blau mit einem violetten Ueberwurf; die 3 Pfarrer neben dem Bischof sind in Weiss, Blau und Schwarz gekleidet. Herzog Sigmund hat eine Stahlrüstung an mit goldenen Verzierungen, sein Bruder einen carmoisinrothen Mantel mit goldenen Verzierungen. Der Thron des Heiligen ist von weissem Marmor; hinter sämmtlichen Figuren spielt das Sonnenlicht in lichten Farben. Ueber der dunkelblauen Wölbung thürmt sich der gothae Baldachin mit seinen Fialen, und verschlungenen, geschweiften und mit Krabben verzierten Giebeln. In seiner Mitte steht, wie in einer kleinen Capelle, die H. Agnes, in einen weiten violetten Mantel gehüllt, über welchen ihr aufgelöstes blondes Haar tief herabwallt. Diese bevorzugte Stelle ist ihr angewiesen als der Schutzpatronin der Tochter Kaiser Ludwigs, Agnes, die in den Orden der Clarissinnen getreten und 1352 gestorben ist. In einer Seitennische links steht die H. Magdalena, in einer andern rechts ein h. Papst mit einer Weintraube (vielleicht der h. Bischof Urban, der öfter irriger Weise im päpstlichen Ornat abgebildet wird).

Die Glasfenster der Frauenkirche haben widersprechende Schicksale erlebt. Theilweis aus der alten Kirche in die Sigmundische herübergenommen, theils im 15. und 16. Jahrhundert neu beschafft, wurden sie im Jahre 1772 grossentheils herausgenommen, weil man das reine Fensterglas schöner, wenigstens das ungebrochene Licht angenehmer fand. Ziemlich gleichgültig gegen den ursprünglichen Zusammenhang wurden die einzelnen Stücke für Theile einzelner Fenster wieder zusammengefügt; ebenso gleichgültig die nicht verwendeten bunten Glasscherben beseitigt. Bei der in neuester Zeit vorgenommenen Restauration hat man nach Weise des bekannten Geduldspieles versucht, die zerstreuten Theile wieder zu Bildern zusammenzufügen, und fehlende Stellen zu ergänzen. Vieles ist gelungen; namentlich an dem Herzogenfenster. Allein bei den übrigen 29 Fenstern, die grossentheils in der ältern Weise aus kleinen von vielen Ornamenten und Wappen umgebenen Figuren zusammengesetzt sind, flimmert es oft vor den Augen, die sich bemühen, die Darstellungen zu entziffern.

Für die Glasmalereien der Kirche aus ihrer Bau- und Einweihungszeit hat sich auf einem der Fenster ein Künstlername erhalten. Es ist ein Bild des H. Aegidius, darauf eine Tafel mit der Inschrift befindlich: Egidius Trautenwolf pictor Monac. me fecit 1486. Soli Deo gloria. Er ist auch wahrscheinlich der Verfertiger der Glasmalereien des Herzogenfensters.

DIE VERKÜNDIGUNG
VON LUCAS VON LEYDEN.

1 F. 1 Z. hoch, 9 Z. breit.

Hierzu eine Bildtafel.

Von den dem Lucas von Leyden im Katalog der Münchner Pinakothek zugeschriebenen Gemälden kann nur eines (Cab. VII. 151) für ihn mit Sicherheit in Anspruch genommen werden. Es ist auf Holz gemalt, viereckig, 2′ 1″ 10‴ hoch, 1′ 6″ breit; ist ein Votivbild mit dem Stifter, in Begleitung der H. Magdalena vor Maria mit dem Kind. Die heilige Jungfrau sitzt links auf einem goldnen Throne, der sich an einen Pilaster anlehnt, von welchem aus ein Bogen nach einem zweiten Pilaster geschlagen ist, der nicht in der Mitte des Bildes steht, so dass der zweite Bogen nur etwas über die Hälfte Platz gefunden. Die hierbei angewendete Architektur hat in ihren Gliederungen und Verzierungen die Formen der deutschen Renaissance. Durch die offenen Arcaden sieht man hinaus in eine Hügellandschaft mit sehr grünen Bäumen und lichten Felsen unter einem dunkelblauen Himmel; auch eine Strohhütte mit einem Thurme ist zu sehen. Der goldne Thron ist mit einer kleinen Kuppel gedeckt, von dem ein Gesims sich als freies Ornament fortsetzt. Auf diesem kniet ein goldenes Engelkind und hält den mit goldenen Troddeln besetzten und mit goldenen Verzierungen gestickten Teppich; auf seinen Schultern sitzt ein anderes und hält ein Blattgewinde, das von einem dritten auf der Spitze der Kuppel mit beiden Händen angefasst wird. Vom Thron ist nur ein Theil sichtbar, so dass die goldene Engelgruppe keine zweite sich gegenüber hat. Der Thron ist von links nach unsrer rechten Seite gerichtet, so dass die heilige Jungfrau nach dieser gekehrt ist; doch wendet sie den Oberkörper etwas nach ihrer Rechten, so dass der Kopf en face erscheint. Die Augen freilich sehen wieder nach ihrer linken Seite. Auf dem Schooss hat sie das nackte, nur mit einer Windel halbbedeckte Kind, das eine grosse grüne Traube in den Händen hält. Mutter und Kind haben eine blasse, gelbliche Carnation; über dem glatten rothen Haar der Mutter liegt ein durchsichtiger weisser Schleier; ihr Mantel ist zinnoberroth, ihr Kleid dunkelblau. — Vor ihr kniet ein Mann von etwa 50 Jahren mit gefalteten Händen, schlichtem, über der Stirn glatt geschnittenem Haar, in braunem Kleid und grünblauem Mantel, dessen seidenes Blau ins Röthliche schimmert. In seinem linken Arm hält er einen blühenden Lilienstengel und über seiner Schulter trägt er das Handwerkzeug eines Tischlers. Hinter ihm, und getrennt von ihm durch eine Schranke sitzt Magdalena, mit dem Unterkörper nach ihrer linken, mit dem Oberkörper und Kopf nach ihrer rechten Seite gewendet. Das Haupt gesenkt blickt sie nach dem Christkind, nach welchem sie zugleich mit der Rechten zeigt. In der Linken hält sie ein Salbengefäss in Form einer Apothekerbüchse mit der Inschrift Unguentum Nardi Spicati Pretiosi. Ihr röthliches Haar ist von einer lackrothen Haube in niederrheinischer Form bedeckt; sie hat ein blaugraues Kleid mit lackrothen geschlitzten Aermeln, aus denen weite weisse Manschetten vorreichen. Um den Hals trägt sie eine eigenthümliche Cravatte von zusammengeknüpften Pelzstücken und eine goldne Kette, die aber nur die beiden Seiten des tief ausgeschnittenen Kleides über dem feingefaltelten Hemd verbindet. Eine goldene Nadel mit einem M schmückt den Brustsaum. Auch sie und der Stifter haben dasselbe gelbliche Colorit, wie Maria und das Kind.

Alle Formen sind naturalistisch, ohne Schönheitssinn; das Kind ist sogar hässlich und den Zügen nach ein Mohrenkind. Dafür ist aber auch das Bildniss von so feiner und voller Naturwahrheit, dass man sich mit ihrer Consequenz bei den Heiligen-Gestalten befreunden muss. Mit den breiten Gewandmassen sind kleine, knittrige Brüche verbunden; die Zeichnung lässt manches zu wünschen übrig: die Augen stehen ungleich und bei Magdalena widerspricht die untere Hälfte des Gesichts der obern. Der Farbenauftrag ist so dünn, dass man — namentlich bei den Fleischpartien — Contoure und Schraffierungen durchsieht.

An der Schranke zwischen dem Stifter und der H. Magdalena steht die Jahrzahl 1525 und darunter ein L, eine unanfechtbare Urkunde!

Ungeachtet derselben ist aber das Bild ein bis jetzt noch ungelöstes Räthsel. Deutlich sieht man zwei verschiedene Hände, und zwar mit folgenden Nebenumständen: Das Bild sollte die Form eines Diptychons haben, für deren Tafeln nach oben ein halbkreisrunder Abschluss bestimmt war, wie man bei genauer Betrachtung der Tafel noch jetzt sieht. Die Scheidelinie geht durch den rechten Arm der Magdalena. Oberhalb des Bogens ist die Kuppel des Thrones mit dem goldnen Engel auf ihrer Spitze, ist ein grosser Theil des dunkelblauen Wolkenhimmels und rechts ein Theil des Felsens, dazu die ganze Architektur der beiden grossen Arcaden. Wie sehr sich der Maler dieser Zusätze Mühe gegeben, dem Lucas genau zu folgen: es fehlt ihm die Feinheit der Zeichnung, die Leichtigkeit der Behandlung. Nun aber zeigt sich der ganz eigene Umstand, dass diese Theile fremder Hand nicht etwa dem Bilde angefügt sind: Die Tafel besteht aus Einem ganzen Stück, und war also ursprünglich an den von andrer Hand bemalten Stellen leer gelassen; möglicher Weise, um — vielleicht vom Stifter selbst — durch ein besonders reiches Schnitzwerk des Rahmens bedeckt zu werden. Zum Ueberfluss wiederholt sich das Räthsel auf der Rückseite der Tafel, die — was ich noch einmal bemerken will — ein einziges Bret, ohne Spur einer Uebereinanderfügung zweier Platten ist. Hier sind — den beiden ursprünglichen Bogen der Vorderseite entsprechend, nur niedriger — zwei Abtheilungen eingeritzt oder eingeschnitten in Form eines Oblongums mit oben abgestumpften Ecken. Nur die Abtheilung zur Linken ist gemalt; die andere zeigt das kahle Bret mit der eingeschnittenen Umgrenzung. Das Bild ist die Verkündigung, die ich hier in verkleinerter Nachbildung gebe. Ich habe es gewählt, weil es des Meisters Eigenthümlichkeit in Auffassung, Darstellung und Styl auf das augenfälligste zeigt. So ist die Darstellung des von Engelkindern an seinem Mantel in das Zimmer der Maria gelassenen Engels Gabriel gewiss einzig, sowie dessen papageuartige Schulterbekleidung statt der Flügel. Maria hat zu einem dunkelblauen Kleid einen hellblaugrünen Mantel; der Engel zum rothen Mantel ein weisses Kleid mit gelben Aermeln. Der Bettvorhang ist gelbbräunlich; die Wolken sind blaugrau, der offene Himmel ist röthlich gelb; Carnation, Zeichnung, Styl und Behandlung sind wie auf der Vorderseite.

AUS DEM LEBEN DER H. ELISABETH
VON MORITZ VON SCHWIND.
Hierzu zwei Bildtafeln.

Zahlreich sind die Werke von Schwinds, phantasiereich und schön; und schwer ist's, eine Auswahl zu treffen, wenn man den Umfang und das Vermögen seines Genius auch nur andeuten will. Romantiker mit ganzer Seele, aber mit vollkommen freier Bewegung, verweilt er am liebsten im Märchen- und Sagenkreise des Mittelalters und was dem am nächsten liegt. Die sanftesten Töne weiss er anzuschlagen, auf das innigste zu rühren und durch Schönheit zu erfreuen; aber ihm stehen auch Lust und Scherz, alle Gebiete der komischen Muse, wie Wenigen, zu Gebote. Wenn ich nun doch aus den Werken erster Art einige Darstellungen für die Denkmale auswähle, so geschieht es, weil dieselben einer vorzugsweis monumentalen Bilderfolge an bedeutsamer historischer Stelle angehören und weil sie den Künstler wenigstens in der durch sie bezeichneten Richtung von seiner besten Seite zeigen.

Im Landgrafenhaus auf der Wartburg hat v. Schwind in einem der Säale die Geschichten der Landgrafen, in einem andern den Sängerkrieg gemalt; im Corridor vor dem grossen Saale die Geschichte der Landgräfin Elisabeth, und zwar — mit Bezug auf ihr ganz dem Wohlthun gewidmetes Leben — in Verbindung mit einer Folge von Darstellungen der Werke der Barmherzigkeit, die in runden Medaillons auf blauem Grunde zwischen den biographischen Bildern angebracht sind.

Gewiss gehören diese Bilder, die das Leben und Sterben einer wahrhaft heiligen Frau schildern und zugleich jene Liebesdienste, durch die sie so viel Gutes gewirkt, vor Augen stellen, zu den erfreulichsten Schöpfungen der neuen deutschen Kunst.

Das erste Bild in der Reihenfolge (Bildtafel 1) hat die Ankunft der Elisabeth auf der Wartburg zum Gegenstand. Sie war bekanntlich schon als vierjähriges Kind dem elfjährigen Sohne des Landgrafen Hermann von Thüringen, Ludwig, verlobt, und kam schon in diesem zarten Alter von ihrer Geburtsstadt Presburg zu ihren künftigen Verwandten und an ihren künftigen Wohnort, die Wartburg. Es ist ein sehr viel weniger bequemes Fuhrwerk, in welchem die kleine Prinzessin die weite Reise gemacht hat, als jetzt ein thüringischer Bauer gebrauchen würde, um nur in die nächste Stadt zu fahren. Sie aber sieht ganz munter aus und hat sich in dem Wagen aufgestellt, mit hellen Augen die Begrüssenden musternd. Der Landgraf Hermann ist an den Wagen getreten, dessen magyarische Führer leicht kenntlich sind, und ist im Begriff, die kleine Reisende aus dem Wagen zu heben. Auch die Landgräfin mit den Kindern tritt herzu, und aus allen leuchtet die Freude über den Ankömmling; am lebhaftesten aber äussert sie der Prinz, ihr verlobter kleiner Bräutigam, der vor Ungeduld, sie zu sehen, in den Radspeichen emporklettern will. v. Schwind hat es verstanden, mit wenigen Mitteln eine grosse Heiterkeit über das ganze Bild auszugiessen, so dass man darin den Tag eines glücklichen Lebens angebrochen zu sehen glauben muss.

Das war nun freilich eine Täuschung; denn Landgraf Ludwig fand wenig Gefallen an der grossen Mildthätigkeit seiner Gemahlin und hatte ihr enge Grenzen gesteckt. Sie hatte sie überschritten, und eben im Begriff, Brot zu den hungernden Armen zu tragen, wird sie von dem von der Jagd heimkehrenden Gatten überrascht; sie greift zu einer Nothlüge und Gott steht ihr bei und verwandelt das Brot in die Rosen, die sie nach ihrer Angabe im Mantel verborgen hatte. — Das dritte Bild zeigt uns den Abschied Landgraf Ludwigs von seiner Gemahlin, da er einem Kreuzzug folgt ins Gelobte Land. — Es war ein Abschied für Lebenszeit; denn Landgraf Ludwig fand schon bald danach seinen Tod zu Otranto. Er hatte seinen Bruder, Heinrich Raspe, als Statthalter zurückgelassen, und dieser harte Mann verstiess die fromme Gattin seines Bruders aus der Burg. Welch ein Gegensatz zwischen Ankunft und Abschied! (Bildtafel 2.) Und wie rührend schön hat der Künstler ihn zu schildern verstanden! Da ist nichts zu sehen von der silbernen Wiege, von der silbernen Badewanne, die Elisabeth als Ausstattung mitgebracht; nichts von Perlen, Gold und Edelsteinen, mit denen selbst andere als fürstliche Frauen sich zu schmücken pflegen; kein Freund, kein Diener, kein Gefolge begleitet sie: es gibt ihr Niemand das Geleit! Gegen den rauhen Herbstwind in einen Mantel gehüllt, einer verjagten Bettlerin gleich, geht sie eilenden Schritts den steinigten Burgpfad herab. Weint sie nicht? wenden sich ihre Augen nicht Hülfe suchend, oder gar um Rache bittend nach dem Himmel? Nein! Hohes Gottvertrauen spricht aus allen Mienen! Und ein Schatz, der theuerste neben der Fülle der Demuth in ihrem Herzen, ist ihr geblieben: das sind ihre Kinder! Wie hülflos sie auch sind, wie mittellos sie selbst, die Beraubte, ist: — sie sind ihr Trost; denn sie geben ihrem Leben einen bestimmten Inhalt, ihrer Thätigkeit, ihrer Sorge feste Ziele. Ja! dem Reichthum ihres liebevollen Herzens genügen nicht einmal die eignen Kinder: sie nimmt auch noch andere arme Waisen, die hülfsbedürftig am Wege liegen, mit unter ihren Schutz. Gott wird sie nicht verlassen und ihr Kräfte geben und Beistand leisten, wo es gilt, Leben zu erhalten, Seelen zu retten! — Elisabeth starb im Nonnenkloster zu Marburg. Wie hat v. Schwind verstanden, das härteste der Menschenloose im mildesten Lichte zu zeigen, den Tod zu verklären, ohne dem Feind alles Lebens statt seiner erstarrenden Gewalt einen weichen Händedruck anzudichten! — Das letzte Bild schildert die Uebersiedlung ihrer entseelten Hülle in die Kirche zu Marburg, die ihren Namen trägt; bei welcher Feierlichkeit Kaiser Friedrich ihr die Krone aufs Haupt setzt, die sie bei Lebzeiten beharrlich verweigert hatte.

v. Schwind ist in hohem Grade Meister des monumentalen Styls der Malerei: reine und schöne Form; ausdrucksvolle, wahre und edle Darstellung; leichte, lichte Färbung; Fernhalten alles naturalistischen Scheins und Effektsuchens; möglichst voller Gehalt in möglichster Einfachheit: — das sind die künstlerischen Verdienste, die diesen Gemälden, die fast nur in Gestalt gewirkter Teppiche mit Arabesken-Hintergründen auftreten, ihre bleibende Ehrenstelle in der Geschichte der Kunst unsrer Tage sichern!

DIE ANBETUNG DER KÖNIGE.

DIE ANBETUNG DER KÖNIGE.

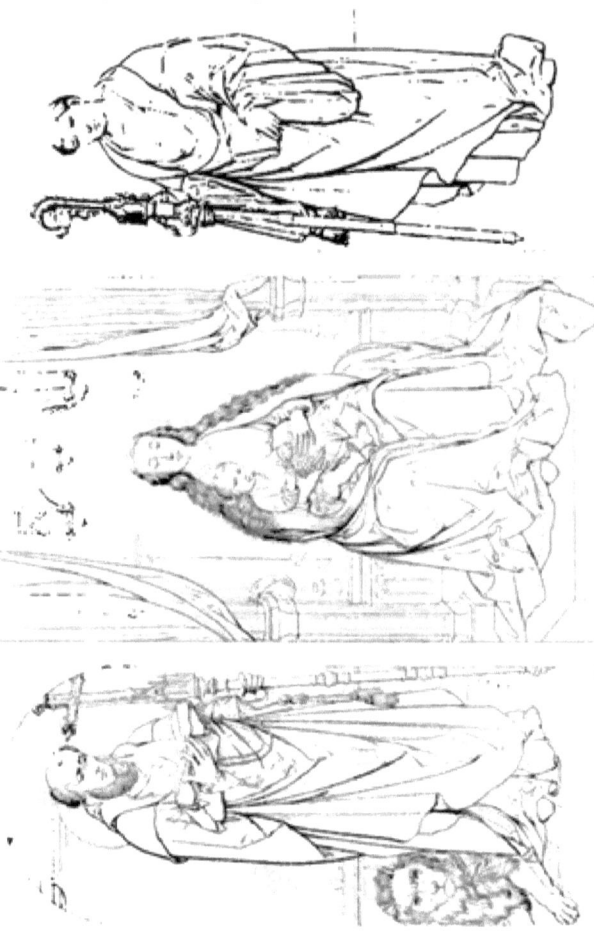

N° 264.

N° 89.

CHRISTUS UNTER DER KELTER

7. MARIA ALS HIMMELSKÖNIGIN.

GLASGEMÄLDE AUS DER FRAUENKIRCHE.